朝鮮儒学史の再定位

十七世紀東アジアから考える

姜 智恩――[著]

東京大学出版会

A Reconsideration of Joseon Confucian History:
Thinking from East Asia in the 17th Century

Jieun KANG

University of Tokyo Press, 2017
ISBN 978-4-13-036262-7

目　次

凡　例

一、人名は、便宜上、名、号を問わず、最も広く通用している表記を用いた。

二、中・韓の文献と先行研究は、原則として原題どおりの漢字表記とした。ただし、ハングルが用いられている箇所については、適宜日本語に翻訳した。

三、原則として、引用は原文に従い旧字表記とし、地の文は新字とした。ただし、地の文であっても人名、書名については適宜旧字を用いた。

四、特に断りのない場合、引用文中の（　）は原文に附された注などの引用、〔　〕は引用者による補足を示す。

はじめに

本書は、朝鮮朝（一三九二―一九一〇）における儒学史の展開について、改めて考えるものである。とりわけ、その中期に当たる十七世紀における儒者たちの営為の思想史的脈絡を明らかにすることを考察の焦点とする。しかし、本書の記述は、十七世紀ではなく、二十世紀前後から、さらに、朝鮮の儒者だけではなく、東アジアの知識人が背負っていた時代的使命を述べることから始まる。朝鮮儒学史の真面目《しんめんもく》を取り戻すためには、日・中・韓三国を包含する東アジア全体の視野を取る必要があると考えるからである。そして、朝鮮儒学史が本格的に研究されはじめたときに研究者たちが置かれていた状況を踏まえた思索が必要だと考える。

周知の通り、「中国」及び「東アジア」が歴史研究の単位になり得るか否かに対する議論はいまなお進行中である。その議論の核心となるのは、「中国」や「東アジア」が、歴史の中で、同一性を持つ一つの単位として存在したか、である。

例えば、長らく「中国」を「漢族」の「漢文明」として語ってきた学術史に対し、エヴリン・S・ロウスキ[1]、石橋崇雄[2]、マーク・C・エリオット[3]などいわゆる“New Qing History”の研究者たちは、清帝国の統治者が完成しようとしたのは多民族国家体制であり、帝国経営成功のカギも従来の何炳棣[4]の主張のような積極的漢化ではないことを論証した。

では、「中国」が一体としての「漢族」の「漢文明」でなかったとすれば、それを基本単位として語ってきた「中国〇〇史」や「中華〇〇原理」などの研究史は、語り直すことを余儀なくされるのだろうか。このような当惑に対して、逆に「東アジア」という視野を問題視する議論も出てきた。例えば、葛兆光によれば、漢唐を代表とする中華文明を受け入れていた韓日は、十七世紀半ば以降、漢唐の中華という歴史的記憶に自己同一視しなくなった。それ以来、歴史的同一性を持つ「東アジア」という空間は存在しない。近来、現存する民族国家を歴史上の中国と見なす研究方法を打ち破るために「アジア」を歴史研究の空間としているが、「東アジア」の連帯性と同一性を強化する過程で、意識的または無意識的に中国、日本、朝鮮の差異を希薄にし、アジアの中で中国を希薄にすることになる、という[5]。

本書には、このような議論に参与する紙面の余裕はない。しかし、歴史的同一性を持つ「東アジア」の存在の有無に関係なく、「東アジア」は「中国、日本、朝鮮の差異」をはっきりと認識するための空間に違いないと考える。後述する、十七世紀半ばの日本の例から言えば、それ以前まで、中華に自己同一視してきた彼らが、この時期になって、自己同一視しなくなったという説は、史実とかけ離れている。また、朝鮮の儒者たちが同一視する中華が西に実在しないこととは別に、彼らの認識における中華への同一視は、さらに強くなり、十七世紀以降こそ、真の意味での東アジアが誕生したとさえいえるのである[6]。中国を中心とする「天下」を除いては、朝鮮儒者が遺した著作の意味を正確に解釈することはできない。朝鮮儒学史を正確に理解するために、東アジアの視野は必要不可欠である。

朝鮮の儒学史は、その形成過程においても、近代的学問の研究対象として語られはじめたときにも、国境を超える性質を持っていた。すなわち、朝鮮時代には、中国を中心とする「天下」を踏まえて、その「天下」における自分たちのあり方を思索の基準としていた。また、十九世紀末から植民地時代を経る間には、徳川日本の儒学史及び近代日本の学術研究成果を強く意識して、研究課題が設定されていた。日本では、統治の対象となるべき中国と朝鮮の歴史に対する詳細な分析が行われた。中国と韓国の学界は、その学説に学習と反論を行い続けた。つまり、朝鮮儒学史の研究は、朝鮮の外部の要素から強い影響を受けながら、中国の学界と並んで、それに対応する形で展開されていたのである。

朝鮮儒学史の意義を見出す作業は、研究者のみならず、愛国運動家、ジャーナリストなど様々な分野の人たちによって行われた。彼らは、時代的使命感を背負って朝鮮の歴史をかえりみていた。朝鮮儒学史に関する彼らの思索には、その後さらに敷衍と補足が進められ、現在に至っている。しかし、当時の東アジアの情勢の中で、史料に対する重大な「誤解」が生じたのではないかというのが筆者が最初抱いた問題意識である。

その「誤解」の内容は次のようなものである。

十七世紀には、朝鮮儒学史における思想史的転換がなされたと言われる。朝鮮半島は、一五九二年から一六三六年に至る四〇年余の間、中国大陸と日本列島から四次に亘る侵入を受けた。この苦難の時代に、経書解釈において、朱子学の解釈と異なる学説が出現した。それらの新しい解釈には、一部の儒者たちが厳しい時代を乗り越えるために、従来の朱子学に代わる新たな思想を模索する一環だったという意義が付与された。

しかし、本書ではこのような意義付けに対し、以下のように再検討を行う。

まず、二十世紀前後、朝鮮半島の知識人たちが国家・民族の危機に直面して、朝鮮儒学史から「近代的」思想の萌芽を見つけようとした状況を考える。彼らはその過程で、十七世紀の儒者たちの著作から、従来の思想すなわち朱子学では、現今の危機を乗りきれないと考えていたという見解を導き出した。しかし、二十世紀の知識人には確かにこのような問題意識が存在したが、十七世紀の儒者たちもやはりその通りであったのか、その点について改めて確認したい。

その確認のために、十七世紀朝鮮の儒者たちが、当時において東アジア最大の「事件」である明清交替をいかに受け止め、自分たちの使命をいかに認識していったのかを考える。「夷」が「華」に取って代わるとき、朝鮮朝の儒者たちは、朱子学に懐疑を抱きはじめたのか、あるいは、さらに使命感をもって朱子学研究に臨んでいったのか、史料の分析からそれを明らかにする。

さらに、十七世紀朝鮮の儒学界で、朱熹（一一三〇〜一二〇〇）の経書解釈と異なる新たな解釈はどのようにして出現したのか。新たな解釈の朝鮮儒学史における意義は何か。注釈を付けた著者が新たな学説を提出するに至った過程はいかなるものだったか。そして当時の社会はそれをいかに受け止めていたか。周りの同輩や政敵の反応を分析して、それがいかなる認識を示すものなのかを考える。それは権威をもつ従来の思想体系に挑むということだったのだろうか。そして、新たな学説の提出者は、自分を朱子学批判者だと認識していたのだろうか。

朝鮮の儒者たちが生きた世界は、二十世紀前後の知識人たちが直面した東アジアの情勢とは、大きく異なる。それ故、西洋式植民から国を救う方法を探る近代の知識人と、中国を中心とする天下意識を持つ朝鮮の儒者が、「国」のために、或いは「天下」のために立てる志は、同様のものにはなり得ない。しかし、植民地時代の韓国の知識人たちによって、朝鮮儒者の営為が意義づけられるとき、朝鮮朝の儒者たちが生きていた現実の社会とその生き方は忘却されてしまった。

植民地時代、韓国の知識人は、近代的国民国家としての韓国の主権を取り戻すことを第一の使命としていた。そのような彼らには、過去の朝鮮儒者たちの視点に立って、彼らが一生をかけて求めていたものは何か、朝鮮儒学史とは一体何だったのかについて、じっくり考える余裕などなかった。二十世紀の後半に生まれた筆者は、当時の知識人たちが背負っていた使命感の重さを想像することは到底できない。しかし、本書は、——朝鮮の儒学史に関する、それ以降の定位を改めることを試みるものであるにもかかわらず、——当時の知識人たちの志に学んで、二十一世紀の学術界に与えられた使命の一部を地道に行おうとするものである。

（1） Rawski, Evelyn S., "Reenvisioning the Qing: The Significance of the Qing Period in Chinese History," *The Journal of Asian Studies* 55: 4 (November 1996) 及び *The Last Emperors: A Social History of Qing Imperial Institutions* (Berkeley: University of California Press, 1998).

（2） 石橋崇雄『大清帝国』（東京：講談社、二〇〇〇年）。

（3） Elliott, Mark C., *The Manchu Way: the Eight Banners and Ethnic Identity in Late Imperial China* (Stanford, Calif.: Stanford University Press, 2001).

（4） Ho, Ping-ti, "The Significance of the Ch'ing Period in Chinese History," *The Journal of Asian Studies* 26: 2 (February 1967).

（5） 葛兆光「地雖近而心漸遠——十七世紀中葉以後的中国・朝鮮和日本」『台湾東亞文明研究学刊』第三巻第一号（台北：台湾大学人文社会高等研究院、二〇〇六年）、「重建「中国」的歴史論述」『二十一世紀』第九〇号（香港：香港中文大学中国文化研究所、二〇〇五年）。

（6） 詳細は、第二章を参照。

第一章　二十世紀初頭、「東アジア」の誕生

二十世紀初頭、帝国主義がアジアを覆していくなか、東アジアの日中韓三ヶ国の学界は、みずからの状況にみあった目標のもとでそれぞれの「歴史」を描き出そうとしていた。知識人たちは、西洋文明の伝播による新世紀への転換期を迎え、自国の歴史を見つめ直し、将来の方向を設定する基礎とするという時代的使命に取り組んでいたのである。植民地化されつつあった韓国の知識人たちもその例外ではなく、自国の歴史をかえりみて、みずからのありようを反省しつつ国家・民族の未来を考えていた。

このような意識のもとで、朝鮮儒学への関心や批判も高まり、儒学史の本格的研究も行われはじめた。研究者たちは史料の解釈を通して、自国が生き残るための力量の存在を歴史的に証明しようとした。しかし、この国家・民族の危機という背景とそのなかで立てた研究目標が生み出した観点は、研究対象を捻じ曲げてしまう可能性もあった。なぜなら、この生き残るための力量、言うなれば「推進力」に資する面が史実以上に強調され、それに役立たないもしくは反する面は研究対象にならず、甚だしくは存在自体が否定されることにもなるからである。

さらに、植民地時代の学界では、植民地当局が植民政策樹立のために積極的に進めていた植民地研究とその主張に対抗するという目的が存在していた。そのため、当局の問題設定自体に対して疑問を提出するには至らず、すでに設

定された枠組みの中で反論を展開することばかりが行われることとなった。

一例を挙げれば、朝鮮儒者が最も力を注いだ朱子学研究である。当局の御用学者が、朝鮮儒者は、朱子学追従ばかりで独創性が皆無だと主張すれば、韓国の民族運動家たちは、朝鮮に朱子学と異なる陽明学派や朱子学批判者が存在したことを主張する。そして、「独創性」が朝鮮儒学史を描く焦点となる。要するに、植民という背景により、朝鮮儒学史の研究は、外から与えられたテーマを中心に展開され、研究の視点は屈折を余儀なくされたのである。

本章ではまず、従来の儒学史研究に、植民地知識人の時代的使命がからみあっていった過程を確認する。

第一節　儒学史への関心

梁啓超・井上哲次郎・丸山眞男の思想史叙述

十九世紀末、二次にわたる阿片戦争での敗北、日本との戦争における敗北などで、「中華天朝」は危機的状況にあった。このような情勢のもと、多くの知識人たちが「救国」に立ち上がった。その代表的な人物が梁啓超（一八七三〜一九二九）である。彼は、変法自強政策に積極的に参与し、海外の新しい知識を紹介する一方、中国学術史を編纂し、啓蒙教育を展開した。このような活躍から、「十九世紀末から二十世紀初めに、中国社会に大変革をもたらすような貢献をし」[1]た。彼の文章の影響力の大きさは彼自身の政界での高い地位によるものではなかった。「西洋近代文明のエッセンスを学術的に摂取紹介してその定着のための基盤整備をおこない、「民智」向上・「国民」形成の言論として普及浸透させた功績」[2]によるものだった。例えば彼は、東アジアの西洋文明輸入の窓口だった日本を通じて社会進化論を学習した。そしてその内容は、彼の著書が伝わった韓国でも反響を呼び起こしていた。彼の『飲冰室文集』を通して社会進化論が輸入され、その一部は韓国語に翻訳されて学校のテキストとして使われた。さらに、一九〇五年から一九一〇年の間には、新聞や愛国啓蒙団体の機関紙にも掲載され、大衆もその内容に接していた[3]。申采浩（一八八〇〜一九三六）など韓国の民族運動家たちは、梁啓超の変法自強思想を受容して、思想運動を展開した[4]。梁啓超は、新時代を生きる「東アジア人」としての役割を果たしていたのである。

彼を「東アジア人」として活躍させた原動力はなんだったのだろうか。

二十五歳の時（一八九七年）、厳復（一八五四〜一九二一）に宛てた書信で、彼は次のように述べている。

> 地球はすでに文明化する運命の中にあり、ますますその状況は逼迫してきており、変わらなければならない。中国民権の説は大いに行われるべきのみならず、各地の土着のえびすや非土着のえびすもまた大いに変わらなければならない。変わらない者は次第に滅んでいき最後にはいなくなるだろう、これもやはり不易の理である[5]。

彼は「変わらない者は次第に滅んでいき最後にはいなくなる」という危機感を抱いていた。そこで、「変法自強」を志し、海外の新たなる知識を摂取しようとし、また啓蒙教育に邁進した。変化し、発展していくことこそが生存のために必要不可欠の条件であると考えた。この考え方に基づき、彼は中国学術の発展史を啓蒙、全盛、変質、衰退という展開を遂げたものとして、以下のように描き出した。

彼はまず、『清代学術概論』の中で、「我が国（中国）の文化史は、確かに研究に値するものである[6]」と述べた。そして、その文化史の発展を、新思潮による旧思潮の克服として捉えた。彼は、「どの国、どの時代の思潮かを問わず、その発展および変遷は、啓蒙期（生）、全盛期（住）、変質期（異）、衰退期（滅）という一連の流れを繰り返して循環する。啓蒙期なるものは、旧思潮に対し初めて反動が起こる時期である。反動とは、新思潮の建設を求めることである。しかし、建設は必ず破壊が先立つものなので、この時期の重要人物は、その精力をすべて破壊に用いる。……清代思潮は、宋明理学に対する一大反動[7]」だと述べ、中国学術史において、前の思潮に対する反動として新思潮が展開してきたことを論じている。そのなかで清代思潮が長らく権威の象徴であった宋明理学への反動として理解されていることは注目に値する。

一方、日本では、明治維新により西洋式国民国家が成立し、新政府を中心に文明開化が進められていた。殖産興業を推し進め富国強兵に着手すると、隣国の主権を脅かしはじめた。さらには、列強の仲間入りを果たし、植民政策を推し進めた。

このような情勢に際して、御用学者は学術活動をもって政府の政策を支援した。その代表的人物として井上哲次郎が挙げられる。彼は一九一〇年七月に自ら創設した東亜協会の主催で、「国民道徳の研究」と題する講習会を二週間にわたり開いた。この講習会を端緒とし、当時の文部大臣の命を受けて数回の国民道徳論講義を行うこととなった。その後、講義の内容は、「講習員の要求、甚だ急切なる」ために、『国民道徳概論』として刊行された[8]。彼はここで、「一つの小さな家族が已に家族制度の形をなして居る。それが集って一大家族制度をなして居る。国家全体がそれである。小さな家族はそれを縮小した形であります。だからして一つ小さな家族内に於て家長に対して孝を尽すのと、大きな家族に於て君に対して忠を尽すのとは道徳として同じ性質のものである[9]」と述べた。儒学の価値を利用して「愛国」意識を高めようとしたのである。

また、彼は日本国民道徳の源流の一つとして日本の朱子学派の思想を挙げる。『日本朱子学派之哲学』で、「徳川氏三百年間我邦の教育主義となりて、国民道徳の発展に偉大の影響を及ぼし〻朱子学派の史的研究、豈に亦一日も之を忽にして可ならんや[10]」と述べている。この書籍は徳川時代を通して、朱子学派の思想が国民道徳の発展に大きな貢献を果たしたとして、日本朱子学派に属する人物とその学説とを体系的に論じたものである。一九〇五年十二月に初版を刊行して以降、一九三三年二月には一五版を発行するに至った。当時の日本社会における反響の大きさがうかがえる。

　このような国民道徳論の隆盛の後、今度は「近代の超克」論が戦時下の日本を風靡した。「第二次世界大戦の直前と最中の時期における往時の〈近代の超克〉論は、まさに、日本を〝盟主〟とする東亜が欧米に勝利して世界に覇を唱えるようになるという〝見込的構想〟と相即するものであった」[11]。さらにこのような考え方は、「俗化の過程へと拡張されるとともに、国民精神総動員運動の名のもと雑駁な西欧文化否認として具現化する。しかも、その社会的な実態は、警察権力による神道信仰とりわけ天皇制神道の強制へと帰結する」[12]。

　一方、丸山眞男は、一九四〇年代の戦時下に、日本の十七世紀、新興の古学派が朱子学的思惟様式に挑戦したとし、この挑戦は「近代意識の成長」を意味すると主張した[13]。後に彼は、「近代の超克」論に批判的立場であって、一九四〇年代の日本について「すでに「近代の超克」が最大の課題になるほど、それほど近代化されてはいない」[14]とし、当時の思想的潮流を批判したのだと説明した。

　時代は、思想史研究に対して、朱子学などの従来の権威に挑もうとする革新思想の存在を探し求めていたのだろう。明治時期の陽明学研究においても、「『王陽明』にて雪嶺[15]は、儒教が孔孟の盲信に非ずして真理を探究する「独立」性と「創作」性をもって発達してきた西洋哲学と同様の「哲学」であり、陽明学はその頂点だとした。翔南[16]は同書に跋して特に李卓吾をその「事例にこだわらざる」「思想の自由」をもって顕彰した。ここでは……陽明の「自得」論が思想の「進歩」の源泉として生かされている」[17]。それ以来、中国大陸や台湾における代表的な日本陽明学研究書は、井上哲次郎や高瀬武次郎などの著書に拠って、日本の陽明学を、「官学たる朱子学に対立し「異端」として抑圧された民間の革新思想と位置付け〔ている。このような説は、〕……現在〔出版年の一九九九年を指す――引用者注〕の日本でも通行する説であるが、事実ではない」[18]と論証されている。

以上、二十世紀前半という激動の時代に、知識人が時代の要請に応じつつ、儒学史を解釈していった過程を例示した。梁啓超は、儒学史を叙述していくことで危機を乗り越えていくための底力を見出そうとした。井上哲次郎は、儒学史から国民道徳の源流を示そうとし、丸山眞男は、儒学史から近代意識の成長過程を確認しようとした。これら儒学史叙述のなかで、とりわけ日本の研究者は、自国の儒学史を肯定的に捉えていることがうかがえる。だが、韓国の状況は非常に異なっていた。

植民地知識人の時代的使命

二十世紀初頭、植民地化されつつあった韓国では、自国の儒学史に対する厳しい批判が行われ、朝鮮王朝で体制教学〔国家の学問〕であった朱子学と儒者とが亡国の危機を招いた主犯と見なされた。朝鮮の儒者は、過度に朱子学に傾倒して理論闘争に没頭し、国際情勢に疎かったと批判された。さらに、国益を考えず、結局国家の滅亡をもたらしたと責められた。朝鮮儒学がますます全国民の批判対象になっていくなか、最も批判されたのは、朝鮮儒学界の朱子学「偏向」であった。

一九〇〇年代初、『大韓毎日申報』の社説は、儒家に向かって、「もし、時勢を利用し時務も研究するなら、それは儒教にとっても幸いであり、国家にとっても幸いである。もし、高等知識を持つ、上流社会階層の大多数であるソンビ〔士：儒家知識人〕が、〔このようなことに〕覚醒できなければ、……結局国は亡び、我々の民族の断絶に至るはずだ。……〔儒家知識人は〕、国家のために省みなければならない。同胞のために省みなければならない。子孫のために省みなければならない」[19]と呼びかけた。また、一九〇九年、『皇城新聞』の社説を見れば「死法を墨守し、虚文迂論ばかりを慕い、実徳をますます失う」[20]と、実践を軽視する儒者社会の風潮を激しく批判している。

儒者階層は、朝鮮社会運営の責任を担ってきただけに、彼らの覚醒が要求されることも、亡国の責任を問われることも、当然のことであった。つまり、朝鮮における儒者たちの役割からみれば、国家の未来を考える際に、儒学史と儒者社会を省みるという行為は必要不可欠であったのである。

そのため、民族運動家である申采浩は、朝鮮で儒教を過度に尊崇したことを、「李朝以来、儒教を尊崇し、五百年もの間、書籍は四書五経か、あるいは四書五経の焼き直しだった。学術は、心・性・理・気の講論だけであった。このように単調な社会が他にあるだろうか[21]」と批判した。また、「幾百年もの間、学界には悪辣な暴君が輩出し、もし議論や言葉の内に、一毫でもかの陋儒のいう範囲を越える者があれば、それを異端邪説、夷狄禽獣などと呼び、儒林に相伝する斯文の乱賊〔儒学を乱した罪人――引用者注〕の律に照らしてその身を誅殺するのである[22]」と指摘し、朝鮮の儒者たちが、朱子学を教条主義的に擁護し、独創的見解を弾圧したと批判した。その一方で、「儒教を拡張しようとするなら、儒教の真理を拡張し、「虚偽」を棄て、「実学」に務め[23]るべきと力説した。

この実学という用語は一般的に、「朝鮮後期に現れた、社会環境の変化への対応として、従来の空理空論から脱し、実際に役立つ学問をめざす学風」と言われる[24]。このような定義は、それ以前の学風と、新しい学風とが、次元を異にすることを示唆している。例えば千寛宇は、柳馨遠（一六二二～一六七三）が社会現実を直視し、具体的に国家体制の改革案を提示したことに注目し、従来の学風と極めて異なると見なした。一方で、柳馨遠が儒学の伝統に基づいているとの事実は、東洋的封建社会の本質を脱皮し切れなかった点として捉えている[25]。

しかし、韓沽劤は、「実学は、李朝儒学者たちの通念であり、学問に臨む人の基本的姿勢として要求される徳性の体認を意味する実心実学を指す。つまり治人という実がなければならないということである。その実際的方法と理想を三代の治、聖賢の書に求めるので窮経実学とも言われた。つまり、実学は、特定の時期、特定の儒者にだけ見られることではない。朝鮮後期の所謂「実学」は「経世治用の学」と呼ぶべきだ」と主張した。同時に、韓沽劤は、「「経世治用の学」をなした人物たちは、政治担当の治人の立場から疎外された人々であり、そうであるがゆえに、客観的な立場から、経世に向けた辛辣な批判を行うことができた点に注意すべきだ」と論じた[26]。「実学」の用語に対する韓沽劤のこのような再定義は、植民地時代以来、「朝鮮後期における実学の現れ」に対する「発見」と過度な「意義付け」に警鐘を鳴らした点で、重要な意味を持つ。所謂朝鮮後期の「実学派」の出現は、それまでの朝鮮儒者の「虚学」的潮流を覆して出現した、思想的新潮流として定義することは難しいということである。

しかし、「実学」という用語は、千寛宇の定義したような、朝鮮前期とは根本を異にする新たな学風を指す特定の概念としてすでに定着し、今日普遍的に使われている。今日までの多くの朝鮮研究は、それに基づき、その定義をさらに補足・拡大しながら行われてきた[27]。このような現象について、ジェームス・B・パレは、従来の研究が、所謂実学者たちを伝統的儒学から脱して、ある種の「モダニティー」へと向かう道をリードしたと評価するのは、誤解だと述べている[28]。

植民地時代を生きた申采浩は、「虚偽」の学と逆の意味で「実学」の用語を使っている[29]。また、現在「実学派」とされる、朴趾源（一七三七〜一八〇五）を思想界の偉人として、丁若鏞（一七六二〜一八三六）を経世学の大家として称揚し、同時に彼らを「虚偽」に対比する「実学」の代表として高く評価し、その著作を伝承すべきだと訴えた[30]。ここでの「実学」の代わりに「経世治用の学」を使えば[31]、丁若鏞の経世学と儒者としての理想とが調和を保つと見なすことができる。言い換えれば、所謂「実学派」の人物たちが、三代の治を理想とした点を、わざわざ封建的思想から脱し切れなかったものと見なす必要はなくなる。実学派への意義付与のために、それより前の思想史の意義を抹殺する必要もなくなる。

しかし、申采浩にとっての朝鮮儒学史研究は、「民族主義の立場から儒教を批判・評価[32]」することであり、「伝統的実学の影響を認めつつ、儒学・朱子学の旧態を克服しよう[33]」とすることであった。時代的使命を背負っていた申采浩だけに、朝鮮の儒者たちの持つ儒学的理想を淡々と観察することは容易ではなかっただろう。

鄭寅普（一八九三～一九五〇年以降？）は、申采浩と同様の批判意識から、朝鮮陽明学派の研究を進めた。一九三三年、彼は「朝鮮では数百年もの間、学問はただ儒学であり、儒学はただ程朱を信奉しただけであった」[34]と述べ、朝鮮における儒学を「虚と仮」の学と規定した。そしてこの「虚と仮」を捨て、「実心」に従ったとして、朝鮮陽明学派を取り上げた。彼は『東亜日報』に六六回にわたって「陽明学演論」を連載し、朝鮮に朱子学を乗り越えようとした陽明学派が存在したことを力説したのである[35]。これについて、中純夫は次のように述べている。

鄭寅普は近代最初の朝鮮陽明学研究者であるとともに、自らが江華学派（朝鮮の陽明学派を指す。一九七二年、閔泳珪（一九一五～二〇〇五）により初めて使われた[36]――引用者注）の末裔に身を置く陽明学信奉者でもあった。その「朝鮮陽明学派」には、恣意的な推論や過度の思い入れに類する部分が含まれていることは否めない。そして純然たる学術研究として評価する限り、それらの部分は、客観的妥当性や実証性を損なうものとして位置付けねばなるまい。しかしながらそれらの部分は、激動の時代を生きた鄭寅普が陽明学に何を見出し何を求めようとしていたのかを雄弁に物語ってくれるものとして、優れた資料価値を有するとも言えるのではあるまいか[37]。

朝鮮儒学史の朱子学偏向性が批判される一方、朱子学への対抗あるいはそこから脱しようとした人物や学派が積極的に発掘される――それが植民地時代の韓国学界の動向であった。それを促した要因の一つとして、外部からの朝鮮儒学批判が挙げられる。

例えば、植民地時代、京城帝国大学（今のソウル大学）教授だった高橋亨[38]（一八七八～一九六七）は、次のように述べている。

退渓〔李滉、退渓は号――引用者注〕の学問は極めて善く朝鮮儒者の思索の型、広く言えば全朝鮮人の学問を代表して要するに創思発明に付ては甚だ貧弱であり畢竟朱子学の最忠実なる紹述者たるに過ぎない。従て経書の解疏に至っても集注をもって金科玉条となし朱子以前の古義を索隠せんとするに想到せなかった。是点に於て我国の荻生徂徠・伊藤仁斎二氏の如きは豪傑儒であって遂に一派の見地を開いて官学たる朱子派に対して大に民学の光炎を昂めたのである。是れ抑も日本人と朝鮮人との頭脳の違ふ所であって将来も必ず永く消滅しない所の両者学風の差違をなすであらう。[39]

高橋亨は、朝鮮儒学は朱子学追従に過ぎず、たとえ優れた儒者であってもその意義は大きくなく、経書解釈においても、創見を持たずに朱熹の説を繰り返すのみであると考える。つまり、彼は、徳川日本の古学派が「官学である朱子学の権威に屈せず、新たな一派を樹立したこと」を基準とし、これと異なる朝鮮儒学を貶めている。今日の日本思想史学界の研究成果によれば、徳川日本の古学派に関する彼の見解は必ずしも正しくないが、ここでその正否を論ずることは避ける。彼は、伊藤仁斎・荻生徂徠が朱子の学説を乗り越え、新たな見地を開いたと評価し、その「朱子学批判」や「独創性」の観点から朝鮮儒学史の「朱子学追従」「独創性の欠如」を強調したのである。

だが、高橋は、右のような観点から、朝鮮の陽明学を「異学」として取り上げ、その意義を評価した。[40] 鄭寅普も朝鮮の陽明学派に歴史的意義を付与したのは前述の通りである。朝鮮の歴史を貶めようとすれば、「異学」の芽生えは朱子学側の弾圧によって消えてしまったことを強調し、朝鮮の歴史を朱子学一辺倒から救おうとすれば、「異学」の芽生えそれ自体の意義を強調することになる。両者の強調点は相違するものの、いずれも「異学」は、政治権力の中心部にある朱子学に対する批判意識から芽生えたものであり、それ故に評価すべきだと認識している。

このように、韓国学界も植民地の当局も、朝鮮儒学史上の朱子学偏重を最大の弱点と認識していた。さらに言えば、朝鮮儒学史上の朱子学理論を巡る激しい論争は、激動の二十世紀初頭を生きる人々から見れば、空理空論以外の何物でもなかった。また、植民地の当局からしても、「創思発明に甚だ貧弱」であり、空理空論をもって党派争いに没頭する「民族性」が見出せることは、好都合であった。その後、韓国の民族運動家たちが、「創思発明に甚だ貧弱」だという植民地当局の主張に対抗して、朝鮮儒学史のなかから「朱子学批判」の意識や「独創性」を見出す作業に努めるようになるのは当然の帰結であった。

さらに、儒学史研究を促したもう一つの原因として、当時、政治活動の中断を余儀なくされたという事情が挙げられる。

安在鴻（一八九一～一九六五？）など、抗日政治闘争を進めていた活動家たちは、繰り返し投獄される過酷な状況のもと、文化運動へと闘争の方法を変更していった。彼は次のように、「朝鮮固有のもの、朝鮮文化の特色、朝鮮の伝統を闡明して学問的に体系化すること」(41)を進めようと決意した。

満州事変が起こって以来、私は投獄を重ね、世局はますます厳しくなった。私は獄中で考えた。政治をもって闘争するのは、しばらく絶望的である。だから我が国の歴史を研鑽して民族の精気を不朽に残すのが最高の使命だと自ら任ずることとした(42)。

つまり、これまで展開してきた政治的闘争は、やむを得ず「民族の精気を不朽に残す」植民時代の使命を帯びた国史研究へと転換していかなければならなかったのである。

以上のように、二十世紀前半という時代環境が、植民地知識人を圧迫していた。儒学史を含む朝鮮史の研究には、みずからの内在的反省や当局の朝鮮史蔑視への対抗意識などがからみあっており、政治問題と学術問題がからみあっていた。その結果、朝鮮儒学史展開の歴史的環境や朝鮮儒者のアイデンティティー、そして、彼らがあれほどに力を注いだ経書研究の意義などは、客観的角度からその実態が究明される機会を失っていったのである。

第二節　十七世紀への注目

高橋らにやりこめられた朝鮮儒学史であるが、その本質とはいかなるものであったのか。彼の「創思発明に甚だ貧弱」という表現は、朝鮮儒学史の本質に対する一種の解釈といえるのだろうか。後述する朝鮮儒学史の「特徴」からみれば、彼の表現は、独創より継承を重視する朝鮮儒学史の伝統に着目したものといえる。韓国の民族性を貶める政治的意図を除けば、彼に「創思発明に甚だ貧弱」との印象を与えた朝鮮儒学史の「特徴」は、当時の韓国の学界も深刻に受け止めていた。そして、このような「弱点」は、十七世紀に至って、転機を迎えたと述べられることとなった。

十七世紀は、朝鮮儒学史における思想史的転換がなされたと言われる時代である。くりかえし外部からの侵入を受けたこの苦難の時代に、経書解釈において、朱子学の解釈と異なる学説が出現したからである。二十世紀韓国の学界で、この苦難の時代と新たな経書解釈の出現とが、次のような因果関係にあると述べられていた。

一部の儒者たちが厳しい時代を乗り越えるために、従来の朱子学に代わる新たな思想を模索した。朱子学の解釈と異なる新たな経書解釈は、正にその模索の成果である。朝鮮史は「朱子学追従」ばかりだったという主張と、それに伴う朝鮮民族の追従性とは、ここで反証される、ということである。

以上の経緯を改めて考えるために、いくらか時代をさかのぼってみたい。

十六世紀から十七世紀は、東アジア各国が新秩序を樹立した時代であった。

日本列島では豊臣秀吉（一五三七（一説に一五三六）〜一五九八）が明智光秀（一五二八〜一五八二）を滅ぼし、琉球（沖縄）と蝦夷地（北海道）のほとんどを除いた天下統一を果たした。豊臣秀吉は、明国経略の足がかりとして朝鮮へ出兵したが果たせずに没した。その後、徳川家康（一五四二〜一六一六）は関ヶ原の戦で勝利をおさめ、一六〇三年に江戸に新政権を立てる。

中国大陸では女真族のヌルハチ（清太祖、一五五九〜一六二六）が、一六一六年に帝位につき、国号を大金（後金）と称した。その子のホンタイジ（太宗、一五九二〜一六四三）は、一六三六年に国号を清と改め、孫の世祖の時には遂に北京に進入した。

朝鮮半島では、李成桂（朝鮮太祖、一三三五〜一四〇八）が一三九二年に新王朝を立てて以来二〇〇年が経っていた。日中の間に挟まれている朝鮮半島は、両国の政情変化の余波を如実に受けた。日本（一五九二、一五九七年）、後金（一六二七年）、清（一六三六年）による四次にわたる侵略を受け、国土と民心は荒廃し、社会的紀綱は乱れた。さらに、「夷狄」である女真族の武力にみじめな敗北を喫するという屈辱は朝鮮の儒者たちに大きな衝撃を与えた。一六三七年の敗戦後、国王の仁祖（一五九五〜一六四九、在位一六二三〜一六四九）は、天子として南面して座っている清の太宗に向かって三拝九叩頭の礼を行った[43]。この「事件」は、朝鮮の儒者にとって、すすがねばならない恥辱となり、清朝成立後、朝鮮の儒者たちは反清復明（清王朝を覆して明王朝を再興すること）を願い、大陸の情勢に注意を払うとともに、雪辱の時機を狙っていた。

つまり、朝鮮は十七世紀に至り、建国以来最大の危機に瀕した。厳しい状況の下で、朝鮮の知識階層である儒者たちは、新たな活路を模索しなければならなかった。そこで、体制教学である朱子学に対する問題意識が芽生え、「思想史的転換」が行われた（はずだ）という仮説のもとに、十七世紀の学術が注目されるようになったのである。以下に、現代の学界における十七世紀の学術史への注目を紹介しておこう。

この時期に起こったと言われる朱子学への懐疑と朱子学的世界観の変化は、韓国思想史上の重要な転換と見なされてきた。それらは朝鮮後期の政治思想史・儒学思想史・文学思想史研究のかなめとして、例えば次のように述べられている。

十七世紀の中葉、朱子学＝儒学という通念を拒否し、朱子の理論を通じて孔孟を理解し朱子学を絶対視する学問態度に反対する、新しい学風が起こっていた。これは、二回の戦争を起点にして始まる、中世社会体制の動揺・崩壊現象と密接に関わって展開する認識・思惟様式の変化、すなわち所謂「反朱子学」の登場である。(44)

性理学は、朝鮮朝の官学（統治原理）であっただけに、その歴史的影響は至大であった。一方、このような性理学の学風及び性理学そのものに不満を懐き、新しい儒学（改新儒学）として形成された、脱性理学の歴史への貢献も軽視してはならない。(45)

朝鮮後期精神史における新たなあらゆる変化と同様に、この時代の文学思想及び文体の変移も、朱子学的世界観の動揺・弛緩・解体の過程から、その過程の一部としてあるいはその過程と関わりながら展開している。従って、その変移の様相に対する認識はまず、朱子学的文学思想及び文体美学を基点として接近しなければならない。(46)

史料を見ていくと、朝鮮の十七世紀の儒学界では、朱子学的理気・心性などのテーマにおいて論争が活発に行われたことがわかる。また、朱子学的解釈と異なるという理由で、朴世堂（一六二九～一七〇三）の『思弁録』や崔錫鼎（一六四六～一七一五）の『礼記類編』といった経書の研究に関わる著作が焼却処分された例もある。尹鑴（一六一七～

一六八〇）と朴世堂は、「斯文の乱賊」と批判された末に、尹鑴は死を賜い、朴世堂は七十五歳の高齢で官爵を褫奪《ちだつ》され、遠方に流される命令を受けることとなった(47)。つまり、朱子学側が厳格な原理主義のもとで、あらゆる反論を抑圧したかのように、史料は語っているのである。そして、尹鑴と朴世堂という朝鮮儒学界の「斯文の乱賊」の登場に注目すれば、十七世紀の朝鮮思想史は、朱子学への挑戦者が朱子学側と対立するという図式でまとめられることになる。一九六六年に李丙燾（一八九六～一九八九）は、尹鑴及び朴世堂の経書注釈に以下のような意義を付与した。

> 彼ら〔尹鑴と朴世堂を指す――引用者注〕の見解と解釈が朱子のそれより一歩進んでいるか否かは別として、学問の自由を叫び、旧殻から離脱しようとする進歩的且つ啓蒙的態度と思想が重要なのであり素晴らしいと言える。さらには、当時、党論の極めて厳しい中、朱子に反対する異説を唱えたのは、実に大胆な、いや、学問的良心による、一種の義憤によるものだと評価しなければならない(48)。

李丙燾が最も注視したのは、官学の朱子学に屈せずに果敢に異見を唱えた態度である。新たな経書注釈が有意義だと判定されるためには、従来の「不十分な」解釈より進んだ内容を含んでいなければならないだろう。しかし、彼は、尹鑴と朴世堂の見解と解釈が従来の朱子学の解釈より進んでいるか否かは措き、進歩的・啓蒙的な態度こそが重要なのだと述べている。なぜなら、彼の見解の背後には「厳しい党争や朱子学に反する異説への弾圧という時代的背景があるにもかかわらず」という前提があるからである。尹鑴と朴世堂の経書注釈は、その内容的価値を問う前に、異見をあえて提出した「進歩的・啓蒙的」態度ゆえに、朝鮮思想史上、意味がある著作と見なされていたのである。

さて、では尹鑴と朴世堂はなぜ朱子学と異なる注釈を著したのだろうか。

尹鑴と朴世堂は、四次にわたる外国の侵略で、国土と民心とが荒廃した、厳しい時代を生きていた。それよりも一層厳重な現実に直面していた植民地時代の韓国の知識人たちは、尹鑴と朴世堂は朱子学では危機を乗り越えられないと判断し、新たな思想を求めていたという論理を打ち立てた。そこから尹鑴と朴世堂は反朱子学的思想の持ち主と見なされた。そして、朝鮮後期の実学派が出現する萌芽となる「思想史的転換」を呼び起こした人物と評価されるに至った。李丙燾は、十七世紀の一部の儒者が、朱子学的世界観を批判し、古典を読み直し、現実の問題を解決しようとする新しい学風を開創したと述べ、尹鑴と朴世堂を実学派・反朱子学派の二大巨頭と称した。さらに、二人が経書に新たな解釈を施したことによって、政界・学界に物議を醸し、「斯文の乱賊」という烙印を押されることとなったとし、彼らの活躍の先駆的価値を強調した[49]。

十七世紀の思想史的転換という点に絞って考えれば、李丙燾の焦点は、尹鑴と朴世堂が成し遂げた業績の具体的内容ではなく、象徴的意義にある。以前の思想体系に対する問題意識を持ち、政治的迫害を受けながらも屈しなかった。そこから、彼らは朝鮮儒学史における「進歩的・啓蒙的」転換を成し遂げたと位置づけられたのである。

一九七〇年代に至ると、朴世堂の経書注釈書である『思弁録』は、「反朱子学の旗幟の下に在って充分な理論を備えた、一つの思想の結晶である。実践思想の傾向が『思弁録』ではより忠実で多様な思想として開花している[50]」と評価された。反朱子学的・実践的考えが理論を備えた思想としてここに具体化したとされたのである。そして、『思弁録』の注釈は、「当時からみれば類例が見当たらない新しいものである。彼は経典解釈において、従来の如何なる既存観念にもこだわらない[51]」と見なされた。

このようにして、尹鑴と朴世堂の経書解釈は、「朱子学批判」のために書かれた著作と見なされ、その側面から彼らの「独創性」「実践性」が分析されていくことになった。ここにいう「類例が見当たらない新しいもの」という言葉は、権威ある従来の注釈すなわち朱子学的解釈と異質なものであることを意味する。朝鮮儒者朴世堂の著作が「朱子学と異なる独創性」を持つということは、植民地時代以来朝鮮儒学史が蒙ってきた、「朱子学追従」「独創性の欠如」という汚名をそそいでくれる鍵であった。その背景には、植民地当局の御用学者が朝鮮儒学史を貶めた、所謂「植民史観」に対する根強い問題意識がある。植民史観を排除することは、一九七〇年代に、依然として韓国の学界における重要な課題と認識されていたのである。尹絲淳は、植民史観を克服対象として取り上げ、以下のように植民地儒学の残滓をすすぐことに努めていた。

> 韓国人の独特の思想的能力が、伝来した儒学に立脚して独自に展開したのが韓国儒学である。しかし、日本人の官学者たちは、このような韓国儒学の独自性を口を極めて否定した。否定して、韓国思想としての韓国儒学の存在を抹殺しようとしたのである。先頭に立って、韓国儒学の独自性を否認したのは、高橋亨である。彼によれば、韓国では儒学が導入されて以来、如何なる発展もなかったという。彼は、その点を、なかんずく高麗朝以来の「朱子学」の展開をもって主張する。韓国では、高麗末から朝鮮末に至るまでの六四〇余年間、ただ朱子学だけが隆盛し、儒学者であれば皆朱子学に溺れるだけであったとし、韓国儒学は畢竟、李退渓と李栗谷の四端論究に見られるように、朱子の真義を争うことだけに止まったという。……韓国儒学に対し、根拠もなしに否定的に扱い、過小評価する態度は今日急いで清算しなければならない植民地儒学の残滓だ。[52]

尹鑴や朴世堂の著した経書注釈への注目は、朝鮮儒学史を故意に貶めて朱子学への追従や独創性の欠如をあげつらう「植民史観」を清算するための作業の一工程であったのである。そして、多くの研究者たちがこの課題の解明に努めていった。

一九九〇年代になると、尹鑴と朴世堂の経書注釈は「経学」として本格的に研究されはじめた。従来、彼らの学問態度それ自体の有意義性が強調されたこととは違った評価である。これ以降、経書解釈史の観点から、彼らの著作が全面的に分析されはじめたのである。彼らの経書注釈の内容面を具体的に分析していく必要性が、例えば次のように説かれた。

朱子学的経典解釈と反朱子学的経典解釈との葛藤は、一九二〇年代、張志淵の『朝鮮儒教淵源』で取り上げられて以来、既に朝鮮儒学の研究者には、事新しくない常識である。……〔朱子学と反朱子学との葛藤において――引用者注〕理論的根拠となるのは経学説であるが、これに対する本格的な研究はこれまで全く行われていない。……朱子学からの脱皮過程である反朱子学的思想家たちの経学観は、実学的経学観を開く重大な「かぎ」となったと考えられる。朱子学の権威が最も高かった時代に、朱子学に真正面から立ち向かった思想であることを考えれば、これらの学術は概説的記述に止まる現段階からさらに進み、具体的内容を分析し、その実態を解明する作業が要求される(53)。

つまり、十七世紀の儒学史は、朱子学派と反朱子学派が対立する図式で叙述されているが、その根拠となる経書解釈に対する本格的研究が行われていないというのである。この問題提起から朝鮮儒学研究史における次のような状況が見出される。

すなわち、尹鑴と朴世堂は、反朱子学派と見なされてきた。彼らがそのように呼ばれた理由は、経書解釈において朱熹の説を批判する立場を取ったためである。それにもかかわらず、彼らの経書注釈が本格的に分析されたことは殆どない。ただ、注釈に表れる「語気」や朱熹の解釈に従わない態度から「反朱子学性」が見出されたということである。つまり、十七世紀朝鮮儒学史を論ずる、朱子学派と反朱子学派の対立という図式は、当時の著作の内容を分析した上で帰納的に得られた図式ではないのである。

尹鑴と朴世堂の学術活動は確かに朝鮮の社会に物議を醸していた。そこで、韓国学界は、植民史観を克服する課題に臨んで、尹鑴と朴世堂の学問態度に注目した。史料にも、尹鑴と朴世堂が虐げられたのは朱子学的経書解釈に反する著作を著したことによると記されていた。これらの記録に基づき、彼らは、朱子学を乗り越えようと考えた人物と見なされていった。その著作がどのように朱子学的経書解釈を乗り越えているのかを具体的に追究する作業は行われていないままであった。

前述のように一九九〇年代に至って、遅ればせながら、尹鑴と朴世堂の経書注釈への分析が開始された。分析に基づいて、朱子学的解釈と異なるところに「独自性」と「実践性」が見出された。その後、引き続き、従来の観点がさらに深化していったため、十七世紀の儒学史を朱子学派と反朱子学派の対立として描く図式はますます強固となった。その後、尹鑴と朴世堂の注釈は常に、この対立図式から述べられてきた(54)。

朝鮮儒学史が「朱子学ばかり」ではなかったということを論証する作業は、「反朱子学」研究からのみならず、韓国陽明学史の研究でも行われてきた。

二〇〇五年、韓国陽明学研究を展望する際には、「以前、植民史観により、朝鮮思想史は、唯一朱子学を信奉するだけだったと誤解されていた。韓国陽明学研究史はまさに、このような誤解と誤謬から脱皮する過程であった。……〔陽明学研究者たちは〕朝鮮思想史は、決して朱子学を韓国化する過程の連続ではなく、多様な思想を持ち旺盛な学術活動を行っていた歴史であるという事実を明らかにする任務を担わなければならない(55)」と述べられている。

それでは、尹鑴と朴世堂の注釈から「朱子学批判」「独創性」や「実践性」を見出す研究は、実際に、朝鮮儒学史を「朱子学追従」「独創性の欠如」「虚・仮の学」と貶めてきた「植民史観」を一掃して、朝鮮儒学史に正常な状態を取り戻したと言えるのだろうか。

一連の史料から仮説を立て、それらを一般化した学説が生まれ、その学説が学界に広く受容される、一見すればそれは問題のない学説確立の過程である。しかし、ここでは、植民史観を克服するという課題があまりに重要視されすぎていた。そしてその課題に束縛され視野狭窄に陥ることへの警戒や史料の内容を一般化しすぎる危険はかえりみられなかった。実際には、そのような問題提起が早くからあったが、注目されることはなかったようである。それらの問題提起のなか、一九七四年に述べられた、エドワード・W・ワグナーの見解を紹介したい。十七世紀朝鮮の社会階層に関する論文で、ワグナーは従来の通説に対し、自身の研究を次のように位置付けている。

この見解〔朝鮮社会の性格に関する通説を指す――引用者注〕が基づいている根拠の本質は何だろうか。そのような根拠を欠いているのではないが、しかしこの一連の一般化のなかに隠れている多くの問題はあらゆる方面で真剣に研究されなければならないということは認められるだろう。ただ可能性のあった仮説の一つに過ぎなかった説が、〔何らかの原因によって、〕学界に採用されるために最終的に基づかなければならない証拠文書から独立してしまうほどはずみがつくということが起こっただろう。〔私の〕このような仮説が正しければ、事実と推測の間にバランスを取り戻そうとつとめるべきであろう。私の論文はわずかばかりでもそのような目標に貢献しようとするものである。(56)

このような経緯を踏まえ、本書は、従来の朝鮮儒学史研究に、以下の見地から光を当て、新たな一歩を踏み出そうとするものである。

一九三〇年代から今日に至るまで、「朝鮮には、反朱子学派や陽明学派も存在し、決して朱子学ばかりではなかった」という「論証」が行われてきた。にもかかわらず、朝鮮の学術は依然として朱子学を韓国化する過程だと、〔言い直せば、朝鮮学術史は朱子学を主として展開したと〕「誤解」されている。それはなぜだろうか。この「誤解」は、どうしてそれほどまでに解消できないのだろうか。本来、朝鮮思想史に存在したと想定される多様性はどうしていまだ論証できていないのだろうか。この「誤解」との闘いに、韓国学界はこれからも力を注いでいかなければならないのだろうか。

この問題は以下のように言い換えることができる。つまり、反朱子学派を含む、多様な学派が朱子学に挑戦して登場するという観点は、朝鮮儒学史を正確に捉えたものではなく、さらに言えば万人の納得を得ることができない架空のものではないだろうか。この観点を用いる限り、永遠に「誤解」と闘い続けなければならないのではないか。

以上のことを踏まえて考えれば、植民史観からの脱皮に努めることは両刃の剣であったと言わざるを得ない。なぜなら、朱子学に挑戦した人物や著作が過度に注目される反面、朝鮮に最も盛んだった朱子学方面への考察や評価が十分に行われなくなったためである。さらには、朱子学側と反朱子学側との対立の図式の中、生涯にわたって朱子学を学習していた朝鮮儒者の本質の究明が疎かにされたためである。

尹絲淳が、朝鮮儒学を貶める「植民地儒学」を清算するために、朝鮮の「性理学」と「実学」を再評価しなければならないと主張したのも、儒学思想史研究にバランスを取り戻す必要性を指摘したものと解釈できよう。植民地時代以来、机上の空論や党争の温床と言われ、綿密に追究されないままの朝鮮の性理学史は、さらなる研究を必要とするということである。また、崔錫起は、「韓国の経学研究は実学研究の延長線上で行われ、朱子学克服を目指す経学にだけ注目してきた。……経学説を具体的に詳らかに考察せず、経学思想を反朱子学・脱朱子学・脱性理学などと見なして、性急な結論を出してしまったのである」と指摘した。朝鮮の著作に対する具体的な研究を通して、その思想が見出されてきたのではなく、朱子学への挑戦というテーマに焦点を当てて、結論を急いできたということである。

後述するように、十七世紀の朝鮮儒者たちは、満州族の清朝の代わりに中華の道統を受け継ぐことを望んでおり、その受け継ぐべき道の中心となるのは朱子学であった。そのような時期に、どうして朱子学に対する懐疑が起こりえただろうか。そして、朱子学への懐疑を証明できる史料はあるのだろうか。朱子学に対する懐疑を証明してくれる史料が存在しないのであれば、つまり、十七世紀朝鮮儒学史における転換が、朱子学への確信から懐疑への変化というようなものではないとすれば、その転換とは、一体いかなるものだったのだろうか。まずは、十七世紀朝鮮の儒者社会の内奥に入り、朝鮮的特徴を考えるべきであろう。

(1) 呉松「点校前言」梁啓超著、呉松ほか点校『飲冰室文集点校』第一集(昆明：雲南教育出版社、二〇〇一年)一頁。
(2) 狭間直樹「序文」狭間直樹編『共同研究梁啓超――西洋近代思想と明治日本』(東京：みすず書房、一九九九年)二頁。
(3) チョンザヒョン・高熙卓「近代韓国の社会進化論の導入・変容にみえる政治的認識構造――国家の独立と文明開化の間で」『大韓政治学会報』(ソウル：大韓政治学会、二〇一一年)二九頁。
(4) 韓国における梁啓超の著作による社会進化論の流布について、李光麟「旧韓末進化論の受容とその影響」『韓国開化思想研究』(ソウル：一潮閣、一九七九年)二六〇～二六六頁及び、申一澈・千寛宇・金允植座談記録「丹斎申采浩論」『韓国学報』第五号(ソウル：一志社、一九七九年)一七四頁、李泰鎮「党争を如何に見るべきか」李泰鎮編『朝鮮時代政治史の再認識』改訂版(ソウル：太学社、二〇〇三年)三〇～三一頁参照。
(5) 梁啓超「与厳幼陵先生書」呉松ほか点校『飲冰室文集点校』第一集、一七八頁(厳復の字の又陵がここでは幼陵になっている。「幼」と「又」の中国語の発音が同じことからの誤りであろうが、そもそも書信の原本からの誤りかどうかは確認できなかった)。
(6) 梁啓超著、朱維錚導読『清代学術概論』(上海：上海古籍出版社、二〇〇〇年)一〇五頁。
(7) 同右、二～三頁。
(8) 井上哲次郎「国民道徳概論序」『国民道徳概論』(島薗進監修、島薗進・磯前順一編纂『井上哲次郎集』(シリーズ日本の宗教学二、第二巻)、東京：クレス出版、二〇〇三年)(大正元年(一九一二年)八月一日、三省堂書店発行本の影印本。同書は、一九一八年に『増訂国民道徳概論』が、一九二八年に『新修国民道徳概論』が、それぞれ増訂版と新修版が発行された)

一～三頁参照。序文には、国民道徳に関わる講習会の展開が具体的に記されている。最初の東京外国語大学での講習会の後、同年（一九一〇年）の一二月には当時の文部大臣小松原英太郎の命を受け、師範学校修身科担任の教員向けの講習会を九日間文部省修文館で行った。さらに、翌年、再び中等教員講習会での講習を文部大臣に命じられ、東京帝国大学で五日間の講習を行った。この講習の速記録に訂正増補を加えて、『国民道徳概論』が出版された。

（9）井上哲次郎『国民道徳概論』二七〇頁。

（10）井上哲次郎「日本朱子学派之哲学序」『日本朱子学派之哲学』第一五版（東京：富山房、一九三三年）五～六頁。

（11）廣松渉『「近代の超克」論――昭和思想史への一視角』（東京：講談社、一九八九年）五頁。

（12）中村哲夫「梁啓超と「近代の超克」論」狭間直樹編『共同研究梁啓超――西洋近代思想と明治日本』（東京：みすず書房、一九九九年）三八八頁。

（13）丸山眞男が、一九四〇年から一九四四年の間に執筆した三編の論文は、まず『国家学会雑誌』に掲載され、その後一冊の本にまとめられ出版された。丸山眞男『日本政治思想史研究』（東京：東京大学出版会、一九五二年）。一九七四年に、英訳本を出版する時、「英語版への著者の序文」が付加された。この序文は、一九八三年以来、日本語新装版にも附加された。同書「英語版への著者の序文」三七七頁参照。

（14）丸山眞男「英語版への著者の序文」『日本政治思想史研究』三九七頁。

（15）引用者注：三宅雪嶺（雄二郎）（一八六〇～一九四五）『王陽明』（東京：哲学書院、一八九五年）。

（16）引用者注：陸羯南（一八五七～一九〇七）。

（17）荻生茂博「幕末・明治の陽明学と明清思想史」（源了圓・厳紹盪編、日中文化交流史叢書三『思想』、東京：大修館書店、一九九五年）四三一～四三二頁。

（18）同右、四三六頁。

（19）論説「警告儒林同胞（続）」『大韓毎日申報』（第二巻第一八七号）一九〇八年一月一六日付。

（20）論説「勧告儒林社会」『皇城新聞』（第三一九七号）一九〇九年一〇月一二日付。

（21）中采浩「問題がない論文」（一九二八年一月一日『朝鮮日報』に掲載）丹斎申采浩先生記念事業会編『丹斎申采浩全集』下

（ソウル：螢雪出版社、一九七九年）一五六頁。

(22) 申采浩「旧書刊行論」（一九〇八年一二月一八～二〇日『大韓毎日申報』に掲載）『丹斎申采浩全集』下、一〇〇頁。

(23) 申采浩「儒教拡張に対する論」（一九〇九年六月一六日『大韓毎日申報』に掲載）『丹斎申采浩全集』下、一一九～一二〇頁。

(24)「実学」を「朝鮮後期に登場した新しい学風」という意味で用いはじめたのは、稲葉岩吉（一八七六～一九四〇）だという（権純哲「韓国思想史における「実学」の植民地近代性――韓国思想史再考Ⅰ」『日本アジア研究』第二号（埼玉：埼玉大学大学院文化科学研究科博士後期課程紀要二、二〇〇五年））。

(25) 千寛宇「磻溪柳馨遠研究（上）・（下）――実学発生からみる李朝社会の一断面」『歴史学報』第二・三号（ソウル：歴史学会、一九五二年）。

(26) 韓㳓劤「李朝「実学」の概念について」『震檀学報』第五〇号（ソウル：震檀学会、一九五八年）及び「明齋尹拯の「実学」観――李朝実学概念再論」『東国史学』第六号（ソウル：東国史学会、一九六〇年）。

(27) 例えば尹絲淳は、実学はただの学風や方法論に止まらず、一つの学問をなし、その基盤となる思想は朴世堂の学問のうちに見出されると論じた（「朴世堂の実学思想に関する研究」『亜細亜研究』第一五巻第二号、通巻第四六号別冊（ソウル：高麗大学亜細亜問題研究所、一九七二年））。

(28) Palais, James B. *Confucian Statecraft and Korean Institutions: Yu Hyŏngwŏn and the Late Chosŏn Dynasty* (Seattle: University of Washington Press, 1996), 14.

(29) 申采浩「儒教拡張に対する論」一一九～一二〇頁。

(30) 申采浩「旧書刊行論」『丹斎申采浩全集』下、一〇二頁。

(31) 玄相允（一八九三～?）が『朝鮮儒学史』（ソウル：民衆書館、一九四九年）を執筆する際、「実学派」の代わりに「経済学派」の用語を使ったのは、朝鮮初期の儒学史の価値を認めつつ、後期の儒学史の変化を叙述するためだったと考えられる。

(32) 尹絲淳「丹斎申采浩の儒教観」『韓国儒学思想論』増補版（ソウル：芸文書院、二〇〇二年）五二七頁。

(33) 申一澈・千寛宇・金允植座談記録「丹斎申采浩論」一七四頁。

(34) 鄭寅普「陽明学演論」『陽明学演論（外）』（ソウル：三星文化財團、一九七二年）一一頁。洪以燮の解題によると、「陽明学演論」は一九三〇年代に新聞紙上（正確には、一九三三年度『東亞日報』紙上）に掲載された論稿で、『薝園国学散藁』（一九五五年刊）第四篇に収録され、一九七二年に「国学人物論」と共に同書に編まれた。また、「朝鮮の陽明学派」には以下の日本語訳がある。沈慶昊・小川晴久訳「朝鮮の陽明学派」『陽明学』第一九号（東京：二松学舎大学東アジア学術総合研究所陽明学研究部、二〇〇七年）。

(35) 鄭寅普「陽明学演論」一〇～一五頁参照。

(36) 閔泳珪「為堂鄭寅普先生の行状に現れるいくつかの問題——実学原始」『東方学誌』第一三号（ソウル：延世大学国学研究院、一九七二年）。閔泳珪の論文には以下の日本語訳がある。閔泳珪・小川晴久訳「為堂鄭寅普先生の行状に現れるいくつかの問題——実学原始」『陽明学』第一九号（東京：二松学舎大学東アジア学術総合研究所陽明学研究部、二〇〇七年）。

(37) 中純夫『朝鮮の陽明学——初期江華学派の研究』（東京：汲古書院、二〇一三年）四六～四七頁。

(38) 今日の韓国学界で、高橋亨は皇国史観によって朝鮮儒学の価値を故意に引き下げようとしたことで批評される一方、朝鮮儒学研究史上、一定の役割をしたことが認識されている。彼は、第一に、朝鮮儒学史を学派別に体系的に論じ、李退渓と李栗谷の学術を主理派と主気派に分けたが（「李朝儒学史に於ける主理派と主気派の発達」『朝鮮支那文化の研究』（京城帝国大学法文学会第二部論纂第一輯、一九二九年））、それ以来、この分け方は、朝鮮儒学史を論じる際にしばしば用いられてきた。例えば、裵宗鎬『韓国儒学史』（ソウル：延世大学出版部、一九七四年）は「主理派と主気派の対立」を論じている。朝鮮儒学史を学派別に論じた、韓国思想史研究会編『朝鮮儒学の学派』（ソウル：芸文書院、一九九六年）も、「主理説」と「主気説」の確立を各々退渓学派と栗谷学派に当てている。阿部吉雄『日本朱子学と朝鮮』（東京：東京大学出版会、一九六五年）も先行研究者として高橋亨に言及し、主理と主気に分ける方法を用いている。第二に、高橋の観点に対して問題を提起しながら、新たな研究が行われてきたという点が挙げられる。例えば、千寛宇は、柳馨遠の実学思想を論ずる際、高橋亨の柳馨遠研究に対する論駁を行っている（「磻溪柳馨遠研究（上）——実学発生からみる李朝社会の一断面」四二～四三頁）。また、尹絲淳は、韓国儒学の独自性を否定する高橋の論点を駁論しつつ、韓国儒学の独自性を論じている（「韓国儒学の諸問題」『韓国学報』第三号（ソウル：一志社、一九七七年）一九二～二〇一頁）。

(39) 高橋亨「朝鮮儒学大観」『朝鮮史講座』特別講義(京城：朝鮮史学会編、一九二七年)三五〜三六頁。「朝鮮儒学大観」は、現在、川原秀城・金光来編訳『高橋亨朝鮮儒学論集』(東京：知泉書館、二〇一一年)にも収録されている。

(40) 高橋亨「朝鮮の陽明学派」『朝鮮学報』第四号(奈良：朝鮮学会、一九五三年)、中純夫「高橋亨「朝鮮の陽明学派」訳注」『東洋古典學研究』第三六号(東広島：東洋古典学研究会、二〇一三年)、権純哲「〔増訂〕高橋亨の朝鮮儒学研究における「異学派」——京城帝大講義ノートを読む」『埼玉大学紀要(教養学部)』第五〇巻第一号(埼玉：埼玉大学、二〇一四年)など参照。

(41) 安在鴻「朝鮮学の問題」『新朝鮮』(一九三四年)(韓永愚「韓国学の概念と分野」『韓国学研究』第一号(ソウル：檀国大学韓国学研究所、一九九四年)一三頁から再引用)。

(42) 安在鴻『朝鮮上古史鑑』巻頭文(韓永愚「韓国学の概念と分野」一三頁から再引用)。

(43) 『朝鮮王朝實錄(仁祖實錄)』仁祖一五年(一六三七年)一月三〇日庚午「龍胡等引入、設席於壇下北面、請上就席、使清人臚唱。上行三拜九叩頭禮」。

(44) 金駿錫『朝鮮後期政治思想史研究』(ソウル：知識産業社、二〇〇三年)二五頁。

(45) 尹絲淳『韓国儒学思想論』増補版(ソウル：芸文書院、二〇〇二年)三六七〜三六八頁。

(46) 李東歡「朝鮮後期の文学思想と文体の変移」黄浿江ほか編『韓国文学研究入門』第一四刷(ソウル：知識産業社、二〇〇〇年)二九一頁。

(47) 李寅燁の上疏が受け入れられ、流刑は執行されなかった。

(48) 李丙燾「朴西渓と反朱子学的思想」『大東文化研究』第三号(ソウル：成均館大学大東文化研究院、一九六六年)一頁。

(49) 李丙燾『国訳思弁録』解題(ソウル：民族文化推進会、一九六八年)一頁。

(50) 尹絲淳「朴世堂の実学思想に関する研究」六五頁。

(51) 尹絲淳「西渓全書解題」(朴世堂『西渓全書』ソウル：太学社、一九七九年)。

(52) 尹絲淳「韓国儒学の諸問題」『韓国学報』第三号、一九二〜二〇一頁。

(53) 安秉杰「十七世紀朝鮮朝儒学の経伝解釈に関する研究——『中庸』解釈をめぐる朱子学派と反朱子学的解釈の間の葛藤を中

心に」（ソウル：成均館大学博士学位論文、一九九一年）四頁。

(54) 例えば、安秉杰「西渓朴世堂の独自的経伝解釈と現実認識」・「白湖尹鑴の実践的経学とその社会政治観」成均館大学大東文化研究院編『朝鮮後期経学の展開とその性格』（ソウル：成均館大学出版部、一九九八年）、金容欽「朝鮮後期における老・少論分党の思想基盤――朴世堂の『思弁録』に対する是非論争を中心に」『学林』第一七号（ソウル：延世大学史学研究会、一九九六年）、琴章泰「白湖尹鑴の性理説と経学」『朝鮮後期の儒学思想』（ソウル：不咸文化社、一九九八年）、金吉洛「白湖尹鑴の哲学思想の陸王学的照明」『儒教思想研究』第一〇号（ソウル：韓国儒教学会、一九九八年）、宋錫準「韓国陽明学の初期における展開様相――尹鑴及び朴世堂の『大学』解釈を中心に」・「朱子学批判論者たちの経典解釈――『大学』の解釈を中心に」『東洋哲学研究』第二三号（ソウル：東洋哲学研究会、二〇〇〇年）、李昤昊「『読書記・大学』からみる白湖尹鑴の経学思想」『韓国漢文学研究』第二五号（ソウル：韓国漢文学会、二〇〇〇年）、尹絲淳『西渓朴世堂研究』（ソウル：集文堂、二〇〇七年）など。

(55) 金容載「韓国陽明学研究の現況と新たな模索――江華学研究の必要性及び接近方法を中心に」『陽明学』第一四号（ソウル：韓国陽明学会、二〇〇五年）一五一～一五二頁。

(56) Wagner, Edward W., "Social Stratification in Seventeenth-Century Korea: Some Observations from a 1663 Seoul Census Register," *Occasional Papers on Korea*, no. 1 (April 1974), 38.

(57) 尹絲淳「韓国儒学の諸問題」二〇〇～二〇四頁。

(58) 崔錫起「韓国経学研究の回顧と展望」『大東漢文学』第一九号（大邱：大東漢文学会、二〇〇三年）一七一～一七二及び一八二～一八三頁。

第二章　十七世紀儒者世界の様相

十七世紀朝鮮思想史の展開については、以下のような二つの特徴が常に挙げられる。まずは、朱子学に対する研究の深化と、それに伴う朱子学の教条化である。もう一つは、朱子学に対する懐疑と批判意識の誕生と成長である。

前者は、中国大陸で「北狄」が「中華」に取って代わる事態に直面して、朝鮮儒者が中華文化の継承者を自任し、朱子学的道統意識をさらに固めていくという論理に基づく。この論理は、十七世紀の史料の中に、朱熹の著述に対する徹底的な分析・研究を進めた著作や中華の継承を自任する言説が数多く見出されることから、根拠も説得力も備えている。

一方、後者は、四次に亘る外部からの侵入を受け、国家社会の全面的危機に直面した知識人たちが体制教学である朱子学の限界を痛感し、それに代わる新たな思想を模索したという論理に基づく。この「模索」は、十七世紀における近代意識の成長を意味する思想史的転換であるのみならず、朝鮮後期に登場する「実学」の萌芽となるとして重視されてきた。

後者の根拠としては、十七世紀の一部の儒者が著した、朱子学の解釈と異なる経書注釈が提示されている。しかし、その「異なる見解」が果たして朱子学を批判する意図によるものであり、内容的にも朱子学の理論と異なるか否かに関しては、必ずしも根拠と説得力を備える論証が行われたとは言えない。建国以来最大の危機のなか、従来のイデオロギーに対する反省が芽生えただろうという推測はあっても、朱子学的道統を核心とする「中華」を継承しようという意志が充満するなか、朱子学自体に対する懐疑が芽生え、そのような問題意識がいかなる成果を収め得たのかを確認できる史料が不十分だからである。そこで、政治的な争いとからみあって朱子学が一層教条化する十七世紀の状況からみれば、朱子学批判は真正面からは行われ得なかったという推論をもって、史料の不十分さが補われてきた。すなわち、十七世紀の著作の読解において、直截な朱子学批判の表現がなくとも、その著作の行間から朱子学に対する批判意識を「発見」するのが、主要な研究方法の一つになってきたのである。

ところで、後者の証拠として挙げられてきた史料を、その「行間」を読むに先立って、文面の意味をそのままに理解したならば、いかがであろうか。朱子学批判意識に繋がる証拠はなかなか見当たらないのではなかろうか。さらに、行間から著者の意図を読み取る方法を用いるのであれば、著者が置かれた社会的状況や歴史的文脈をまず確認しておかなければならないだろう。そうしなければ、行間から著者の著作意図を読み取る作業は、研究者の問題意識によって左右され、史料の原義から外れてしまう可能性があろう。

以下ではまず、十七世紀朝鮮という社会がそもそもこの対立の図式を生み出し得る環境であったか否かを確認するために、士大夫社会の具体的ありようを明らかにしたい。また、上述したように、朝鮮の儒学史は、東アジアの視座から考察する必要がある。それ故に、徳川日本の儒者世界のありようを、朝鮮の士大夫社会と著しく異なる点に注意しながら紹介する。両国の儒者たちがそれぞれの社会の属性に合わせた、相異なる儒学史を展開したことが確認できよう。なお、儒学史展開の背景としての社会環境からは、日韓の儒学史が相異なる方向に向かった理由が浮き彫りになると考える。

第一節　朝鮮の士大夫社会

十七世紀朝鮮の儒者たちにおいて、経書を読んで、注釈を施すという行為は、いかなる意義を持つことだったろうか。彼らの思惟方式の属性を象徴する幾つかの様相を取り上げて、その答えを考えてみたい。

華夷変態に臨む

一六七四年（顕宗十五年）三月、赴清謝恩使の金壽恒（一六二九～一六八九）は、北京で呉三桂の挙兵を始めとする反清復明運動の展開に関する情報を入手した。彼は速やかに朝廷に上奏するために、通訳の金時徴を先に帰国させた(1)。反清復明運動の成功を期待して、一日でも早く朝廷に知らせようと判断したのだろう。

この歳の七月、尹鑴は、北伐を願って顕宗（一六四一～一六七四、在位一六五九～一六七四）に次のように上奏した。

今日、北方の情報は、詳らかではないが、醜類（満州族の蔑称）がみだりに占有してすでに久しく、華夏の怨怒が起こりはじめ、呉氏（呉三桂の勢力）は西側から起こり、孔氏（孔有徳の勢力）は南側から連携し、㺚子《たつ》(2)は北側から狙い、鄭氏（鄭成功の勢力）は東側から隙を窺っている。剃髪された明の遺民は胸を叩き声を忍んで、漢を思い慕う心を忘れず、風のどよめきに耳を傾けている。天下の大勢を知るべきである。我々は隣国として、要害の地にあり、天下の後に位置して、全盛の形をそなえている。しかるに、今の時期に、挙兵して檄文を飛ばし、天下のために唱えて、勢いをひらき天下の人の心を動かし、天下の憂いを共にし、天下の義を助けなければ、刀を握るばかりで何も切らず、弓のばねを撫でるばかりで発しないようなものであり、惜しむべきのみならず、実

に我が聖上の追い慕う継承の心が、我祖宗・我先王にも届かず、天下万世に言うべき言葉がないであろう。(3)

尹鑴は、中国各地で一斉に立ち上がる反清復明の情勢を列挙したうえで、これがまさに天下の大勢だと言う。さらに、我々朝鮮はこの機を逃さず、——朝鮮国の平安のためではなく——天下の義を助けるために、挙兵すべきだと主張している。

このような軍事行動によって中華を回復しようという建議は、実行されることはなかった。しかし、朝鮮儒者たちは、天下の大義としての北伐の意義を忘れずにいた。例えば、韓元震（一六八二～一七五一）は、前の孝宗時代に具体的な北伐計画を立てたのは、天下の大義だと誇らしく挙げている。そして、陸海並行して攻撃したならば、成功したはずだと述べている。(4)李頤命（一六五八～一七二二）は、孝宗の北伐計画は、軽弱の勢いを顧みず慨然として大義を明らかにしたものだと評価し、その計画は実現されなかったが、永く天下万世に大義を貫いたと認識している。(5)

朝鮮儒者は朝鮮が「一匡天下（天下を正し安定させる）」のために中心的役割を果たすべきであるとの議論に裏づけを与えるために、いっそう進んで「正統論」を展開する。「正統論」とは中国歴代王朝の正統と非正統との厳格な弁別である。そして、清朝が中原の領土を掌握している事実は、必ずしもその統治が正統であることを意味しないと言おうとする。(6)彼らは、朱熹『資治通鑑綱目』に基づき、正統と非正統を厳格に分別した。そこでは、劉備（一六一～二二三）の「王統」と蜀漢の「政統」は「正統」として尊ばれ、曹操（一五五～二二〇）の「王統」と魏朝の「政統」は低く評価されている。清朝の天下が揺るぎなく強固になればなるほど、朝鮮儒者は朱子学的「道統論」を主な根拠として中華の道統を継承することを自任していく。(7)

韓元震は、「我が朝鮮朝に至り、列聖が引き継ぎ、賢相が代々出ている。修己治人する者は、必ず堯舜文武の道にのっとる。故に礼楽刑政・衣冠文物は悉く中国の制度を引き継いでいる。……海内が〔夷狄によって〕異臭が立ちこめる時代にも、〔我朝鮮は、〕一隅の偏邦でありながら、唯一中華の治を保持し、前聖の統を継いでおり、昔〔南宋時代〕の閩越に比べても遜色がない。つまり、我々が中国に進んで、王道を行い、天下を所有しても、また不可なることはないだろう(8)」と、中国聖賢の道や中国の制度は、今日唯一朝鮮で受け継がれているから、中国本土に進出して王道を行い、天下を統治する資格があると自負している。また、尹鳳九（一六八三〜一七六八）は、「四海が夷狄による臭気にあふれている中で、我々は独り小華〔小規模な中華〕だ(9)」と、朝鮮が唯一中華を継承していると自負している。

そもそも「東夷」だった朝鮮の民族は、昔、中華文明から渡ってきた箕子の教化を得て「華」と生まれ変わったと、朝鮮の儒者たちは誇り高く語っていた(10)。箕子は、朝鮮建国のとき、朝鮮の「国の始祖の檀君」とともに「教化之君」としてまつられて以来(11)、朝鮮儒者に崇拝された。中華文明を象徴する箕子を崇拝しながらも、民族の始祖の檀君をも同時にまつっていたのである。これがまさに、朝鮮では、「自国中心と、中国中心の二重の天下が微妙なかたちで併存してい(12)」たと分析される理由であろう。

中・韓の陸地は連続しており、清軍の武力は朝鮮の興亡と密接に関わる。従って、朝鮮儒者が中国大陸で中華と夷狄が入れ替わる情勢を自分の問題として敏感に反応するのは当然である。一方、朝鮮儒者に比べれば、徳川日本の儒者は、どちらかと言えば、海の向こうの大陸の情勢を傍観していたといえる。しかし、日本儒者の中にも、明清交替という天下大事に臨んで、同様に華夷観念に基づいて、明朝の回復を願う心情を表した者がいる。

徳川前期の儒官である林鵞峰(13)（一六一八〜一六八〇）は、「華夷変態序(14)」で、次のように述べている。

崇禎帝は薨去し、弘光帝は捕虜となり、唐王・魯王など明の勢力は僅か南の隅を保つだけで、韃虜〔清〕が中原に横行しているが、これは華が夷に取って代わられる事態である。遥かに遠く、向うのことの始末は不詳であり、『勦闖小説』・『中興偉略』・『明季遺聞』などの書物から概ねを知るだけである。思うに、朱氏の明朝が天下を失ったのは、我が国の正保年間〔一六四五〜一六四八〕に当たる。それ以来の三十年間、福洲・漳洲の商船が長崎に往来する際に伝えた所の話を、江府に届ける者があり、その中、公に報告する件を読み、和訳することに、吾家〔林家〕が参与しないことはなかった。その草案は反古の山に放置しておいたままであるが、亡失を恐れるが故に、順序を立てて、書き記して冊子にし、「華夷変態」と号した。近頃、呉三桂、鄭成功などが、各省に檄を飛ばして、明朝恢復の兵を挙げたというが、その勝敗は分からない。〔しかし〕若しも夷が華に取って代わられる事態となれば、異域のこととはいえ、なんと快いことではないか(15)!

一六四四年、李自成が北京を攻め落とした後、明朝最後の皇帝である崇禎帝（一六一一〜一六四四、在位一六二七〜一六四四）は景山で首をつった。一六四五年、南明初代の弘光帝（一六〇七〜一六四六、在位一六四四〜一六四五）は、清軍の追撃を受け、戦敗して捕虜の身となり、北京に押送された。林鵞峰は、南の僅かな一部を除いた中原の殆どが満州族の天下となった形勢を、中華が夷狄に取って代わられる事態と認識した。彼は徳川政権の儒官として、長崎から江戸へ届く大陸情報を和訳して報告する任務に当たっていた。後に、その漢文の草案を編集して冊子とし、「華夷変態」と名付けた。しかし「華夷変態」というタイトルは、大陸の最新情報を集めた冊子の書名として、必ずしも当てはまらない。その続編の書名である「崎港商説」がよりふさわしいと言える(16)。彼は、大陸の反清復明運動について、その勝負の行方はわからないと言いながらも、「華」が再び「夷」に取って代わり、中原を回復するよう期待を示している。

林鵞峰は、朝鮮儒者の尹鑴と同様に、華夷思想に基づいて「華」の回復を望んでいる。漢文や儒学に代表される「中華」が夷狄に脅かされる事態に、彼らは、哀惜の念を禁じえなかったのである。

宮嶋博史は、明清交替を華夷変態として理解する林鵞峰の見方から、「十七世紀における東アジア世界の一体化」

を見出して、次のように言う。「宋朝が金や元という非漢族王朝に代わったとき、それを華夷変態ととらえる見方はなかった。こうした変化の背景には、宋代と比べてはるかに深化した、東アジア世界の一体化が存在していた」[17]。

確かにこのように言える。ただ、日韓の儒者が属する当時の社会背景は、彼らをして、そのまま一体化の道を歩み続けさせるものではなかった。中国発の華夷観念は、著しく多様に解釈されはじめる。そのため、中国大陸で起こった華夷変態という事件が招いた東アジアの一体化とは、それぞれの立場から華夷観念へ注目し、自分たちの役割を考えはじめたという意味であり、中国本来の華を守り夷を退けようと皆が合意するということではなかった。

士大夫グループの出生と成長

通説によれば、朝鮮朝建国の主役は、高麗朝の後期に新しく登場した「新興士大夫」のなかの急進改革派と新興武人勢力との連合であるという。この通説を生み出した研究では、朝鮮建国勢力と高麗朝の支配階層が著しく相違することを明らかにしようとしている[18]。一方、このような通説に強い疑問を提出した研究もある。

ジョン・B・ダンカンは、高麗中・後期と朝鮮前期の官僚集団の入れ替わりや主要家門の浮き沈みを分析し、王朝交替前後の支配層に大きな変化が見出せないことを論証している[19]。ダンカンの研究成果は、史料の分析から得られたものであり、通説の全面的見直しを余儀なくさせるものである。しかし、だからといって、高麗朝の官僚貴族と本章で述べる朝鮮朝の士大夫たちが決して同じアイデンティティーの持ち主であるとは限らない。むしろ本章では、後述するように、朝鮮期の士大夫たちが高麗朝を全面否定するところから身を立てた存在でないからこそ、その独特のアイデンティティーを持つと考える。

本章でいう士大夫とは、自らを朝鮮社会を導くものと認識する人々であるが、彼らは必ずしも朝廷の高位官僚であったわけではない。言い換えれば、高位高官はいわゆる士大夫層のごく一部に過ぎないのである。朝鮮朝の官職者や門閥家を分析することはそれ自体有意義な方法であるが、朝鮮朝を明確に理解するには、官職の有無を問わず儒者としてその使命を強く認識して生きていた士大夫層について考えなければならない。

まず、朝鮮朝における士大夫という存在を考えてみよう。士大夫は、言うまでもなく、中国由来の存在である。中国で、旧時代の知識人階層を指す「士大夫」の概念は、概ね次のように変化してきた[20]。

一、「大夫」と「士」は、本来、商代から春秋時代に至るまでは、公・卿・諸侯の下に位置する貴族階層の称号であった[21]。

二、「大夫」と「士」の地位に大差がないことから、周代に両者を合わせて「士大夫」としている記録がある[22]。ここでは士大夫は、六職（王公、士大夫、百工、商旅、農夫、婦功）の中、二番目に位置する。

三、戦国時代に、「士」階層は、貴族階級から抜け落ち、貴族と庶族の間の階層となる[23]。ここでは、学問をして地位を得るものを士とする。『孟子』に「下士は庶人の官に在る者と禄を同じうす[24]」とあるように、士の下層と庶人の上層は次第に合流するという状況であった。貴族から下がって入る者や庶人から上がって入る者により、士の階層が拡大するに伴い、仕えることの意義や正しい方法についても論議が増えていった[25]。

四、漢代以降、士の精神を持つ儒教知識人たちが国家制度整備などで重要な役割を果たしたことで、その地位が高まっていった[26]。

五、世襲の士族として不動の地位となり、古代の理想主義的な士精神を持つ宋代以降の新儒家が出現する。彼らは官吏でもあり得るが、その役割は官吏の職務に限らない。彼らが求める風格は、范仲淹（北宋、九八九〜一〇五二）の「天下の憂えるに先んじて憂え、天下の楽しむに後れて楽しむ[27]」という精神を標準とする。

朝鮮朝では、三代目国王の太宗（一三六七〜一四二二、在位一四〇〇〜一四一八）の時代から朝鮮末期まで「士大夫」という語が頻繁に使われた[28]。十六〜十七世紀に「士大夫」精神が強調されるほど、右の第五に述べた宋代以降の新儒家の風格が著しくなる。

これら士大夫グループは、高麗王朝末期に新王朝開創に反対した人々に由来する。言い換えれば、朝鮮の士大夫は、新王朝開創に猛然と反対した末に殺されることになる鄭夢周（一三三七〜一三九二）に、自らのアイデンティティーを重ね合わせる。鄭夢周は、新王朝の開創に協力する鄭道傳（一三四二〜一三九八）・趙浚（一三四六〜一四〇五）の誅殺を求める上疏をするなど、新王朝開創を極力阻止しようとし、結局朝鮮太祖李成桂の次男である芳遠（のちの太宗）に殺された[29]。

しかし、李芳遠が三代目国王として即位した一四〇〇年に、新王朝の参賛門下府事である権近（一三五二〜一四〇九）は、高麗朝への節義を守った鄭夢周や吉再（一三五三〜一四一九）などを褒彰することを建議した。彼は上疏文で、「創業のときであれば、我々に従う者はこれを賞し、従わない者はこれを罪するのは、もとより宜しいことである。大業がすでに定まった守成のときに及んでは、必ず節義を尽くした前代の臣に授賞して、亡者は追贈し、存者は徴用し、並びに旌表と賞を加えて、後世人臣の節義を励ます、これが古今の通義である。……夢周は高麗のために死んだが、独り今日に追贈することが不可だろうか。……前注書の吉再は、苦節の士である。……革命の後、なお旧君のために守節し、爵禄を辞した者は、唯一彼一人のみである。どうして高士でないだろうか。さらに礼をもって招いて爵命を加えるべきだ[30]」と主張した。創業の作業が一段落すれば、その事業を固め守る守成の段階に入る。守成期に入ると、何よりもまず高麗朝への節義を尽くした人々を抱き込んでいかなければならないというのである。鄭夢周を死なせた張本人である太宗は、それから一〇ヶ月の長考を経て、鄭夢周らへの贈職を決めた[31]。このようにして、朝鮮王朝建立に決死の思いで反対した高麗朝の旧臣、そして「忠臣不事二君」の信条から辞職した者が、新王朝が開いて一〇年も経たずに、大いに表彰されるに至ったのである。

鄭夢周の節義に対する称賛は朝鮮王朝を通して絶えることはなかった。四代目の世宗のとき、『忠臣図』に図像と賛を加えることが決まり[32]、さらに、九代目の成宗のときには、高麗の遺臣として、その子孫が特別に任用された[33]。十一代目の中宗のときには、文廟に祀られることとなった[34]。また、礼曹の官吏をしてその墓に致祭を行わせ、その際、「高麗守門下侍中文忠公鄭夢周之墓」と称し、高麗朝の遺臣であることをはっきりと示した[35]。

本来、李氏朝廷の立場からみれば、鄭夢周はそもそも敵に当たる。鄭夢周の意志が貫徹されたとすれば、新王朝開創を図った人たちは、謀反人として処分されたはずである。朝鮮王朝の継承者たちはこのことをはっきり認識していた。しかし、それにもかかわらず、未来のために高麗の遺臣を褒彰する道を選んだのであり、士大夫たちは、命をかけて節義を守った鄭夢周を模範として、士気を養おうと心がけていた。左承旨の官にあった権橃(一四七八〜一五四八)と中宗の対話からそのような状況がうかがえる。

権橃は、「国家の根底を支える気の力は、まさに広げて大きくするべきである。士気を打ちくじかない、そのようにした後、国家の根本が強固になる。近頃、礼曹の公事を見れば、鄭夢周の祭文を作ることを請うており、これはよいことである。……(高麗末期の当時)夢周はあらゆる人心が太祖に帰属することを見、台諫にいさめて、趙浚、鄭道傳、南誾などのような太宗に付随する者を皆追い出した。(太宗は)情勢上、夢周と両立できないと判断したがゆえに夢周を除去した。これをもって見れば、夢周は我が国における仇とも呼ぶべき者である。しかし、この人を褒崇した後に、はじめて綱常が大いに明らかになる」と建議した。これに対し、中宗は、「鄭夢周は太祖朝にこのように害を与えた。これをもって言えば、やはり仇のごときである。しかし、今はこの人を褒彰した後はじめて国の模範を立てることができる」[36]と、同意した。このように、綱常倫理を確立しようとする国家の政策は鄭夢周という模範を必要としていたのである。

一方で、士大夫たち自らも、鄭夢周の節義精神を積極的に継承しようと、彼を始祖とする朝鮮道学の継承図を描いて、士大夫アイデンティティーの基礎としていった。このような考えは、朝鮮朝を通して受け継がれた。朝鮮道学の誠実な継承者の一人、趙光祖（一四八二〜一五一九）を挙げてみよう。

中宗（一四八八〜一五四四、在位一五〇六〜一五四四）は、成宗の次男であり、前代の国王である燕山君（一四七六〜一五〇六）とは異母兄弟である。燕山君の失政に反発した官僚たちの旗揚げ（所謂中宗反正）によって王に擁立された[37]。中宗の即位後、新たな時代を迎えただけに、優れた若手儒者の活躍が求められた。

趙光祖は、進士試に合格して成均館で修学する時代に、その操行を慎むことで名が知られていた[38]。中宗六年には三十歳の若さで成均館の薦挙を得、中宗十年に初めて成均館典籍として官職に就いた[39]。彼は士大夫社会から全幅の信頼と支持を得て、道学政治の実現に向かって積極的に改革を進めた。改革者たちは、中宗を擁立する中宗反正に参与した所謂靖国功臣の中で相応しくない者を除外するべきだと主張した。それは、国家がすでに与えた功臣の地位を奪うという、困難な要求であった。中宗が直ちに「非常に困難だ」と答えたのも当然のことである[40]。しかし、改革を進めるグループは、繰り返して上疏し、その要求は徐々に貫徹された。中宗二年（一五〇七年）以来、功臣の中から所謂「偽勲」が徐々に削除され、当事者たちの不満と不安はますます増大していった。

『中宗実録』にしばしば見られるように、趙光祖ら新進は君主を正しい道に導くことを自任し、君主に向かって所信を曲げずに直言する態度を堅持する。結局、大々的な反動（己卯士禍）が起こり、趙光祖をはじめとする改革派は放逐された[41]。その際にも、趙光祖は若手士類の全面的支持を受けている。成均館儒生数百人が彼の助命を願って上疏するなど、士大夫たちの嘆願が大いに行われたが、助命の願いは果たされなかった[42]。その一ヶ月後、趙光祖を始めとする新進が、後進の言行に悪影響を及ぼし、国論を転倒させ、朝政をますます誤るという罪で処罰され、趙光祖は死を賜った[43]。

趙光祖は、死後二六年の一五四五年（仁宗元年）に復官し、一五六八年（宣祖元年）には領議政が追贈された。後には、全国各地の書院に享祀され、文廟にも従祀された[44]。このような復官と追贈は、士大夫たちの確固とした支持によるものであった。朝政をますます誤るという罪で賜死されても、彼に対する士大夫グループの支持は変わらなかった。朝鮮朝の士大夫精神は、時には朝廷の奨励を受け、時には排斥されて、鍛えられながら揺るぎなく成長し続けた。

一方、新王朝建立に積極的に参与し、朝鮮王朝の根幹を築いた人々は、士大夫グループから必ずしも重視されなかった。例えば、鄭道傳（一三四二～一三九八）は、李成桂を太祖に押し立てた開国の功臣の一人である。今日、彼が朝鮮王朝の統治思想と制度を基礎づけるに大きく貢献したことを否定する人はいないだろう。しかし、朝鮮開国の六年後、彼は世子冊封を巡って李芳遠に牽制され、太祖七年（一三九八年）に斬刑された。その後、どのような党派が政治の主導権を握り、どのような政治が行われても、朝鮮朝の統治思想と制度を築いた彼の貢献は顧みられることはなかった。士大夫たちに徹底的に見放されたためであろう[45]。彼の官爵は、朝鮮末期の一八六五年に至って朝廷によってはじめて回復された[46]。実に死後四六七年が経っていた。趙光祖に対する復官がその死後の二六年であったことに比べれば、まことに大きな差である。

朝鮮朝の士大夫たちは、政派や学派を超えて、鄭夢周と吉再を道学伝承の源流とし、趙光祖をその道統の継承者として尊重した。命をかけて道学的理想を実行しようとした精神を受け継いだのである[47]。そのため、無冠の士大夫でも、国家の安危を憂え、積極的に国政を議論する気風が拡がった。かかる気風は、政策の決定や実行を担当する官吏の立場から見れば、厄介なものであった。そのため、紀綱が乱れているという、官吏たちの不満の声も湧き上がっていた。例えば、弘文館の官吏たちは中宗に、「紀綱を遵守すべきだ。数年来、お上の用いる所は、皆新進気鋭の人々であるが、彼らはこっそり交際を結んで、昼夜を分かたず集まっている。布衣の者ながら国政の得失を論じ、しもべ（下僚）ながら官長の是非を議論して、公論と名付け、高位官吏たちを牽制している。そのため、臺諫でありながらその職を行えず、宰相でありながらその本務を担えない[48]」と上疏している。当の新進の若者たちは、互いに志を同じくして活発に発言していた。無職の士大夫たちも国政の得失を論じ、下僚たちも官長の是非を議論する。所謂公論を形成して高官を牽制するこのような態度が、士大夫社会の潮流となりつつあった。

朝鮮後期の儒者、朴趾源（一七三七～一八〇五）は、朝鮮士大夫について次のようにその属性をまとめている。「両班は、士族の尊称である。……この両班というものには、呼び名が複数ある。読書すれば士であり、政治に従事すれば大夫である[49]」。

この言葉は、朝鮮朝士大夫の属性をよく表現している。両班階層の彼らは、読書人の側面からすれば士であり、官職にある者の側面からすれば大夫となる。言い換えれば、士が進めば大夫となり、大夫が退けば士となる[50]。地位の高低を問わず、士大夫は、士と大夫の志を持つべき者と自己認識しており、社会成員もその認識を当然視していたのである。

中宗時代以来、士大夫たちの間で、公論を形成して「道の実現」に積極的に参与する気風が成長し続けた。官職に就いているか否かを問わず、儒書を学ぶ者は殆ど、朝廷の決定を注視していた。もしも「正しくない」決定が行われれば、座視するには忍びない。国と王が道を誤らないように導くことを自任しているためである。

一例を挙げよう。

一六五九年、孝宗の喪礼について、国中の議論が分かれていた。仁祖（孝宗の父）の継妃である慈懿大妃（莊烈王后、一六二四～一六八八）の母としての服喪を巡る議論である。孝宗は仁祖の次男であるが、長男が病死した後、即位した。孝宗は即位によって嫡嗣となったと認めるならば、母に当たる慈懿大妃は、長男の孝宗のために、三年の間、喪服を着るべきであった。一方、王位についても孝宗はやはり次男だと考えるならば、慈懿大妃は期年（一年）の喪服を着るべきであった。議論の様相を政治的党派(51)によって分ければ、概ね南人の党派は三年服説を主張し、西人の党派は期年服説を主張していた。両者が争った末、西人の説に決まった。

その後、顕宗十五年（一六七四年）、孝宗の妃である仁宣王后が没し、また慈懿大妃の喪服を巡って議論が繰り返された。前回と同様の脈絡で、期年の喪服か九ヶ月の喪服（大功服）かが議論された。つまり、孝宗を嫡嗣と見なせば、孝宗の妃は慈懿大妃の一番目の嫁になる。そこで、慈懿大妃は期年の喪服を着るべきであった。孝宗を元通りに次男と考えるならば、慈懿大妃は九ヶ月の喪服（大功服）を着るべきであった。

前回孝宗の喪礼での決定、すなわち慈懿大妃が期年の喪服を着たことが正しければ、今回仁宣王后の喪で慈懿大妃は九ヶ月の喪服を着ればよい。故に、西人の九ヶ月の大功服説と南人の期年服説が争い、その結果、西人の大功服説が採択された。

ところがこのとき、大邱に住む一介の儒者、都慎徴（一六〇四～一六七八）は、朝廷の決定は誤りだとする上疏文を携え、漢城府（今のソウル地域）に向かった。しかし、老体のため途中で病気になり、一ヶ月を過ぎてやっと上京したところ、喪礼はすでに実行中であった。都慎徴はそれでも諦めず、宮殿の前に伏して、上疏文の受理を請願した。半月が経ち、ようやく疏文が受けとられた。

疏の内容の一部分を挙げれば、次の通りである。

礼をもって国を治めることとは、聖人の明訓であります。礼が一回欠けましたら、国もそれにしたがって亡ぶものです。慎むべきではないでしょうか。臣には何ら功績はございませんが、なお人間として守るべき性は、無くさずに持っておりまして、衷情に励まされ、自分の愚かさや賤しさを顧みず、千里からまいり、罪をとがめられ殺されても上疏したいと思います。……〔国喪の礼が乱れてしまったことに対し〕凡そ血気のある者は、誰が驚き憤らないでしょうか。しかし、心の中にうっとうしい憂いを懐いていても、表には互いに戒めつつしみ、なお一人も、殿下のために発言する者がいないのでは、この国に人がいると言えるでしょうか。礼という一文字が、世の中の人の忌むところとなり、人が皆我が身を惜しみ、敢て口を開けず、このような重大で、言わざる可からざるときに際し、皆黙っていることが最上策だと思い、朝廷に公議が無くなり、在野の士気は低迷しております。国事がここにまで至れば、一体どうして浅ましくないことがありましょうか。殿下がまことに、翻然として覚悟し、戒めて自ら省み、礼官に命じ、典礼を詳らかに考え、過ちを改め、正制を回復し、悔悟の教旨を下し、朝廷と在野の疑惑をきれいに解いてくだされば、送終の礼に遺憾が無く、〔殿下が〕嫡長として王位を受け継がれた義も、極めて明らかになるでしょう。経を正し道に合致させることは、もっぱらここにかかっており、王様の一言で国を興せるのは、今日がすなわちその機会であります(52)。

都慎徵は、慈懿大妃は期年服を着るべきだと主張し、すでに実行中の九ヶ月の喪礼を撤回することを求めている。彼の申し出が受け入れられれば、すでに済んだ孝宗の喪礼まで誤って営んだこととなる。孝宗はそもそも次男であるため、その母に当たる慈懿大妃は、孝宗の喪にすでに期年の喪服を着た。再び、孝宗の妃の喪に、大功服を着れば問題は発生しない。しかし、無冠の儒者都慎徵は、前回も今回も道を誤った決定だと、決定をくつがえすことを求めている。上疏文を読んだ顕宗は、大功服と決めたことに責任がある官僚たちを呼んで問い詰めた。そして、喪礼は期年の喪服に改められ、領議政の金壽弘（一六〇一～一六八一）が流刑に処されるなど、執権党の西人が大きなダメージを受けた[53]。

都慎徴は、中央政界の権力争いとは無関係の田舎儒者である[54]。このような者が、王に向かって、「礼が乱されれば、国が亡ぶ」などといい、「王のために発言する者が一人もいないのは、この国に人がいないのと同じだ」と嘆いている。そして、王が自ら反省し、誤謬を改めることが、国を興すかぎだと言っている。都慎徴は朝廷の「誤った」決定を座視せずに、その誤りを正そうとした。田舎の老儒者が、命をかけて上疏し、またその上疏が受け入れられた。その後、この老儒者は推薦で末職に就いたが、七十過ぎの彼はまもなく卒した。

このように当時、士大夫の殆どは、地位の高低を問わず、正しい道を実現することに命を懸けていた。正しい道の実現を自分の義務として認識して行動する儒者たちが形成した朝鮮儒学史は、そうでない社会で形成される儒学史とは異なるはずである。儒学史研究においても、この儒者たちの存在様相に十分な注意を払わなければならないのである。

科挙と士大夫社会

科挙制度はもちろん、士大夫意識自体も中国から朝鮮半島に伝わったものである。それらが朝鮮に受け容れられ、自国の風土に合わせながら変容したところを考察すれば、それぞれの社会の特徴が浮き彫りになると思われる。以下では、本章の主旨に関わる範囲で簡単に異同を確認したい。

秦漢以来の人材選抜制度は、察挙制・九品中正制を経て、科挙制度へと発展した。科挙制が初めて成立したのは、「進士科」という言葉が見られる文献記録に基づき、概ね隋煬帝（五六九～六一八、在位六〇四～六一八）のときと言われている[55]。

宮崎市定は、「隋唐以来盛んとなった科挙の制度は、たとえ幾多の非議すべき欠点を有するにせよ、それは結局一種の選抜であり、この選抜を経たる進士等は畢竟、凡人に勝る教養を身につけていた[56]」と述べている。宋代に至って、進士の全盛期を迎える。「太祖は開宝六年、考官の去取に不公平あるを聞き、自ら覆試を行うこととし、後にこれが定制となって、礼部の貢挙（省試）の後に天子自ら行う殿試が附加されたのである。……（つまり、宋代以降の科挙は、）天子に附随し、天子の独裁権力を輔けてその駆使に供する忠実なる臣僚を生み出した。……唐以前の貴族はその血統門閥を自負するのみで必ずしも読書人でなかった。しかるに宋以後の士大夫は最低限科挙に応ずる文の学問を治めねばならず、もっとも程度の高い知識階級であった[57]」。

そして、中国における科挙試験は清末の光緒三十一年（一九〇五年）八月に、停止されるまで、約一三〇〇年間実施され続けた。この一三〇〇年間、数多くの知識人が青雲の志を抱いて科挙に挑戦し続けた。梁啓超もその師の康有為（一八五八〜一九二七）も例外ではなく、懸命に科挙合格を目指した。梁啓超は、康有為に入門した当時、すでに地方の郷試に合格した「挙人」であった。その後の九年間、光緒二十四年（一八九八年）の会試に至るまで、五回に亘って「進士」に挑戦したが、成功に至らなかった。一方の康有為は、梁啓超を受け入れた時、いまだ郷試にも合格していない「生員」であった。その後、弟子たちと共に挑戦を繰り返し、光緒二十一年（一八九五年）に初めて会試に及第した[58]。梁啓超は、及第に至らなかったが、時代的使命を担って活発な活動を展開した。

科挙が中国社会に、そして朝鮮社会に及ぼした影響が甚だしかったのは、ただ試験に合格して正式に官職に就いた人々のためではない。少数の合格者よりさらに膨大な人数の「不合格者」たちが、科挙科目から得た知識を基本的な素養として、社会知識階層を形成し、この名に相応しい役割を担おうと努めたためである。現実政治へ参与できる官職を得られなかった者も、それなりの方法で志の実現を目指していく。時には、科挙に及第して政界に正式入門した者が現実の壁にぶつかり、理想を諦める可能性があるのに対し、在野の儒者は本来の理想を保ち続け、中央の政策決定に反発したりもする。これがまさに朝鮮社会の政治家たちが、在野の公論に対し、「臺諫でありながらその職を行えず、宰相でありながらその本務を担えない」と不満をぶつけた理由であろう。

中国の科挙制度が朝鮮半島に導入されたのは、高麗朝四代目国王の光宗九年（九五八年）である。そして、朝鮮王朝成立の後、本格的に影響を及ぼし、朝鮮朝の士大夫社会の様相は、科挙制度と密接な関係を持ち続ける。中国では、「宋以後、特に明代において科挙は学校制度を包摂することによって大いに拡充整備された」[59]が、朝鮮朝では、学校制度と科挙制度が密接には連携しない。官学の学校は、最高教育機関として、首都に成均館が、中等教育機関として首都圏に四部学堂が、地方に郷校が設けられていた。学堂の儒生が十五歳になって陞補試に合格すれば成均館寄斎（宿舎）に泊まりながら成均館で修学する資格が与えられる。朝鮮初期において、朝廷は官学生養成を重視し、修学が真面目に行われているかを司憲府や礼曹に監察させたり、四学の教員を督励する詔を下したりした[60]。さらには、成均館の儒生が経書に通じるように様々な対策を設けた[61]。しかし、貴族の両班は、一般庶民も入れる官学よりは私学を好み、官学は徐々に衰退していく[62]。

朝鮮朝で定期的に施行された科挙は、①文科、②武科、③雑科、及び④生員試・進士試と大別される。文科・武科を大科と呼び、生員試・進士試（略称、生員進士試あるいは生進試。以下では生員進士試と表記する）を小科と呼ぶ。文科に合格すれば、及第といい、生員進士試に合格すれば入格という。文・武科の合格者には、合格証明書として紅牌が与えられ、雑科と生員進士試の合格者には、白牌が与えられる。しかし、生員進士試の白牌には、文・武科の紅牌と同様に国王の御宝である科挙宝が押される。生員進士試は小科であるものの、雑科とは違って、国王から合格証をもらうのである[63]。

科挙が朝鮮社会に及ぼした影響や朝鮮士大夫社会を考えるには、生員進士試から生まれる生員・進士たちが欠かせない。ただ、朝鮮朝の進士は、中国の進士とは異なることに注意すべきである。中国では、清代の制度からみれば、府・州・県学を儒学といい、儒学の学生を生員という。科挙には三段階があり、各省の生員をその首府に集めて行う第一段を郷試といい、郷試に合格すれば挙人なる資格を獲得する。次に全国の挙人を北京に集めて第二段階の試験、会試を行う。会試に合格すれば引き続き、天子自ら行う第三段階の試験に赴き、殿試に及第してはじめて進士なる称号を賜り、高等文官たる資格を取得する。挙人が進士となるためにはさらに会試および殿試を通過しなければならない。だが、実際に進士試験の及落を決定するのは会試であり、殿試はその成績順位を決定する。[64] つまり、中国の進士は、すでに会試に及第した者の称呼であるが、朝鮮朝の進士は、小科の進士試に合格した者の呼び名である。

　朝鮮朝の法典である『経国大典』礼典、諸科の条目には、文科や生員進士試を受ける資格が示されている。文科は正三品通訓大夫以下、生員進士試は正五品の通徳郎以下の者が受験できる。法制上には受験できる者の上限は明示されているが下限は示されていない。その理由は、「新しい人材の吸収のためにせっかく設けられた科挙の門戸が既成官員の受験によって狭まることを恐れて、それを防[65]」ぐためだったと推測される。また、受験が禁止される者については、「永久に再任用しないことに当たる罪を犯した者、不正を行った官吏の子、再婚または不貞を働いた婦女の子及び孫、庶孽《しょげつ》子孫（非嫡出の子孫。庶は良人妾の子孫、孽は賤人妾の子孫のこと）は文科生員進士試に赴くのを許すことなかれ[66]」と明示されている（なお、明示されていないが、女性は初めからすべて排除されている）。

　受験が禁止される者のうち、犯罪者の外に、再嫁した婦女や不貞を働いた女性の子と孫、非嫡出の子孫が含まれるのはなぜだろうか。それは、「儒教的家族秩序の安定と血縁関係の正統性・純粋性を守ることを図り、さらに両班身分の人数が無制限に増加することを防ぐ[67]」ためだと言える。そしてさらに、「文科や生員進士試は決して、単に行政技術の担い手を選ぶための制度ではない。それは、教化の担い手、儒教的理論と儒教的徳行で武装した担い手を選抜するための制度[68]」だからであろう。生員進士試は、文科と並んで、朝鮮社会へ儒学的統治を円滑に取り込んでいくための担い手を選ぶ関門であった。

　士大夫の家の男子であれば、いやが応でも科挙合格を目指す宿命を持って生まれる。しかし、科挙に及第して官職につけないからといって、必ずしも「治人の道」から遠ざかるわけではない。儒学を修めて科挙に応じるということは、例えば、宝くじを買っても当たらなければ全くの無に帰してしまうというようなこととは違う。我が身を十分修めれば、自ら科挙に応じなくても周りから推薦される。李退渓や宋時烈などは、大科に及第し高位を得たことで朝鮮朝社会に大きな影響力を及ぼしたわけではない。さらに、及第に至らず、生員・進士に止まっている人たちも、地方社会で教化の担い手を自任し、「天下の憂えるに先んじて憂え、天下の楽しむ後で楽し」もうとする。生員・進士という無冠の士の活躍は、科挙制度が朝鮮士大夫社会を形成したことを雄弁に物語っている。

生員進士試の合格者すなわち生員と進士が成均館典籍などの官職をもらう例もある。しかし、生員進士試は必ずしも出仕に直接つながる試験ではなかった。制度的に確かなのは、成均館に入って約三〇〇日間修学すれば、文科受験の資格が与えられることである。後には、生員・進士になっても成均館に入学しない者が多く、成均館での三〇〇日間の在籍を満たさない受験者が多かったため、この規定は急速に形骸化した[69]。さらに、生員・進士ではない幼学として文科に及第した者の数は、朝鮮後期に至るほど、生員・進士として及第した者より多くなる。つまり、科挙及第をのみ目指す者であれば、生員進士試に応じなくても目標は達成できる。にもかかわらず、生員進士試を受験する数は朝鮮末期まで減ることはなかった。生員進士試は、朝鮮太祖元年（一三九二年）から科挙が廃止される高宗三十一年（一八九四年）まで、合計二二九回施行され、そこから四万七七四八人の生員・進士が誕生したと推測される[70]。

生員・進士たちは、地方で両班の自治機構を作り、地方民の教化などを担おうとする。生員進士試は文科に受験する資格のみならず、地方社会を支配する両班の地位を確かめる資格でもあったと言える。朝鮮朝後期に至るほど、生員・進士の絶対数も、文科に応試しない数も増えたのはそのためである[71]。これだけの数を持つ生員・進士の多くは、科挙の第一関門を通過して、官職に就かず（もしくは、就けず）、全国各地の士大夫社会の成員になる。

科挙科目において、生員試の初試には、経書の理解を試す五経義・四書疑がある[72]。一時的に五経義から春秋義を外して四経義にしたり、五経義の問題を五経それぞれから一問ずつ出して受験者本人にその中の一つを選択させたりする変更もあるが、大づかみに言って五経を統合して一問題、四書を統合して一問題を提出する形であった[73]。受験を準備する間、彼らは四書五経に習熟して、士大夫社会の普遍的知識を獲得するのである。

武科にも経書の試験が含まれている。武科では勿論弓射、撃毬などの科目が優先であるが、その一方、講書もあり、覆試では四書五経の中から一書を選び、武経七書の中から一書を選び、通鑑・兵要・将鑑博議・武経・小学の中から一書を選び、加えて、朝鮮の法典である『経国大典』を講じる[74]。『朝鮮王朝実録』には、「科挙は、士を登用するためのものである。これから武挙において、弓術試験で二百歩に及ばない者であっても、経術に通じれば合格させる[75]」とある。武術が不十分な武科受験者であってもその者が儒書に精通している場合、合格させていたことがわかる。ここから朝鮮文治社会の右文主義（武術よりも学術を重視する考え方）がうかがえる。

科挙制度は、官職者のみならず、生員・進士という知識階層を輩出した。彼らは、受験の準備を含む読書を通して教養を身に着けた儒者士大夫であるとの資格を公的に認められた。そして、その資格に相応しい強烈な士大夫意識で武装し、朝鮮社会を背負っていく担い手を自任した。武科にさえ文の素養が問われる程の右文主義は、儒者の活躍に何よりの舞台を提供した。

第二節　共鳴できない日韓の儒者

「中華」と我が国

前述のように、清軍の侵入により荒れ果てた状況の朝鮮にあって、儒者たちは、「夷狄」を武力によってこらしめる機会をうかがうか、あるいは歴史的観点から清朝の正統性を否認する論評を行うなどして、華夷観念を次第に強めていった。徳川政権の儒官である林鵞峰も、中原が満州族の天下になった形勢を「華夷変態」と認識し、復明運動が成功することを望んだ。しかし、中華の衰退を憂う日韓儒者たちの共鳴は、全面的な一致に至ることはなかった。先行研究で明らかにされているように、徳川日本の儒者たちは多様な議論の下で、新たな華夷論を持ちつつあり、朝鮮の儒者とは著しく異なる面が確認される。それは、「みずからの「武威」と天皇の存在を「華」の根拠とし、中国(明・清)からの自立をその証しと」する「日本型華夷意識」[76]が生まれ発展していく過程であった。

徳川日本の前期の儒者、山鹿素行(一六二二〜一六八五)は、その著作『中朝事実』で、『日本書紀』から本朝(日本)を中国と称した箇所を挙げて、日本こそ中国であると論じた。彼が言うには、日本という中華は、恵まれた水土を持つ。それゆえ天神は、「水土の沃壌、人物の庶富、教化もって施すべきことを知りたまふ」。結果、「本朝は唯り洋海に卓爾として天地の精秀を稟け、四時違はず、文明もって隆えて、皇統終に断えず」。つまり日本は(大陸ではなく)独立した島国として、文化的に発展しているというのである。さらに日本は、「天地の運るところ、四時の交るところ、その中を得れば、風雨寒暑の会偏ならず、故に水土沃して人物精しい。是れ乃ち中国と称すべし」というように、風土の面で、偏ることなくほどよい中を得ており、そこから優れた人民が育つ。これに比べると、大陸の中国は「封疆太だ広くして四夷に連続し、封域の要なし、故に蕃屏の屯戎甚だ多くして、その約を守ることを得ず」と、広すぎるという弱点を持つという[77]。

浅見絅斎(一六五二〜一七一二)によれば、中国と夷狄の区分は、中国という一つの天下の周囲を夷狄と呼んだことによる。中国からみれば周辺の民族を夷狄と称することになるが、他国からみれば、それぞれ自国が皆一つの天下である。自身を「夷狄」と称する者は、「中華」「夷狄」の内実がわかっていないのである[78]。

彼らの論は、中国で著された儒学の書物に普遍的な道を求め、そうした普遍的な道すなわち、儒学の理想を日本に実現する、ということに関心を向けていない。このような現象について、本来、「華夷意識には国家意識の側面と文化意識の側面があるが、近世日本の場合は、まず国家意識が形成され、その枠組のなかで文化意識の成長をみるという経過をたど[79]」っていた、とする見方もある。

一方で、佐藤直方は、日本は優れているから中国と呼ぶべきだという議論を「天下ノ公理ヲ知ラズ、聖賢正説ヲ変化スルニ陥ルハ、苦々シキコト也[80]」と批判している。佐藤直方によれば、「根本、中国夷狄ト定リタルハ地形ヲ以テ云、風俗善悪デ云ハヌナリ」、つまり中国と夷狄を区分する基準は地形であり、中国が善で夷狄が悪だと分けて、そこから、我々が中国だと主張するのは、道理に合わないのである。

徳川日本の儒者たちは、中華の継承を自任するどころか、中華の意味そのものに様々な解釈を行っている。それは、「どう見回しても、そう主張できる程の儒教文化の実態は、当時の日本にはなかった[81]」ためであり、当時の「人々を広く深く規定していた「武国」という……「自国優越観念」」があったためであると論じられている。

「日本型華夷論議」は、朝鮮の儒者からみれば、到底認められないものであろう[82]。山崎闇斎の次のような逸話は、彼らを飛び上がらんばかりに驚かせるはずである。

嘗て群弟子に問ひて曰く、「方今彼の邦、孔子をもって大将と為し、孟子を副将と為し、騎数万を率ゐ、来りて我が邦を攻めば、即ち吾党孔孟の道を学ぶ者、之を如何と為す」と。弟子咸答ふること能はずして曰く、「小子為す所を知らず。願はくは其の説を聞かん」と。曰く、「不幸にして若しこの厄に逢はば、則ち吾党身に堅を被り、手に鋭を執り、之と一戦して孔孟を擒にし、もって国恩に報ず。此れ即ち孔孟の道なり」と[83]。

山崎闇斎は、孔子と孟子が軍隊を率いて日本に侵攻する場合、日本の儒者は孔孟と戦って我が国に恩返しするべきだと説いている。十七世紀の朝鮮の儒者からみれば、儒者の文言だと認め難い発言である。しかし、この逸話は、十七世紀ではなく二十世紀初頭の韓国に伝わって、次のように韓国人を嘆かせた。

李華西〔李恒老（一七九二～一八六八）の号――引用者注〕は韓国儒家の巨匠であり、山崎闇斎は日本儒家の巨匠である。二人の学術文章を較べれば、山崎氏は華西門下の一侍童に過ぎない。しかし華西は「今日吾輩之責、在儒教盛衰、至於国家存亡、猶属第二件事〔今日、吾輩の責務は儒教の盛衰にあり、国家の存亡はなお第二件の事に属す〕」と言い、山崎は「有来侵吾国者、雖孔子為将、顔子為先鋒、吾当以讐敵視之〔我が国に侵入してくる者がいれば、たとえ孔子が将軍であり顔子が先鋒であっても、吾らは彼らを仇敵と見なすべきである〕」と言った。ああ韓日の強弱の差は、即ち両国儒教徒の精神から観てもわかるのである。(84)

ここで、李恒老の発言とされている「今日、吾輩の責務は儒教の盛衰にあり、国家の存亡はなお第二件の事に属す」という文言は、「儒教を発展させることが儒者の最も重要な責務であり、国家を存続させることはそれ程重要ではない」という意味であるように読み取れる。ゆえに、この論説は、「西洋列強の接近をしりぞけよ」という李恒老の「衛正斥邪〔正しいものを衛《まも》り誤っているものを斥ける〕思想の弱点を、大変鋭く突いている(85)」と評され、また、「日本と朝鮮における儒学の性格の違いがはっきり現れている(86)」ものとして挙げられている。

ところで、李恒老は本当にこのような認識をもち、またこのように発言したことがあるのだろうか。李恒老は一生を費やして朱子学の研究に専念し、『朱子大全劄疑輯補』を著して、膨大な『朱子大全』に注釈を付した。このような生涯を送るなかで彼は、朱子学の宣揚が、国家の安危存亡より大事だと考えるに至ったのだろうか。しかし、現存する彼の文集からは、上の引用文と一致する文章は見当たらない。さらに彼の著作には、「儒家」「儒臣」「儒生」などの言葉は見られるが、どこにも「儒教」という言葉を使ったことはないようである。すなわち、「儒教盛衰」は、論説の作者が李恒老の文章のある言葉から「翻訳」して「作った」ものと考えられる。引用元の文は、おそらく次の文章のうち傍線を引いた箇所と推定される。

西洋が道を乱すことがもっとも憂うべきである。天地の間の一脈の陽気が吾東（朝鮮）にあり、もしこれまでもが打ち壊されれば、天心はどうして我慢しようか。吾人は天地のために心を立てて、火事を消す如く努めてこの道を明らかにするべきである。国の存亡はなお第二の事である。(87)

上述の文から読み取れる李恒老の考え方は、次の通りであろう。

第一に、儒者の急務は、道を明らかにすることである。

第二に、中国で脈が絶たれてしまった道は、今は朝鮮に残されているだけだが、西洋の勢力はそれを乱している。

第三に、天地の間に唯一道を保っている朝鮮を守らなければならないが、その意味は、道を明らかにすることにある。国の存亡に関わる意義はその次である。

こうしてみると、李恒老の発言は、先に引いた論説では相容れなかった「儒教の盛衰」と「国家の存亡」であるがここでは、「天地のために」「道を救う」ことが、すなわち「朝鮮を守る」こととなり、両者は互いに補完しあうものになっている。

李恒老の他の文章を参照して、彼が真に言わんとするところを確かめてみたい。

まず彼は、西洋の勢力が天主教の伝播と開港を要求することを、韓国に対する裏と表との両面からの侵略と見なし、華夷観念の下で、国内を修める一方、「洋夷」を払い除けることを行わなければならないと主張している。

思うに、洋夷〔欧米の蔑称〕が我が国に潜入し、邪学を伝播させることに、どうして他の目的があるだろうか。自分たちの徒党を〔我が国の内に〕植えておき、内外で協力して、我々の虚実をさぐり、軍隊を率いて侵略し、我々の衣服をひどく汚し、我々の財貨と女性を掠奪して、限りない欲望を満たそうとしているのだ。実情はすでに明らかであり、婦女や子供も皆知っている。状況がこうであるからには、内を修めることと外の洋夷を払い除くこととは、根と枝葉とが対応するのと同様であって、その一方を欠くわけにいかないのは明らかである。(88)

李恒老は、国を守るための方策はなによりも自分たちの身を修めることだとする。彼は、「洋夷」が韓国の土地と人民を狙っていることは明らかだと認識し、(89)それを防ぐために必死に努力している。「国の存亡はなお第二の事」だと主張したという彼は、なぜここでは「国の存亡」をこれほど気にしているのだろうか。その理由は、言うまでもなく、儒者にとって道を守ることと国を守ることは矛盾するものでないからである。唯一、道を保っている朝鮮を守ることは、「天地のために道を守る」ことである。天地のために働くならば、国は自ずから治められるはずである。彼の門下である華西学派が、西洋と日本の侵入の際に、義兵を挙げて抗戦を展開したのは、そうした信念を受け継いだためである。

『大韓毎日申報』所掲の論説に戻ると、さらに次のように続けている。

今日、韓国の宗教は儒・仏のみならず、耶蘇教〔プロテスタント系キリスト教〕もあり天主教〔カトリック系キリスト教〕もあるが、そのうち、国家主義を抱いている宗教はどこにあるだろうか。しかし、我々の耳目の及ぶところからみれば、一旦宗教家の名を帯びたら仏の国の民となり、天主の国の民となるのみであり、韓国民となる者は稀である。悲しいかな。(90)

ここでは、中国に代わって中華を担わんとしていた誇り高い朝鮮の儒者は、耶蘇教や天主教の信者と同列に置かれ、信仰に没頭するあまり国家の一員であることを忘却してしまった宗教人として、批判的に描かれている。当時の儒家が置かれている状況をみれば確かに、「天下」どころか「国家」をも守れない現実であり、彼らが統治階層として抱いていた志が理解されなかったのも当然のことであっただろう。

一方で、徳川日本の伊藤仁斎は、「学者が道に進む時、その初めには学問と現実社会とが噛み合わず、相容れない。誠に力を入れて多くの月日を経、自ら得るところがあれば、以前に遠いと思ったものが、今ははじめて近いことを知り、以前に難しいと思ったものが、今ははじめて易しいことを知る」[91]と述べている。儒学の道は「日用（現実社会）」と相容れず、両者の齟齬をいかに調整するかについて悩んだ、ということであろう。ここでは、国家の枠にとどまらず広く天地の道を追究する儒学とは異なる、どうすれば日常生活のなかにこの学問を適用できるかという、別の学問世界が展開されている。両方とも中国の儒学に見当たらないものではないが、この差はやはり朝鮮と徳川日本の儒者世界の判然たる差を示しているのであろう。

中江藤樹（一六〇八～一六四八）は、九歳のとき祖父の養子となり、十五歳のとき祖父を亡くした。幼い頃に家を継ぎ、君につかえることとなった彼は、年譜に「身ヲ修、家ヲ斉《おさ》メント欲スレドモ、其道ヲシラズ」とあるように、実際の必要から、修身斉家の道を学びたいと思っていた。後にも彼は儒学を好み、その学習に励んでいたが、武を尊ぶ周囲の武士たちの批判の目を避けるために夜間に『四書大全』を独学した。毎晩二〇頁を見終わってから寝る程、熱心に修学し、『大学大全』の場合には、百遍読んではじめて理解できたという。その後また、『論語』と『孟子』を読んで理解するに至った[92]。夜間の限られた時間を利用して、『四書』の中で『中庸』を除く三書を通ずるまで読もうとすれば相当の時間がかかるだろう。最も量の少ない『大学』であっても、『大全』の小注まで一〇〇回熟読するには、大まかに三日で一回りしたとしても三〇〇日を要する。さらに、『大全』本の『論語』と『孟子』を同じように読んだとすれば、その何倍もの年月がかかったはずである。[93] 三十一歳の彼が、すでに数年間にわたって「聖人の道は今の世に合わない」と疑っていたということからすれば、経書の内容を理解して間もなく懐疑を抱きはじめたということである。

彼は、十七歳より三十一歳に至るまでの学問の歴程で、儒学の道は甚だ人情や物理に逆らうところが多いと悩んできたという。つまり、心を正し、身を修め、家を斉めるという「正心・修身・斉家」の道を学んで、日々の暮らしに生かしたいと考えた中江藤樹は、儒書に習熟してもそのまま、実生活に生かすことができないと実感したのだ。

徳川日本の儒者たちは、儒学と日常生活の間に齟齬があることを強く認識し、このような認識があったからこそ、「宋学は種々の修正を蒙りつつ、むしろその事〔種々の修正——引用者注〕によって日本社会にある程度広まっ[94]」ていくという過程をたどったのである。

朝鮮朝の十七世紀に、儒学を日常生活の中で「実践」する新たな現象が出現したと言われているが、それは朝鮮の儒学に関係する史料の上では確認できないことは前章で論証した通りである。右に見たように、そうした現象は朝鮮ではなく、徳川日本の儒者たちの間にあったのである。

中国と朝鮮の儒者たちの場合には、中華文明の精華である経書をすみずみまで学び、科挙に及第すれば、為政者の一員に加わって理想の実現に取り組むことができる。また、個人的には、富貴栄華もあわせて手にすることができるという見通しがついていた。「書中にもともと千鍾の粟があり、書中にもともと黄金の家がある[95]」と詠《うた》われていたように、書物の学習を通じての社会的成功が制度的に保障されている。科挙制度の下で、儒者は経書の内容を、その公定注釈に基づいて徹底的に学び、官界に進出できる足がかりを築く。経書の教えに、自身が心から納得できていようがいまいが、経書の内容をとりあえず修得しさえすれば、社会支配階層として一定の役割を果たせる道が開かれる。

一方、科挙制度が設けられていない社会では、儒者は、経書の内容と現実社会の繋がりを自ら作っていかなければならない。さらに、個々人の儒者の立場から考えれば、経書の内容をすべて正しいと想定しておく必要性がない。武士身分が統治する社会にあって、そもそも儒学の理想を実現することは求められていないのである。

黒住真は、徳川日本の儒学が、渡来元である中国の儒教の体系に十分に組み込まれなかった原因について、十七世紀初めに儒学の展開が始まるとき、宋・元・明と朝鮮において展開した四〇〇年余の新儒教の内容が、一〇〇〇年を超える旧儒教の内容とともに渡来した状況に着目して分析している。黒住によれば、外部と日本との間に存在するある程度のズレが、「修正主義的」な受容をもたらしたのであった。黒住は、また、このような現象は、日本文化の形成史上にしばしば起こることであるという認識に立って、こうした現象を徳川儒教の土壌的前提として、まず確認しておかねばならないと強調している(96)。

黒住真が述べている「日本文化の形成史上にしばしば起こる現象」は、仏教を受容する場合にも、起こったことが指摘されている。中村元によれば、「日本人がわざわざ漢文を読みちがえていることがある。これはとくに重視されるべき思想史的現象である。シナ人の書き記した漢文を、原意のとおりに受けとらないで、それにきわめて勝手な解釈を施している。すなわち漢文に厳密な文法がないので、その点を利用して、自己の思想の発表に都合のよいように、自己の思想を読みこんで、恣意的な解釈を行ったのである。……とくに日本的特徴が認められるといわれている仏教家ほど、ますます漢文に対して無理な解釈を施している。たとえば親鸞はかならずしも漢文を原意のとおりには読まなかった。このことは、浄土真宗の伝統的教学をまもる統派の学者自身がはっきりと認めている事実である。道元も漢文の文脈を無視した解釈を行っている。このような恣意的な解釈は、二宮尊徳など、民衆とともに活動した学者にはしばしば認められる。のみならず、漢文に対する恣意的解釈は、学問のある学匠でさえも故意にこれを行い、しかも明らかに漢文の原意に反した解釈が朝廷によって公に是認称賛され採用された事実さえもある(97)」。中村元は、前近代の日本人が、漢文本来の意味から離れて、独特な解釈を行っていた理由について、「おそらく日本人としての心理的な思惟の進行過程が、漢文の言語形式にぴったりとそぐわない点があったからである」と述べている[98]。

それならば、十七世紀朝鮮朝の士大夫は、その心理的な思惟の進行過程が漢文の言語形式にぴったりと合致した、と言えるだろうか。現代語の形からいえば、韓国語の構造は漢文より日本語に近く、心理的思惟の進行過程もその母語の形式に関わるはずである。にもかかわらず、彼らにはなぜ、漢文で書かれた中華文化をそのもとの形のままに修得しようとする傾向が主となっていたのだろうか。それは、朝鮮朝の士大夫社会においては、経書を学ぶ方法と解釈の基準とがすでに確立しており、共有された方法・基準から逸脱する独自の解釈への要求が生じにくい背景のためであると考えられる。

それ以外に——社会的背景や言語から説明されるのとはまた別の、外部の文化を受容する際、その共同体（例えば、ある国や同族など）に独特の傾向も存在すると推測される。その点について優劣の観点を持たずに、それぞれの特徴を理解しておけば、東アジアにおける儒学史の多様な展開への理解に資することもあるだろう。

儒者という業

科挙が施行されなかったとはいえ、徳川日本に儒官がいたことは周知の通りである。しかし、その様相は、科挙がある社会のそれとは随分異なっていた。林羅山は二十三歳の若さで徳川家康に仕えることとなったが、彼は儒者として登用されたのではない。剃髪した博識の僧侶として仕官し、一六二九年（寛永六年）には、民部卿法印に叙任され、弟の林東舟は刑部卿法印に叙任された[99]。林羅山は兄弟ともに法印になったことについて、「叙法印位詩」を作り、その序文で「何の栄幸か之に加へんや」と述べているが、中江藤樹のような儒者は「林氏剃髪受位弁[100]」を著して、儒者が僧位を受け、またそれに対する弁解を作ったと、厳しく批判した。

和島芳男は、林羅山が将軍に常侍し、『論語』などを講じたこと、土地や黄金をもらったことなどの「一連の事実をながめれば、家光の時代になって林家に対する恩遇がようやく加わり、自然その家学が一層尊重されたように見受けられよう」が、実際にはそうではなかったことを論じた。例えば、一六二四年（寛永元年）の羅山の初謁について、羅山側の記録と将軍側の記録の温度差が大きいことを挙げている。[101]その内容をまとめれば、次の通りである。

『羅山先生年譜』には、「論語を講じ、貞観政要を読み、倭漢（日本と中国）の故事をかたり、執政に関する諮問にも応じた（或講論語、或読貞観政要、或談倭漢故事、或接執政之咨詢）」とあり、政治の諮問にも参与したように暗示している。一方、『大猷院殿御実紀』[102]には、「当代御幼稚の時、御父祖の思召にて、古老のともがらに、古き事ども聞えあげよとて、其ころの老人かれこれ日夜まうのぼりけるに、いつも林道春其談伴として相互に昔今の物がたりするを、上にはかたはらにて聞召けるが、のちには聞召なれて面白き事に思召、御みづからもしたしくとひたづねさせたまひける。かくてぞ古今天下の治乱、政事の可否、かつ人臣の功績をも明らかにしろしめしければ、御政事をとらせ給ひて後の御益となる事少なからず」とある。つまり、将軍の儒役に期待するところは、よき御咄衆ないし御伽衆であることにあり、その談義の内容が儒学の事にわたっても、それは主として興味本位のものでなければならず、もとより儒役の政事干与の道を開く前提ではあり得なかった。[103]

儒学は幕藩体制の基礎と認められていないのみならず、武士たちの大多数は儒学を含めた学問が武士の道に関わるとは思わず、むしろ排斥する態度を取っていた。中江藤樹が『論語』の講釈に出席したことや、夜に経書を読んだのは珍しいことであった。[104]「侍達の多くが、宋学どころかそもそも「学問」一般、更には書物に接すること自体に無関心で、それを学ぼうとする同僚にむしろ反撥し、嘲笑さえしたのは、決して不思議でない。彼らには、文字から得た知識・教養によって自己の生を導くという習慣など、なかった」[105]。武士が出仕するために、刀は必要であるが、書物は必要不可欠なものではなかったことからすれば、当然あり得る風潮である。

さらに、民間からみても、儒者は主流でない疎外された人々であった。「儒学は低くて遊芸並み、高くて武芸並み」[106]の存在であり、「儒者には、読者・聴衆が保証されていなかった。檀家もなく、資格を授与する家元制もなかった。そもそもお上の法度も世の風俗も、その現実は儒学の教えとは大違いである。敵意・警戒・軽蔑・冷笑の眼をも意識しつつ、「修己治人の道」を説明し、説得しなければならなかった」[107]。

強烈な士大夫精神を持ち、経書で学んだ道を実現することを目指す朝鮮儒者と、聖人の道と国家の利益が齟齬する場合どうすればよいかを考える徳川日本の儒者は、それぞれの立場に合わせて経書を読み取っていたはずである。例えば、朱熹が『論語』の「仁」の解釈に用いる「無私欲」の言葉をどのように受け止めているのかをみれば、その一端がうかがえる。

朱熹は『論語』の「雍也」篇「回は、その心三月仁に違わず（回也、其心三月不違仁）」の解釈において、「仁は心の徳である。心が仁を離れないのは、私欲はなく徳はあることである」と言い、程子の「仁を離れないのは、毛筋程の私欲もない時のみである。少しでも私欲があれば、すなわち不仁である」との言葉をも引用している[108]。つまり、人の心に私欲が少しでもあれば仁を離れてしまう。仁を離れないためには、必ず私欲を完全に無くさなければならないということである。

朝鮮儒者趙翼（一五七九〜一六五五）は、「心には本来仁という徳があるが、私欲がそれをおおえば、この徳は無くなってしまう。故に私欲が去ればこの徳は必ず存在する」と解釈し、「学ぶ者が学問をする時、仁を為すことを事とし、仁を離れないように努めなければならない」と述べた[109]。つまり趙翼は、人の徳として仁は存在するが、私欲によってなくなってしまうため、私欲に蔽われないように努力しなければならないという朱子学的解釈を受け入れて、それを学ぶ者の工夫と見なした。

しかし仁斎は、この経文は「仁を為すことはこの上なく難しいこと」であると説いていると言う。さらに彼は、

「仁が吾心に主となるのが、皆の人において五臓六腑が吾身にそなわっていることのようであれば、どうして顔子だけが仁を離れないだろうか。どうして天下に不仁な人がいるだろうか。これは宋儒が仁を性と見なした誤りである」[110]と言う。皆の人が本性として仁を備えるという朱子学説に疑問を投げかけるのである。そして、私欲を無くせという宋儒たちの解釈について他の章の解釈で批判を行う。彼は「私欲を無くす」と言った宋儒の文言を、「あらゆる欲を無くす」ことと理解した。さらに「虚静」の字とともに、このようなことをいう宋儒の学は仏学だと厳しく批判している[111]。

趙翼は朱熹の注釈を読んで、「仁を離れないためには、私欲を無くすことに努めなければならない」という教訓を得た。しかし、仁斎は、私欲を無くすことに強い違和感を示した。私欲を無くすという課題に、趙翼と仁斎はなぜそれほど異なる反応を示したのだろうか。

まず、二人は「私」の字をそれぞれ異なる意味で読み取ったためであろう。古典の漢文における「私」の字が持つネガティブなイメージと日本語における「わたくし」の持つニュートラルなイメージの差という角度から考えてみよう。

漢語における「私」の使い方は、「公」に相反し、「公」に害を及ぼす概念となる場合が多い。とりわけ、朱子学の文献において、「無私、是仁之前事[112]」とあるように、仁を為すために必ず除くべきものであり、「公」のために「私恩を防ぐ[113]」ことを主張するのは当然と思われている。しかし、少なくとも徳川時代の日本語において、「わたくし」は「おほやけ」に害を及ぼす存在と思われていなかった。渡辺浩によれば、「わたくし」と「おほやけ」は、「倫理的な善悪正邪ではなく、権力的な大小強弱に関わる[114]」。「この「おほやけ」なるものと「わたくし」なるものとは、それぞれを一種の箱のように思い描くならば、横に並ぶのではなく、入れ子構造をなしている。大きな「おほやけ」の中に複数の「わたくし」があるが、その「わたくし」も、その中なる小さな「わたくし」に対しては「おほやけ」であり、以下、同様に相対的な「おほやけ」「わたくし」の連鎖をなしつつ、最少の「わたくし」に至る(115)」。

つまり、仁斎当時の日本語からみれば、「わたくし」は「おほやけ」を構成する一部分として存在する。このような構造の中の「わたくし」を念頭に置くならば、私欲を完全に無くすなどというのは、理由もなく実践する可能性も低い。

さらにもう一点、指摘するとすれば、宋儒の注釈に対して仁斎が覚えた違和感は、宋儒が強く感じていた士大夫意識を体得できない立場と関係があるものではなかろうか。朱熹及び朝鮮朝の注釈者たちが勘案していなかった「一般の人もこの注釈の内容通りに生きていけるか」という問題を、仁斎は考えなければならなかったのであろう。朝鮮の趙翼は、統治階層の一員として、強烈な士大夫意識を持ち、私欲を無くす課題に励もうと決心する。一方で、「一般の人」に近い、徳川日本の儒者伊藤仁斎は、朱子学が(普通の人に)「無理なことを強引に勧める」と見なし、朱子学を批判したのである。朝鮮朝の儒者から見れば、学ぶ者は、私欲を完全になくし、仁を為すことに努めるのは、必ずしも違和感を覚えさせるものではなかったであろう。

朱熹の注釈は、仁の「性」を持つという点で人は皆同等であると言う。しかし、これは、誰しも可能性を持つという意味である。朱熹が言おうとする重点は、それを常に発揮できるかどうかは、自分の努力次第だということである。それ故、彼の学説を信じる朝鮮の儒者たちは、私欲を無くすことのみならず、多くの修養方法を通して、仁に近づこうと努力を尽くす。

また、「我々に私欲を完全になくせと要求することは一体妥当であるか」という問題にあたり、朱熹と仁斎の指す「我々」は、実は異なる人々であることに注意すべきである。朱熹が無理を要求する対象は、一般の庶民ではない。顔子のように努めようと励み、王を正しい道に導く役目を自任する、将来の治者こそがその「我々」に当たる。

生まれながらにして儒者になる朝鮮儒者とは違って、徳川日本の儒者たちは自らの選択から儒学という「業」を選んだ者である。その後にも彼らは、積極的な選択によって成長していく。例えば、若き日の伊藤仁斎は、町人や医者などの選択肢を放棄して、周囲の反対に遭いながら儒学に志した。中江藤樹は、周囲の武士たちに排斥されることを恐れながら、経書学習に励んでいた。さらに経書の内容に関しても彼らの選択肢は幅広く、入手さえできれば多様な注釈に触れて、経書解釈にさまざまな可能性を考えることができたのである。

徳川初期、公家の清原家が四書を講ずるとき、『大学』『中庸』には朱熹の注が用いられ、『論語』『孟子』には、何晏（一九三頃～二四九）・趙岐（?～二〇一）の注、皇侃（四八八～五四五）・邢昺（九三二～一〇一〇）の疏が用いられていた。五経は漢唐の注疏と定まっていた。故に、林羅山（一五八三～一六五七）が『論語集注』を用いて講ずるのを問題視することもあった[116]。この一事を見てもわかるとおり、漢代の経学も宋代の朱子学も、社会的に公認された権威として存在したという想定はできない。

儒者が個人の判断で用いている注釈はどのようなものであったかといえば、たとえば林羅山は、『論語』において、先に何晏の『論語集解』[117]（以下では『集解』と表記する）とこれに付した皇侃の疏に接し、その後、十七～十八歳の頃初めて朱熹の『集注』を読んだという[118]。

伊藤仁斎は十六～十七歳のとき、朱熹の四書注釈を読み、朱熹の注は訓詁の学であり、聖門徳行の学ではないと思い、他の注釈を読もうとした。だが、そのときには手に入れられず、まず朱子学系統の書物を読むしかなかったという[119]。しかし、仁斎の注釈書からは、複数の注釈書を同時に参考にしていた状況が確認できることから、彼は後に漢代の注疏を得て、朱子学的注釈と並行して読んだと推測される。

仁斎は『論語古義』（以下では『古義』と表記する）において、何晏の『集解』の経注本あるいは、この経注本を中心にした集成書、すなわち歴代の注釈を集めて編集した書物を主なテキストとしたと考えられる[120]。例えば、仁斎は、『古義』学而篇の「愼終追遠」章[121]の注に、漢の孔安国の説を、何氏（晏）と朱氏（熹）の説として引いている[122]。それは、

『集解』を通じて孔安国の説を見たという証拠[123]であろう。また、学而篇の「道千乗之国」章[124]に、朱熹『集注』とほぼ同様の小注を付しているが、「朱氏曰」ではなく「包氏曰」と書いている[125]。この注釈は、何晏の『集解』には包氏説として引かれており[126]、仁斎は『集解』からこの注を引いたと見られる。この箇所の朱熹の注釈は、従来の注釈書を参考にし、それに少し筆を加えたものである[127]。

『孟子古義』において仁斎は、趙岐の注と朱熹の注を同時に見ていたか、あるいは、両注が共に引かれている書物を見ていたと考えられる。例えば、『孟子』公孫丑下「天時不如地利、地利不如人和」の注に、彼は趙岐の訓詁注をそのまま写している。この箇所の『集注』の訓詁注は趙岐の注とほぼ同じであるが、彼は「趙氏曰」と引用している。朱熹の訓詁注を引用する際には、「朱氏曰」と言わずにそのまま引用した箇所が少なくない[128]。

朝鮮朝の科挙では、朱子学の解釈が模範答案の基準となる。儒者たちは、修己（自分を修める）から治人（人々を治める）に及ぶ『大学』の道を学びながら、治人の地位、すなわち官僚となるレールに乗るために朱子学の解釈に習熟していった。この道へ出発する十六〜十七歳のとき、両班家門の息子が、（仁斎のように）朱熹の四書注釈は聖門徳行の学ではないと懐疑しはじめたならば、大変困難なことになる。いや、十六〜十七歳の朝鮮儒生には、自分に与えられたこの朱熹の注釈が果たして聖門徳行の学なのか否かを懐疑するきっかけがないと言っても過言ではない。

一方、徳川日本の儒者たちは、『大学』の道を身に着けても治人の地位に就くルートが保障されず、だからこそ、科挙合格という目標にこだわらず、思想的余裕をもって経書に向き合い、多様な発想を発揮できた。渡辺浩は、「科挙の標準学説を教える必要がない点で、彼らは自由だった。朱子学によろうが、陽明学をとろうが、その双方を批判しようが、あまり問題はない。御公儀も諸大名も、経書解釈としてどれが正しいのかなどということには、基本的に関心がないからである。この自由の裏面は、権力からの疎外である[129]」と、学問的自由と権力からの疎外を有する徳川儒者の存在を描いている。また、尾藤正英は、「朱子学に限らず、儒学は日本にとって外来思想であった。将軍や大名がそれを尊重したのは、一種の知的な虚栄にすぎない。そのようにみれば、十七世紀の中ごろから朱子学に対する疑問や批判が多くの学者たちによって提起されるようになったのも、体制を支えるイデオロギーに対する批判というよりも、外来思想と現実の社会のあり方との間のギャップが意識されるようになったことの現れとみた方が妥当であろう[130]」と述べている。それならば、徳川儒者の朱子学に対する批判は、高橋亨が意味を付与したような、「官学たる朱子学派に対して大に民学の光炎を昂めた」という様相ではない。朝鮮儒学史において、朱熹の説に対して異見を唱えたこと自体が意義あることと見なされる状況とは異なるのである。

以上確認した通り、朝鮮と徳川日本における儒学展開の背景は、全く異なる。しかし、二十世紀の初頭、これら全く異なる二種の「朱子学研究」と「朱子学批判」は、植民と反植民抗争の権力構造によって、無理に繋ぎ合わされて、単純な比較の対象となった。このような不当な文化比較が、朝鮮儒学史研究において妥当な観点が設けられにくい環境として働いたのである。

そこで、本書では、全く異なる社会状況における思想史の展開を平面的に比較して「文化」や「民族性」の差違を論ずることは止めたい。それは、不当であり、無意味である。本書は、そのような不毛な議論を一旦措き、朝鮮儒学史を朝鮮儒学史として理解することを課題とするものである。

（1）『朝鮮王朝實錄（顕宗實錄）』顕宗十五年（一六七四年）三月二日（丙寅）「謝恩使金壽恒等、使譯官金時徵先來、其狀略曰、吳三桂不欲北還、拘執使者而擧兵叛」。

（2）「㺚」について、『朝鮮王朝實錄（顕宗改修實錄）』顕宗十三年（一六七二年）一〇月二七日戊辰の記事によれば、許積（一六一〇～一六八〇）が一六六六年に謝恩使として燕京に滞在する間、蒙古族に関する情勢を得たという。当時、蒙古族には、項朶顔・大朶顔・山朶顔などがあり、その中、双環㺚子とも呼ばれる山朶顔が最も強く、清朝でもあえて攻撃しない、とある。尹鑴の上奏文の「獶」とは、朝鮮朝で普通「獶子」と呼ばれた、この双環獶子を指すと思われる。

（3）尹鑴『白湖全書』巻五「甲寅封事疏」甲寅七月初一（大邱：慶北大学出版部、一九七四年）一五七頁。「今日北方之聞、雖不可詳、醜類之竊據已久、華夏之怨怒方興、呉起於西、孔連於南、獶伺於北、鄭窺於東。薙髮遺民叩胸吞聲、不忘思漢之心、側聽風飈之響、天下之大勢、可知也已。我以隣比之邦、處要害之地、居天下之後、有全盛之形、而不於此時、興一旅馳一檄、為天下倡、以披其勢震其心、與共天下之憂、以扶天下之義、則不徒操刀不割、撫機不發之為可惜、實恐我聖上遹追其承之心、無以奏假於我祖宗我先王、而有辭於天下萬世矣。」ただ、尹鑴が上奏した一六七四年に呉三桂（一六一二〜一六七八）は在世であるが、孔有徳（一六〇二頃〜一六五二）と鄭成功（一六二四〜一六六二）はすでに没していた。鄭成功の後を継いだ長男鄭経（一六四二〜一六八一）は在世。

（4）韓元震『南塘集』巻三八「外篇」下（ソウル：民族文化推進会『韓國文集叢刊』第二〇二冊、一九九八年）三一一頁「孝廟北征之計、天下大義也。恨當日區畫既秘、後人莫之聞也。愚嘗竊爲當日計之制北虜之策、莫如造兵車治舟師。水陸幷發、首尾掩撃、庶可以得志矣。」

（5）『朝鮮王朝實錄（肅宗實錄）』肅宗三十二年（一七〇六年）一月十二日（辛未）「惟我孝廟、不顧輕弱之勢、慨然明大義於一方。……雖大勳未集、可永有辭於天下萬世矣。」

（6）許太榕「十七世紀中後半中華回復意識の展開と歴史認識の変化」『韓国史研究』第一三四号（ソウル：韓国史研究会、二〇〇六年）八五〜八八・九一頁。

（7）従来、朝鮮朝の十八世紀後半以降、清朝文物の受容を主張する「北学論」の登場が注目を浴びた。それらの研究では、華夷観念に基づいた中華意識がすでに克服され、新たな民族意識が形成されたと言われてきた。しかし、許太榕（「英・正祖時代中華継承の強化と宋明歴史書編纂」『朝鮮時代史学報』第四二号（ソウル：朝鮮時代史学会、二〇〇七年）二四〇〜二四二頁）は、「北学」の主張は、一部の人物に限られており、その上、「北学」の主張者たちすなわち朴趾源・李德懋（一七四一〜一七九三）・洪良浩（一七二四〜一八〇二）・成大中（一七三二〜一八一二）などを含む大多数の人が、依然として中華継承意識を堅持していたことを明らかにした。

（8）韓元震、前掲『南塘集』拾遺巻六「拙修齋說辨」四四八頁「至于我朝、列聖相承、賢相代出。其所以修己治人者、必法堯舜文武之道。故禮樂刑政、衣冠文物、悉襲中國之制。……海内腥膻之時、乃以一隅偏邦、獨能保中華之治、承前聖之統、而殆與昔之閩越、無相遜讓。則雖由此進於中國、行王道而有天下、亦無不可矣。」

（9）尹鳳九『屏溪集』巻四三「華陽尊周錄序」（ソウル：民族文化推進会『韓國文集叢刊』第二〇四冊、一九九八年）三六五頁「四海腥羶、我獨小華。」

（10）例えば、黄宗海『朽淺集』巻六「祭先師鄭寒岡文」（ソウル：民族文化推進会『韓國文集叢刊』第八四冊、一九八八年）五二六頁「吾道之東、自我箕子」など。

（11）『朝鮮王朝實錄（太祖實錄）』太祖一年（一三九二年）八月十一日（庚申）「朝鮮檀君、東方始受命之主、箕子、始興敎化之君、令平壤府以時致祭。」

（12）山内弘一『朝鮮からみた華夷思想』（東京：山川出版社、二〇〇三年）一八頁。

（13）林鵞峰（名は又三郎・春勝・恕）は徳川前期の儒者。林羅山の三男として、父の死後、明暦三年（一六五七年）林家を継ぎ、幕政に参与した。

（14）『華夷変態』は、徳川政権が鎖国体制下で最高幹部をして極秘裡に入手した海外消息を編集した、海外風説の集成書である。編者は、徳川政権の儒官であった林鵞峰及び信篤の父子である。現存する『華夷変態』三巻及び『崎港商説』三巻に、一六四四年から一七二四年に至る八一年間の二三〇〇通の唐船風説が収録されている。「序」一～二頁及び浦廉一「唐船風説書の研究」（林春勝・林信篤編、浦廉一解説『華夷変態』上冊　東京：東洋文庫、一九五八年）四三～四四頁参照。

（15）林春勝「華夷変態序」、同右、一頁。「崇禎登天、弘光陷虜、唐魯纔保南隅、而韃虜横行中原、是華變於夷之態也。雲海渺茫、不詳其始末。如勦闖小説、中興偉略、明季遺聞等概記而已。按朱氏失鹿、當我正保年中、爾來三十年所、福漳商船來往長崎、所傳説、有達江府者、其中聞於公件々、讀進之、和解之、吾家無不與之。其草案留在反古堆、恐其亡失、故敘其次第、錄爲册子、號華夷變態。頃閒（聞）呉、鄭檄各省、有恢復之擧。其勝敗不可知焉。若夫有爲夷變於華之態、則縱異方域、不亦快乎！」（この序文の執筆年度は一六七四年であり、鄭成功はすでに没し、長男の鄭経がその後を継いでいた）。

（16）浦廉一は、「華夷変態」という書名について、「当時清朝を夷狄視し、明朝の没落に深甚の同情を寄せた吾が朝野の風潮の表れである。しかし永年にわたる唐船風説書の輯綴の名称としては必ずしも適当なものとはいい難く、これに嗣ぐ「崎港商説」が適わしい名称である」と述べている。浦廉一「唐船風説書の研究」同右、四七頁。

(17) 宮嶋博史「華夷変態、世界システムと東アジア」岸本美緒・宮嶋博史『明清と李朝の時代』（東京：中央公論社、一九九八年）一九六～一九七頁。

(18) 代表的に、李佑成「高麗朝の「吏」に対して」『歴史学報』第二三号（ソウル：歴史学会、一九六四年）。

(19) Duncan, John B. *The Origins of the Chosŏn Dynasty*, Seattle: University of Washington Press, 2000.

(20) 余英時『士与中国文化』（上海：上海人民出版社、一九八七年）及び、張培鋒「論中国古代〝士大夫〟概念的演変参与界定」『天津大学学報（社会科学版）』第八巻第一期（天津：天津大学、二〇〇六年）参照。

(21)『国語』巻一「周語」上「諸侯春秋受職于王以臨其民、大夫・士日恪位箸以儆其官、庶人・工・商各守其業以共其上。」（呉韋昭（?～二七三）注：中庭之左右曰位。門屏之間曰箸。）及び張培鋒、同右、四六頁。

(22)『周礼』冬官考工記第六「國有六職、……坐而論道、謂之王公。作而行之、謂之士大夫。審曲面埶、以飭五材、以辨民器、謂之百工。通四方之珍異以資之、謂之商旅。飭力以長地財、謂之農夫。治絲麻以成之、謂之婦功。」（「士大夫」について、鄭玄の注に「親受其職居其官也」とある。）及び張培鋒、同右、四六頁。

(23)『漢書』巻二四上食貨志「士・農・工・商、四民有業。學以居位曰士、闢土殖穀曰農、作巧成器曰工、通財鬻貨曰商。」及び張培鋒、同右、四六頁。

(24)『孟子』萬章下「下士與庶人在官者同祿。」

(25)『孟子』滕文公下「士之失位也、猶諸侯之失國家也。……士之仕也、猶農夫之耕也。」

(26)『史記』巻一〇「孝文本紀」「高帝親率士大夫、始平天下、建諸侯。」

(27) 范仲淹『范文正集』巻七「岳陽樓記」「先天下之憂而憂、後天下之樂而樂乎。」（范仲淹の字は希文、諡号は文正）『宋史』巻三一四范仲淹の列伝（脱脱等撰『宋史』、北京：中華書局、二〇〇七年、一〇二六七頁）に「たちまち、士大夫たちが鍛えて気骨と節操を重んじることになったのは、仲淹が唱えたことである（一時士大夫矯厲尙風節、自仲淹倡之）」とある。

(28)『朝鮮王朝實錄』の原文を「士大夫」で検索すれば、二四二三件が挙がる。一件も当たらないのは、最後の二十七代目の純宗（一八七四～一九二六、在位一九〇七～一九一〇）代のみである。最も多いのは、反正によって王に擁立された中宗（一四八八〜一五四四、在位一五〇六〜一五四四）の時代（四八九件）である。

(29)『朝鮮王朝實錄（太祖實錄）』總序参照。

(30)『朝鮮王朝實錄（太宗實錄）』太宗一年（一四〇一年）一月一四日（甲戌）「參贊門下府事權近上書、書曰、……王者擧義創業之時、人之附我者賞之、不附者罪之、固其宜也。及大業既定、守成之時、則必賞盡節前代之臣、亡者追贈、存者徵用、竝加旌賞、以勵後世人臣之節、此古今之通義也。……夢周死於高麗、獨不可追贈於今日乎？前注書吉再、苦節之士。……在革命之後、尙爲舊君守節、能辭爵祿者、惟此一人而已、豈非高士哉！宜更禮召、以加爵命。」

(31)『朝鮮王朝實錄（太宗實錄）』太宗一年（一四〇一年）一一月七日（辛卯）の記事参照。

(32)『朝鮮王朝實錄（世宗實錄）』世宗十三年（一四三一年）一一月一一日（壬申）「上謂偰循曰、侍中鄭夢周守死不變、注書吉再執節不移、上疏乞退、於所撰忠臣圖內、竝圖形作贊。」

(33)『朝鮮王朝實錄（成宗實錄）』成宗五年（一四七四年）六月二〇日（癸酉）「傳旨吏曹曰、高麗侍中鄭夢周・注書吉再之後、訪問錄用。」

(34)『朝鮮王朝實錄（中宗實錄）』中宗十二年（一五一七年）九月一七日（庚寅）記事参照。

(35)同右、中宗十三年（一五一八年）一〇月二六日（壬辰）「遣禮曹正郎李純、致祭于高麗守門下侍中文忠公鄭夢周之墓。」

(36)同右、中宗十三年（一五一八年）一〇月二三日（己丑）「權橃曰、國家元氣、則當使之恢弘。不摧挫士氣、然後根本鞏固。近見禮曹公事、請製鄭夢周祭文、此美事也。……夢周見人心盡歸太祖、諷臺諫、凡付太宗者、如趙浚、鄭道傳、南誾等、皆出之。……勢與夢周、不可兩立、故乃去夢周。以此見之、夢周於我國如仇讎。然褒崇此人、然後綱常大明。……上曰、鄭夢周於太祖朝、如是被害、以此言之、果如仇讎。然今則褒奬此人、然後可以立國規模也。」

(37)同右、中宗一年（一五〇六年）九月二日（戊寅）の記事参照。

(38)同右、中宗五年（一五一〇年）一〇月一〇日（癸巳）及び一一月一五日（丁卯）の記事参照。

(39)同右、中宗六年（一五一一年）四月一日（庚辰）、四月三日（壬午）、四月一一日（庚寅）、四月　八日（丁酉）及び中宗十年（一五一五年）八月二九日（癸未）の記事参照。

(40)同右、中宗十二年（一五一七年）二月二六日（壬申）「國家既錄爲功臣、又隨而改正、無乃重難耶。」

(41) 同右、中宗十四年（一五一九年）一一月一五日（乙巳）、一一月一六日（丙午）、一一月一七日（丁未）の記事参照。

(42) 同右、中宗十四年（一五一九年）一一月一九日（己酉）の記事参照。

(43) 趙光祖『靜菴集』附録巻五「靜菴先生年譜」（ソウル：民族文化推進会『韓國文集叢刊』第二二冊、一九八八年）一〇六頁及び『朝鮮王朝實錄（中宗實錄）』中宗十四年（一五一九年）一二月一六日（丙子）の記事。

(44) 同右、附録巻之五「靜菴先生年譜」一〇六頁。

(45) 鄭道傳の文集は、太祖六年（一三九七年）、世祖十一年（一四六五年）、成宗十七年（一四八六年）に刊行された後、再び刊行されたのは三〇〇年後の正祖十五年（一七九一年）である（韓永愚「三峯集解題」『国訳三峯集』（ソウル：民族文化推進会、一九七七年）参照）。朝鮮中期以来度外視されたことがうかがえる。このような評価は、現代の学術研究にも影響を及ぼした。鄭道傳に関する最初の研究は、一九三五年に登場する（李相栢「三峯人物考（一）・（完）」『震檀学報』第二・三号（ソウル：震檀学会、一九三五年））が、本格的な研究は、一九七〇年代になって始まった（韓永愚『鄭道傳思想の研究』（ソウル：ソウル大学出版部、一九七三年））。尹絲淳は、朝鮮朝の儒者たちが決めた「道学」の系譜に沿って、朝鮮儒学研究を行ってきた傾向を反省しなければならないと呼びかけた（「鄭道傳性理学の特性とその評価問題」『震檀学報』第五〇号（ソウル：震檀学会、一九八〇年））。また、姜在彦は、鄭道傳を除外する朝鮮儒学史上のこのような道統観念を批判した（『朝鮮儒教の二千年』（東京：講談社、二〇〇一年））。

(46) 『朝鮮王朝實錄（高宗實錄）』高宗二年（一八六五年）九月一〇日（壬申）の記事。

(47) 前掲『中宗實錄』中宗三十九年（一五四四年）五月二九日（丙寅）「成均館生員辛百齡等上疏曰、……吾道久東、亦必有傳。蓋光祖得之於金宏弼、宏弼得之於金宗直、宗直得之於前朝臣吉再、吉再得之於鄭夢周。其泝流濂洛、窮源洙泗、竊以顔閔之所學、伊尹之所志、自許其身者、爲如何哉。」、『仁宗實錄』仁宗一年（一五四五年）三月一三日（乙亥）「成均館進士朴謹等上疏曰、……臣等伏念、趙光祖以豪傑之材、從事於聖賢之學、風雲際會、得遭我先王求治之誠、一心循國、期臻至治。……光祖之學之正、其所傳者、有自來矣。自少慨然有求道之志、受業於金宏弼、宏弼受業於金宗直、宗直之學、傳於其父司藝臣淑滋、淑滋之學、傳於高麗臣吉再、吉再之學、傳於鄭夢周。夢周之學、實爲吾東方之祖、則其學問之淵源類此。」

(48) 前掲『中宗實錄』中宗十五年（一五二〇年）一月一五日（甲辰）「弘文館上疏。略曰、……立紀綱。數年來、上之所用、皆新進儇利之人、潛相交結、晝聚夜集。韋布而論國政得失、僕隷而議官長是非、名爲公論、禁制縉紳。臺諫而不得行其職、宰執而不能任其責。」

(49) 朴趾源『燕巖集』巻八別集放璚閣外伝「兩班傳」(ソウル：民族文化推進会『韓國文集叢刊』第二五二冊、二〇〇〇年)「兩班者、士族之尊稱也。……維厥兩班、名謂多端。讀書曰士、從政爲大夫。」一二二頁。「両班傳」は、短編小説に属する著作である。

(50) 例えば、韓国文学史研究書には、「士大夫はもともと進めば官人であり、退けば処士になるため、麗末鮮初の士大夫文学には官人としての文学と処士としての文学の両面性があったと言える(李柄赫「麗末鮮初の官人文学と処士文学」黄浿江ほか編、前掲『韓国文学研究入門』二四〇頁)」と述べられ、また、「わが国の士大夫階級は「読書すれば士であり、仕えれば大夫である」と謂われたように、文人知識層であり、官人支配層であった(林熒澤「朝鮮前期の文人類型と方外人文学」同右、二四四頁)」と述べられている。このような士大夫観は、韓国思想史学界にのみ見出されるものではない。例えば、新聞のコラムで、経済学専門の大学教授は次のように述べている。「前の政府に参与した教授たちが少なくない混乱を招いたため、今回の新しい政治の場では教授が多分排除されるだろうと思っていたが、そうではなくまた起用されている。このようになったのは、歴史からの影響かもしれない。儒教国家である朝鮮で、その支配階級であった士大夫は、退けば士になり、進めば大夫になる存在であった(イゼミン(延世大学教授、経済学)「政治家と教授の間」『韓国経済新聞』二〇〇八年三月三一日コラム記事)。一方、中国の『新華詞典』第三版(商務印書館、二〇〇四年)(二〇〇一年三版の六一次印刷)の「士」の字の解説は、「一、対人的美称。二、指従事某些工作的人員。三、軍銜名。士官。在尉之下。也泛指士兵。四、旧指読書人。五、古代統治階級中次于卿大夫的一个階層。六、古指未婚的男子」とある。また、日本の『広辞苑』第五版(岩波書店、一九九八年)では、「一、官位・俸禄を有し、人民の上位にある者。二、周代に、四民の上、大夫の下にあった身分。三、兵卒の指揮をつかさどる人。また軍人。兵。四、近世封建社会の身分の一。もののふ。さむらい。五、学徳を修めたりっぱな男子。また、男子の敬称。六、一定の資格・役割をもった者」とある。つまり、中国・日本ともに、士を「官職に就いていない」者と特定することはない。

(51) 朝鮮王朝建国以来在野勢力であった士林は、宣祖(一五五二〜一六〇八、在位一五六七〜一六〇八)の即位後、中央の政治を主導する立場となる。一五七五年（宣祖八年）には、吏曹銓郎の職を巡る摩擦をきっかけとし、次第に学派や地域的基盤により分派していく。吏曹銓郎とは、吏曹の正郎及び佐郎の併称である。官位としては各々正五品と正六品の低いランクであるが、三司（司憲府・司諫院・弘文館）の官吏任命権など強力な権限を持ち、後の昇進も保証される。また、辞めるときには、後任者を自ら推薦する職権があり、在野の人材の推薦権も持っている。所謂「清要職」である。一五七五年（宣祖六年）金孝元（一五四二〜一五八〇）は、呉健（一五二一〜一五七四）により吏曹銓郎に推薦されたが、沈義謙（一五三五〜一五八七）は反対意見を表明した。その後、沈義謙の弟である沈忠謙が薦挙されると金孝元が反対した。金孝元の家はソウルの東側であり、沈義謙は西側であることから、金孝元の支持勢力を東人、沈義謙の支持勢力を西人と呼んでいた。前者には李退渓や曺植（一五〇一〜一五七二）に学んだ嶺南学派が多く、後者には李栗谷に学んだ者が多かったが、このときには、学派と政治派は必ずしも一致しない。その後、東人は南人と北人に、西人は老論と少論に分派する。一五八九年（宣祖二二年）、鄭汝立（一五四六〜一五八九）の謀反事件を処理する己丑獄事は、東人が南人と北人とに分党する主要原因の一つとなる。西人の鄭澈（一五三六〜一五九三）が事件の処理を主導し、東人の多くが被害を受ける。その後、東人の中には、西人に敵対的な立場と、そうでない立場が対立する。前者は徐敬徳（一四八九〜一五四六）・曺植（一五〇一〜一五七二）の学脈の人物を主軸とし、北人となる。後者は李退渓の学脈の柳成龍・禹性傳・金誠一などの人物を主軸とし、南人となる。北人は仁祖反正以降、消滅し、南人及び西人に吸収される。南人と西人は礼訟で対立しながら、政権交代を繰り返す。南人は粛宗の即位に伴い政権を握ったが、粛宗六年（一六八〇年、庚申）に、尹鑴・許積・李夏鎮・李元禎などが賜死あるいは配流され、失脚する。一六八九年（粛宗十五年）の己巳換局で政権を回復し、一八九四年（粛宗二十年）の甲戌換局でまた失う。南人は主に李退渓の学脈ではあるが、嶺南地域の南人が李退渓の学説を継承したのに対し、近畿地域の南人は多様な学術に関心を持つ傾向が強い。とりわけ、朝鮮後期「実学」の主要人物は近畿南人から輩出する。南人が中央の権力を握った期間は短く、主に学術的業績を残した。一方、西人は、一六二三年、光海君を追い出して仁祖を擁立した政変（仁祖反正）を起こし、政権を握る。一六八〇年、南人の党派が失脚した後（庚申大黜陟）、南人の処分を巡る西人内部の論争がまとまらず、金益勳・金錫冑などの老壮派は南人の抜本塞源を求めたが、韓泰東・趙持謙などの少壮派に反対され対立する。宋時烈は老壮派を支持する。また、宋時烈と弟子の尹拯の対立も重なる。尹拯の父である尹宣擧（一六一〇〜一六六九）は、本来宋時烈との親交が篤かったが、宋時烈が尹鑴の経書解釈に異議をとなえた時、尹鑴を弁護しつつ仲裁を図ったことで、宋時烈に排斥される。尹宣擧の死後、息子の尹拯は宋時烈に父の墓誌銘を頼んだ。宋時烈は以前の不満を墓誌銘に表し、この件によって両者は師弟の縁を絶ち、宋時烈たちの老壮派は老論と、尹拯たちの少壮派は少論となる。一六九四年（粛宗二十年、甲戌）、南人は政権から外され、以後は二度と戻らず、政局は老論・少論に左右されることとなった。十八世紀、英祖・正祖の時代には、老論と少論を均等に登用する蕩平政策で、政局が安定するが、正祖の後を継いだ純祖時代以降は老論の独走であった（金駿錫、前掲『朝鮮後期政治思想史研究』、李成茂『朝鮮時代党争史』（ソウル：東方メディア、二〇〇〇年）参照）。

(52) 『朝鮮王朝實録（顕宗實録）』顕宗十五年（一六七四年）七月六日の記事「禮以爲國、聖人明訓。禮或一虧、國隨以亡、可不愼哉。臣雖無狀、尙有不泯之彝性、衷情所激、不量愚賤、裹足千里、擬干鐵鉞之誅。……凡有血氣、孰不駭憤。而內懷鬱悒、外相戒飭、尙無一人、爲殿下發口言者、猶爲國有人乎。惟是禮之一字、爲世所諱、人皆愛身、莫敢開喙、値此莫重莫大不可不言之際、而率以含默爲尙、在朝之公議泯滅、在野之士氣沮喪。國事至此、寧不寒心哉。殿下誠能、飜然覺悟、惕然自省、明敎禮官、詳考典禮、革其差謬、復其正制、渙降悔悟之敎、快釋中外之惑、則送終之禮、無憾、長嫡之義、克明。經正道合、亶在此擧、一言興邦、卽今日其會也。」

(53) 同右、顕宗十五年（一六七四年）七月六日及び七月一三日の記事参照。

(54) 李在喆「朝鮮後期竹軒都愼徵の議礼疏と国政変通論」『朝鮮時代史学報』（ソウル：朝鮮時代史学会、二〇〇五年）九〇頁によれば、都愼徵は、尹鑴に書簡を送り、返事をもらったことがある。国喪を巡る南人側の見解について一定の理解があったと推測される。

(55) 李新達『中國科擧制度史』（台北：文津出版社、一九九六年）一〇六～一一〇頁。

(56) 宮崎市定『科挙史』（東京：平凡社、一九八七年）二四七頁。

(57) 同右、二五五、二五七頁。

(58) 竹内弘行「梁啓超の康有為への入門従学をめぐって」（狭間直樹編『共同研究梁啓超』東京：みすず書房、一九九九年）一四～一五頁。

(59) 宮崎市定、前掲『科挙史』二一〇頁。

(60)『朝鮮王朝實録（成宗實録）』成宗十四年（一四八三年）二月二七日庚寅及び同王二十三年（一四九二年）一一月二〇日丁亥の記事。
(61)同右、同王一年（一四七〇年）一一月八日壬午の記事。
(62)李成茂『韓国の科挙制度』（ソウル：集文堂、二〇〇〇年）参照。
(63)同右、一一三～一三六頁。
(64)宮崎市定、前掲『科挙史』七一、一二六頁・一五六頁。
(65)宋俊浩「朝鮮時代の科挙と両班及び良人（I）——文科と生員進士試を中心として」『歴史学報』第六七号（ソウル：歴史学会、一九七六年）一〇七頁。
(66)『経国大典』礼典「犯罪永不敍用者、贓吏之子、再嫁失行婦女之子及孫、庶孼子孫勿許赴文科生員進士試。」
(67)韓沽劤「中央集権体制の特性」（国史編纂委員会編『韓国史』第一〇）冊朝鮮：両班官僚国家の社会構造（ソウル：国史編纂委員会、一九七四年）二一二頁。
(68)宋俊浩、前掲「朝鮮時代の科挙と両班及び良人（I）——文科と生員進士試を中心として」一〇九頁。
(69)宋俊浩『李朝生員進士試の研究』（ソウル：大韓民国国会図書館、一九七〇年）一四～二二頁。
(70)同右、三八頁。
(71)李成茂、前掲『韓国の科挙制度』一三八～一四一頁。
(72)『経国大典』礼典諸科生員初試項目参照。
(73)李成茂、前掲『韓国の科挙制度』二二八～二三〇頁。
(74)『経国大典』兵典試取参照。
(75)『朝鮮王朝實録（世宗實録）』世宗四年（一四二二年）一二月二四日（丁未）「傳旨曰、科擧所以取士。自今武擧、雖未射二百歩者、若通經術則取之」。
(76)荒野泰典『近世日本と東アジア』（東京：東京大学出版会、一九八八年）序のX頁。
(77)山鹿素行「中朝事実」（廣瀬豊編『山鹿素行全集：思想篇』第一三巻、東京：岩波書店、一九四〇年）、引用は、それぞれ

一六、一七、一八、二一頁。
(78) 浅見絅斎「中国弁」(西順蔵ほか校注『山崎闇斎学派』「日本思想大系」第三一巻、東京：岩波書店、一九八〇年)。
(79) 荒野泰典、前掲『近世日本と東アジア』五六頁。
(80) 佐藤直方「中国論集」(西順蔵ほか校注、前掲『山崎闇斎学派』)。
(81) 渡辺浩『近世日本社会と宋学』(東京：東京大学出版会、一九八五年)五〇頁。
(82) 前田勉『兵学と朱子学・蘭学・国学：近世日本思想史の構図』(東京：平凡社、二〇〇六年)一〇三頁。
(83) 原念斎著、源了圓・前田勉訳注『先哲叢談』(東京：平凡社、二〇〇六年)一一八～一一九頁。
(84) 論説「今日宗教家に要するところ」『大韓毎日申報』(第七巻第一二五二号)一九〇五年八月一一日付。
(85) 姜在彦『朝鮮の儒教と近代』(東京：明石書店、一九九六年)二〇一頁。
(86) 前田勉、前掲『兵学と朱子学・蘭学・国学』一〇三頁。
(87) 李恒老『華西集』附録巻五「語録」(柳重教録)(ソウル：民族文化推進会『韓國文集叢刊』第三〇五冊、二〇〇三年)四二〇頁「西洋亂道最可憂。天地間一脈陽氣在吾東、若幷此被壞、天心豈忍如此。吾人正當爲天地立心、以明此道汲汲如救焚。國之存亡、猶是第二事。」
(88) 同右、巻三「辭同義禁疏(十月初三日)」九〇頁「蓋洋夷之潛入我國、廣傳邪學者、豈有他哉。欲以植其黨與、表裏相應、偵我虛實、率師入寇、糞穢我衣裳、奪掠我貨色、以充谿壑之欲也。情狀已露、婦孺皆知、然則內修外攘之擧、如根本枝葉之相須、不可闕一也明矣。」
(89) 同右、附録巻四「語錄(朴慶壽錄)」四一三～四一四頁「今海寇之覘覦情跡、已著不可諱也、而必諉之以土地人民非其所欲何哉。」
(90) 前掲、論説「今日宗教家に要するところ」。
(91) 伊藤仁斎『童子問』巻之中第六一章(宝永四年丁亥夏五月刊本)(東京大学文学部漢籍コーナー所蔵、天理図書館四〇一七八の複写本)「蓋學者之進道、其初學問與日用扞格齟齬、不能相入。及乎眞積力久、自有所得、則向視之以爲遠者、今始得近、向視之以爲難者、今始得易。」

(92) 尾藤正英校注「藤樹先生年譜」(山井湧ほか校注『中江藤樹』「日本思想大系」第二九巻　東京：岩波書店、一九七四年)二八六～二八七頁。
(93) 同右、二九五頁「此ヨリ前、専ラ四書ヲ読テ、堅ク格法ヲ守ル。其意、専ラ聖人ノ典要格式等、逐一ニ受持セント欲ス。然レドモ間時ニ合ハズシテ、滞碍、行ガタキヲ以テ、疑テ以為ラク、「聖人ノ道カクノゴトクナラバ、今ノ世ニ在テ、吾輩ノ及ブ処ニアラズ」ト。是ニ於テ、五経ヲ取テ熟読スルニ、触発感得アリ。故ニ『持敬図説』幷ニ『原人』ヲ作為シテ、同志ニ示ス。此ヲ行フコト数年。然レドモ行ハレザル処多クシテ、甚ダ人情ニ戻リ物理ニ逆フ。故ニ疑止コトアタハズ」。
(94) 渡辺浩、前掲『近世日本社会と宋学』二九頁。
(95) 劉剡校正『詳説古文真宝大全』前集巻一「真宗皇帝勧学」(ソウル：保景文化社、一九八九年)八頁「富家不用買良田、書中自有千鍾粟。安居不用架高堂、書中自有黄金屋」。
(96) 黒住真『近世日本社会と儒教』(東京：ぺりかん社、二〇〇三年)二一～二二頁。
(97) 中村元『日本人の思惟方法』『中村元選集』[決定版](東京：春秋社、二〇〇三年)八頁(親鸞(一一七三～一二六二)は、鎌倉初期の僧。浄土真宗の開祖。道元(一二〇〇～一二五三)は、鎌倉初期の禅僧。日本曹洞宗の開祖。二宮尊徳(一七八七～一八五六)は、徳川後期の篤農家。神・儒・仏の思想をとった報徳教を創めた)。
(98) 中村元、前掲『日本人の思惟方法』九頁。中村元の見解から推測すれば、徳川儒学が「修正主義的」な受容の形で展開されたのは、その社会がそもそも儒学と距離がある社会だったからという原因以外に、日本文化の形成史における特徴という原因が見出されよう。つまり、日本文化は、他の文化を受け入れる際に、渡来元の体系に合わせるより、自分の考えに合わせて渡来元の体系を変更する傾向があるということであろう。
(99) 林羅山「叙法印位詩(幷序)」『林羅山詩集』下巻三八(東京：ぺりかん社、一九七九年)四一八頁。
(100) 山井湧ほか校注「文集」(山井湧ほか校注、前掲『中江藤樹』)一三頁。
(101) 和島芳男『日本宋学史の研究』増補版(東京：吉川弘文館、一九八八年)四六六頁。
(102) 『大猷院殿御実紀』は、家康から十代目家治に至る和文の編年体実録である、通称『徳川実紀』の中、三代目将軍家光の実録。大猷院は家光の諡号。

(103) 和島芳男、前掲『日本宋学史の研究』四六六〜四六七頁。
(104) 尾藤正英校注、前掲「藤樹先生年譜」二九五頁。
(105) 渡辺浩、前掲『近世日本社会と宋学』第四刷（東京：東京大学出版会、二〇〇一年、初版は一九八五年）一二頁。
(106) 渡辺浩『日本政治思想史　十七〜十九世紀』（東京：東京大学出版会、二〇一〇年）九三〜九四頁。
(107) 同右、九七〜九八頁。
(108) 朱熹『論語集注』雍也（『四書章句集注』北京：中華書局、一九八三年）八六頁「仁者、心之德。心不違仁者、無私欲而有其德也。」
(109) 趙翼『浦渚先生遺書』巻六「論語淺説」豊壤趙氏花樹会編『豊壤趙氏文集叢書』四（ソウル：保景文化社、一九八八年）一〇三頁「仁者、本心之德也。心本有此德、惟私欲蔽之、故此德亡矣。故私欲去則此德無不存矣。……學者爲學可不以爲仁爲事而用力可不以不違爲期乎。」
(110) 伊藤仁斎『論語古義』（林本）雍也（東京大学文学部漢籍コーナー所蔵、天理図書館四〇六〇九四の複写本）「言爲仁天下之至難也。」「仁主於吾心、猶五臟六腑之具於吾身、人人皆有。豈得獨以顏子爲不違邪。曰、此宋儒以仁爲性之誤也。」
(111) 同右、憲問「若後世主無欲主靜之說者、實虛無寂滅之學、而非孔門爲仁之旨矣。」
(112) 黎靖徳編『朱子語類』巻六「性理三」（『朱子全書』上海：上海古籍出版社、合肥（安徽）：安徽教育出版社、二〇〇一年、第一四冊）二五九頁。
(113) 前掲『中宗實錄』中宗一年（一五〇六年）一〇月二五日（己卯）「臺諫合司上八條疏、……六曰杜私恩。」
(114) 渡辺浩「「おほやけ」「わたくし」の語義――「公」「私」、"Public" "Private" との比較において」佐々木毅・金泰昌編『公と私の思想史』東京大学出版会、二〇〇一年）一五三頁。
(115) 同右、一五〇〜一五一頁。
(116) この件について、羅山の三男林鵞峰が著した「年譜」や四男林読耕齋が著した「行状」にその内容が載せてある。例えば、『羅山林先生集』附録巻三に、（慶長）「八年癸卯、先生開筵聚諸生、講論語集註、戸外屨滿。外史清原秀賢娟（娟？）疾之、奏曰、自古講書者皆有勅許、今則不然。請督責之、乃啓稟于東照大神君。大君哂曰、庸詎傷乎。各宜從其所好。何爲告訴之淺卑乎。是以事輟」とあり、清原秀賢が上奏したのを、徳川家康が経書の注釈は、各々好む所に従えばいいと退けたように記されている。このような記述について、林家の捏造と推定する先行研究もある。しかし、堀勇雄は、林羅山の『野槌』、藤原惺窩の書信、清原秀賢『慶長日件録』などの記述に基づいて、慶長九年か十年頃にこのようなことがあったと論証した（堀勇雄『林羅山』（東京：吉川弘文館、一九九二年）三八～五四頁参照）。

(117) 『論語集解』は中国の魏の何晏が、漢代の注釈を取捨し著した注釈書である（この『論語集解』に、中国六朝梁の皇侃が疏を付した『論語義疏』は、北宋の邢昺（九三二～一〇一〇）の『論語正義』が出現した後、次第に読まれなくなり、中国で亡びてしまった。後に、日本に舶来した抄本が清代に逆輸入され、復活した）。日本では南北朝時代から室町時代を通じて何度も復刻され、広く行われた。天理図書館篇『古義堂文庫目録』（天理：天理大学出版部、一九五六年）にも、『論語集解』がある。目録にあるのは東涯手沢本であるが、『論語古義』の内容から、仁斎はこの本をよく参照したことがうかがえる。

(118) 林羅山「徒然草野槌」「初余論語何晏集解・皇侃疏を見て十七八歳の頃よりはじめて朱子集注をよみ、大全をかんがへ、程子遺書・性理大全をもうかがひて朋友のために集注の趣あらあらときかせたり、時二十一歳也、一二年をへて深衣をきて講説する事もありき」（和島芳男『日本宋学史の研究』四二六頁からの再引用）。

(119) 伊藤仁斎『古学先生詩文集』巻五同志会筆記（天理図書館古義堂文庫蔵）（三宅正彦編集・解説『近世儒家文集集成』第一巻、東京：ぺりかん社、一九八五年）一一一頁「余十六七歳時、讀朱子四書、竊自以爲是訓詁之學、非聖門德行之學。然家無他書、語錄或問近思錄性理大典等書。」

(120) 仁斎の『旧蔵書籍目録』には朱子学系の書物は勿論のこと、『論語講義困勉録』などの集成書も見える。『論語講義困勉録』は清初の陸隴其（一六三〇～一六九二）の撰である。同書は、『四庫全書』総目提要の同書解題及び『四書講義困勉録』原序によれば、著者の没後に、族人の陸公穋や門人が刊行したものである。著者が『四書大全輔』（恐らく『三魚堂四書大全』のこと）を編纂した後、その中から万暦以降の諸家の説のみ取り出し、別の本を作ったものである。佐野公治『四書学史の研究』（東京：創文社、一九八一年）七～八頁によると、陸隴其の『三魚堂四書大全』を始め、朱熹の四書説がさらに後流によって補強された書物は、江戸時代に多量に舶来して各地の藩校や塾で読まれ、内閣文庫や当時の漢籍を保存する図書館などに現存している。言うまでもなく、『旧蔵書籍目録』上の書物を、仁斎が全部見たわけではない。しかし、仁斎の注釈の形から、仁斎は、朱熹の注釈に諸家の説が補強された、『論語講義困勉録』などの集成書を読んでいたと推測される。

(121) 『論語』学而「曾子曰、愼終追遠、民德歸厚矣。」

(122) 伊藤仁斎『論語古義』学而「何氏朱氏、皆以愼終爲喪之事、追遠爲祭之事。然義理不協。故今依本文解之。」

(123) 何晏『論語集解』(『十三経注疏』整理本『論語注疏』、北京：北京大学出版社、二〇〇〇年)一〇頁「孔曰愼終者、喪盡其哀。追遠者、祭盡其敬。」

(124) 『論語』学而「子曰、道千乘之國、敬事而信、節用而愛人、使民以時。」

(125) 伊藤仁斎、前掲『論語古義』学而「包氏曰、道、治也。千乘之國、諸侯之國、其地可出兵車千乘者也。敬事而信者、敬愼民事、而信以接下也。人、通臣民而言。時、謂農隙之時。言治國之要、本在於所存、而非專任政事而可矣。」

(126) 何晏『論語集解』「包曰、道、治也。千乘之國者、百里之國也。古者井田方里爲井、十井爲乘、百里之國、適千乘也。融依周禮、包依王制、孟子義疑故兩存焉。包曰、爲國者、擧事必敬愼與民必誠信。包曰、節用不奢侈、國以民爲本、故愛養之。包曰、作事使民必以其時、不妨奪農務。」

(127) 朱熹、前掲『論語集注』学而「道、治也。……千乘、諸侯之國、其地可出兵車千乘者也。敬者、主一無適之謂。敬事而信者、敬其事而信於民也。時、謂農隙之時。言治國之要、在此五者、亦務本之意也。」

(128) 林本の場合、後に仁斎の原稿を校正した誰かは、ある訓詁注の頭に「朱氏曰」を入れ直した。「朱氏曰」を入れ直すなら、そこだけではなく、数多くの箇所に入れ直す必要がある。ここから、『集注』に習熟してはいない者が校正者であったことがうかがえる。

(129) 渡辺浩、前掲『日本政治思想史』九七～九八頁。

(130) 尾藤正英『江戸時代とはなにか――日本史上の近世と近代』(東京：岩波書店、二〇〇六年)四八～四九頁。

第三章　儒者たちの信念

朱子学を国是とし、科挙では朱子学の経書解釈が基準となる朝鮮社会でも、朱熹の注釈と異なる見解を提出する者がいた。彼らのうち何人かは、物議を醸した末に処罰された。従来、朱熹と異なる注釈を著した人たちの登場とそれに対する牽制や攻撃の記録は、朱子学への批判意識を持つ側が朱子学側に弾圧される状況として理解されてきた。「朱子学側と反朱子学側の対立の図式」が打ち立てられたのである。そこで、十七世紀の朝鮮儒学史は、朱子学の深化研究及び教条化と、朱子学に対する懐疑及び批判という、二つの対立的軸から説明されてきた。しかし、筆者は、十七世紀の朝鮮儒学史は、この二つの対立的軸を超えた地平で展開したのではないか、と考える。

前述したように、十七世紀、東アジア最大の「事件」である明清交替は朱子学思想に対する批判意識を促すようなものではなかった。さらに、以下で述べるように、朱熹の経書解釈と見解を異にする著作は必ずしも朱子学思想への懐疑から誕生したものとは限らず、また、朱子学研究の深化が必ずしも朱子学の教条化へ進んだとは限らないからである。

一般的に、ある対象への研究が極めて細密な段階に至れば、視野の狭窄が生じ、あるいは固定観念に囚われがちになる可能性がある一方、研究の際にその思想体系の欠点に気付くなど、対象を客観化して批判的に認識しはじめる可能性も高くなるであろう。完全無欠に見える思想体系であっても、徹底的に追究すれば、そのほころびがおのずから浮かび上がってくるものである。後述するように、十七世紀朝鮮の朱子学者たちは、朱熹のそれぞれの著述を照らし合わせながら研究して、朱熹の学説が何度も変化していくことを確認し、さらには、朱熹の複数の言説の間に多くの矛盾が存在することをも確認した。

以上を踏まえれば、彼らの研究は、朱熹注釈と異なる創見を生み出す原動力になれず、朱子学教条化の一途を辿るだけだったとは考えられない。無批判な信奉はむしろ対象への知識が徹底していない状況で生じがちではなかろうか。さらに、経書学習において数百年の歴史を持つ朝鮮朝の士大夫たちが、朱熹注釈を繰り返すことだけに満足し、尹鑴・朴世堂など数人だけが朱熹注釈に異見を唱えたというのは、説得力のある見方であろうか。

朱子学研究の深化とともに朱熹注釈と異なる経書解釈も朝鮮儒者たちの信念から生まれたものであり、もし従来の図式がこの信念から外れたものであれば、修正の余地があることを意味する。さらに、朱子学研究の過程及び朱熹注釈と異なる注釈の誕生過程を詳らかに分析すれば、この二つの軸がいかに関わっているかを確認できるはずである。

第一節　朝鮮儒者社会の思想的基礎

朝鮮儒学史研究は植民地時代に本格化したため、その研究は亡国を招いた原因を究明しようとする、深い反省から始まった。実用を軽視する儒者社会の傾向が批判されるとともに、十七世紀に実用・実践を重視した人物が発掘、称揚されてきた。しかし、二十世紀の想定する実用・実践をもって朝鮮の儒学史を論ずることは、意義あることだったのだろうか。朝鮮儒者社会の思想的基礎を考えれば、実用軽視に対する反省も実用重視に対する称揚も、いずれにも史実とのズレがあるのではないか。史実から教訓を得るというより、今必要な教訓に当てはまるように歴史を読み直したことにならないだろうか。

儒者の第一義

経学を営為する朝鮮士大夫に、経書の内容を日常の生活に役立つ実用的なものとして生かすことは彼らにとってそれほど関心のある課題ではなかった。中国の伝統社会で、「科挙試験で試されるのは、法律の細かい知識や徴税上の計算などの実務的な能力ではない。そうした実務は、胥吏や幕友（地方官の私設秘書）の仕事であって、官僚に求められるのは、真の道徳的能力であった(1)」ように、朝鮮朝社会が士大夫に求めていたのは、高い道徳的能力であった。具体的に言えば、宰相が国をおさめることを、「燮理《しょうり》陰陽(2)」と呼ぶ。官僚としての最高の責務は万物を作り出す陰陽の気を調和させることだという認識である。ゆえに、陰陽の不調和を理由に宰相の辞職を要求することは珍しいことではない。『朝鮮王朝実録』には、次のような記事が載せられている。

領議政の沈連源・左議政の尚震・右議政の尹漑が、災変が起こったことを理由に辞職した。……史臣がいうに、三公は百僚の上に立って、陰陽をととのえ四時を順序通りに進めるのが、すなわち彼らの責務である。したがって、災害が起こったことで辞職するのは当然のことである(3)。

上述の文は、災害発生の責任を負って三公が辞職した件に関する記録である。記録者の史官は、災害防止に備えなかった具体的な責任を問う前に、陰陽をととのえ四時を順序通りに進める責務を全うできなかったことに、辞職すべき責任を見出している。当時の普遍的認識に基づいたものである。また中宗二年（一五〇七年）の記事に「武官がどうして陰陽をととのえることができようか。宰相の位に久しくいてはならない(4)」とある。武官は幾ら能力があっても、陰陽をととのえる宰相の位に相応しくないという主張は、当時からみれば、説得力を持つものであったのである。

それ故に、高位の官僚が、例えば百姓が山中の枯木をむやみに取る行為を禁止することを建議すれば、官僚の注意が行き届いていると評価される代わりに、次のような議論を起こすことになる。すなわち、「よろしいことは建議し、よろしくないことはとどめて、君主が道を行うように導き、百官を糾正すれば、〔大司憲の〕職分は全うされる。松木の伐木を禁ずることは有司の仕事であり、君主を煩わすに足らないのに、それを取り上げた。識者は彼が大局を知らないとそしっている」[5]。つまり、高位の官僚が、細かい業務に携われば、むしろ批判の種になっていたのである。

このような社会で、儒者たちが修己治人の道を考える際に、実用的・具体的な業務を主としないのは自然であろう。儒者が実用への工夫を第一義としない態度は、政事や経学の領域に限定されない。例えば、数学研究の領域をみてみよう。「両班も中人（両班に準じる第二の身分の技術官僚とその家系の者）[6]も算学を研究する者にはことかかないが、両班の算学と中人の算学は大きく性格を違え、相互に断絶した伝統をもった。両班の数学者は算学思想に強い関心をもち、西算など新たな数学知識にも貪欲であるのにたいして、中人の数学者は専門家としてアルゴリズム自体に深い興味を覚え、技法の習得や完成を追求した」[7]。どのような領域かを問わず、両班の士大夫は、実用的・具体的内容の修得について、自分の力を尽くすべきこととは認識しないのが普通であった。

植民地時代以来、朱子学者の理論展開が無用な空論として批判され、尹鑴や朴世堂の経書注釈から、経書の内容を日常生活において実践することに重点を置くという特徴が読み取られてきた。さらに、その点が朝鮮後期の所謂「実学」思想の先駆と位置づけられてきた。例を挙げれば、朴世堂の次の注釈は、陽明学の「知行合一」を念頭に置いたものだと解釈されている[8]。

程子は「親孝行しようと欲する者は、冬には暖かく夏には涼しく、という対処など、奉養するための方法を知るべきであり、致知の要は至善の所在、例えば、父は慈しみに止まり、子は孝行に止まるといった類を知るべきである。このことに努めず、徒に万里をあまねく観ようと欲すれば、恐らく大軍の騎兵が遠すぎるところまで行ってしまって帰ってこないことのようであろう。格物は身近なところを察し、親身に分かるようにするに越したことはない」と言う(9)。

程子は、親孝行をしようとする者は、万里をあまねく知るより、奉養の方法や、親は子を慈しみ、子は親孝行すべきであることを「明確に知っておくこと」を強調している。行うためには、身近なところを察し、「精密に知っておくこと、これが格物だ」という。この程子の見解をまるごと引用している朴世堂は、「何かを行おうとする者は必ず何が重要なのかを明確に知っておくこと」を強調しているのであろう。だがはたして、このような注釈から、知識より実践を優先する考えを読み取り、さらには陽明学の「知行合一」に結びつけることができるだろうか。

また、朴世堂は、経書を読む目的は、学者が聖賢の示した準則を知り、それにのっとるためであると述べている。

聖賢の垂訓・立言は、後世の学者のために準則を示し、のっとる所を知らせるためでないものはないのに、今、何とも名状しがたい、理解に苦しむような学説を用いて、聖賢の言葉を解釈し、後学に無益な空論になる派手なみせものを見せている。それでよいだろうか(10)。

ゆえに、彼は人間の性について説くのは、現実に無用な空理空論であるとは言わない。彼は、性に対する程子の言葉を並べてから次のように言う。

この幾つかの説は、性の体を明らかに示し、それに従う尺度・準則にするという意味においては、少しも発明するところが見られない。ただ奥深くてはかりしれず全く頼りにならないように思われ、読者は茫然として、思慮をめぐらすこともなくなる。深く疑うべきであると感じる。そこで私は必ずしも合致することを求めないのである[11]。

彼は、日常生活に役立たないものを説くのは不要だとも、古の道ではないとも言わず、ただ、程子の説は性の本質を明らかに示していないと指摘する。率性（天性に従って行うこと）の尺度・準則を与えて率性を実際にできるようにすることが、朴世堂が目指すところである。

「経典の道理に対する理解」を本体とし、「個人が現実の中でその内容を実践する」ことを機能として分けて考えると、上記の注釈の重点は本体にあり、機能にはない。根本を体とし、機能を用として論じれば、体を主としていると言える。用が無意味だとは言わないが、経書を読むのは体のためであり、用を工夫する過程ではない。日常の身近なところから、孔子の言を実践する方法を求めることに重点を置くというより、我が身を修めれば、聖賢の道が実現されると信じ、そのような方向から経書を解釈しているのである。

『中庸』の「喜怒哀楽がまだ外にあらわれないことを中という。外にあらわれてすべて規律にかなうことを和という。中は天下の大本である。和は天下のどこでも通じる道である。中和をきわめつくせば、天地があるべきところに位置し、万物がほどよく育つ[12]」という内容に対し、朴世堂は次のように注を付している。

章の冒頭にすでに「性にしたがう、これを道という」と言ったので、もしまた性の体たる所以のものが何であるかを明らかにしなければ、学ぶ者は茫然としてその意味がわからないと憂う恐れがある。性の本然の体を知らなければ、また何処から従ってこの道としようか。このようであれば、道から離れないことを欲してもしようがないであろう。ゆえに、ここに提示して、学ぶ者に、「天理が私の心に明らかに存在していることは、本来このようであるから、道を行おうと欲するなら、他に求める必要はなく、自身の心を顧みれば十分である」ということを知らせているのである。努めに努めるなら、省察はすでにこまかく、〔喜怒哀楽が〕あらわれてもそれがすべて節度にあたる。「天地位し、万物育す」のような、この上ない功であっても、これにより順を追って達成することができ、難しくない⑬。

朴世堂は「率性之謂道」という経文を念頭に置き、性の本体をはっきり知らなければ、経文のいうことが何であるかも理解できず、従って道を実現することもできないという。中和を説くこの経文から彼は、中すなわち性の本然の体の重要性を読み取ったのである。また、「致中和」に対しては、物事を本体と作用との表裏一体として説明する、体用の説を用いて次のように述べる。

天下の物は「体」と「用」がないことがなく、用がなければ体は空の器になり、体がなければ用は本にするところがない。体・用二者は、物が終始する所以であり、その事は一つであり、その功は同じである。だから、『集注』のいう」「体が立ってから後に用が行われ、二つのことがあるのではない」とは、どうしてまことにそうでないだろうか。ゆえに目が視、耳が聴き、手が持ち、足が行くとき、耳・目・手・足は体であり、視・聴・行・持は用である。体がすでに立てば、用がこれをもって行われ、彼の視・聴・行・持の外に、耳・目・手・足には異なる事功などあるまい⑭。

つまり、経文の「中」「和」から「体」「用」が読み取れ、またそこから体・用の不可分性、すなわち体が確立すれば用が直ちに実現することが見出されるということである。朴世堂が、体と用とが別のものでないことを強調するのは、次のように朱熹の注釈を批判する一環でもある。

〔朱子は〕「戒懼〔いましめおそれること〕して、これをひきしめれば、その中を極めて天地があるべきところにすわる。謹独〔ひとりでいるときにも気を配って心を正しくすること〕して、これを精緻にすれば、その和を極めて万物が育つ[15]」という。このようであれば、「その中を極める」とは、自然に体のことになり、「天地があるべき場所に在る」とは、その功になる。「その和を極める」とは、自然に用のことになり、「万物が育つ」とは、その功になる。一つの体になり一つの用になるのでは、事は二つになってしまい功は分かれてしまうことになる。これではどうして「動静が異なるだけで、実際は二つの事ではない[16]」という朱子の説明がかなうだろうか。彼の天地万物は、実際のことでなければ何であろう。天地万物を捨てて、また実際と言うべきものがあるだろうか。〔朱子は〕生まれ持った善性を養い育てる存養と自らを省みる省察とを別々の修養として扱っており、根本的なところで誤っている。そのまま並べて中・和を〔天地が〕在るべき場所に在ることと〔万物が〕養われることと二つに分けて、一つは存養の効果とし、一つは省察の効果としてしまった。その後、最後に二つ分けてはならないことを知り、已めたのである。ゆえにまたここで、一つに合わせたが、その合一もまた、合一する所以のあきらかな根源を明らかにしていない[17]。

朱熹の注釈は、『中庸』の経文が「中」を「天下之大本」と、「和」を「天下之達道」としたことを受け、「中」を体として、「和」を用として解説した。そして、「天地位焉」を「中」を致した効果と見なし、「万物育焉」を「和」

を致した効果と見なしている。ここでは、中と和とを別のこととして解釈している。だが、朱熹はまた「動静が異なるのみで、実際には二つになることではない」と述べ、別ではないという。そこで、朴世堂は二つの文章が矛盾すると主張しているのである。

朴世堂は、「二つの事ではない」という朱熹の言葉は、正に自身の見解と同一であると言う。しかし、朱熹の説を全体的に見れば、二つの事に分けて説いている。従って、後から「二つの事ではない」と補足しても、矛盾をなくすことはできないと主張する。また、体と用が分離できないことを理由に、朱熹のように分けて解釈する方法は間違っているという。経文は中すなわち体が確立しているなら、和すなわち用は自然に達成できることを示しているからである。

しかし、朱子学が体と用を分離できるものと見なしていないことは周知の通りである。耳・目・手・足と視・聴・行・持を、体用の関係をもって説明することは、朱熹がしばしば用いる説明方法である。つまり、朴世堂は、朱子学をもって朱熹の注釈を批判しているのである。彼は心のなかに朱子学とは異なる別のものを持ち、そこから朱子学の理論を駁論しているのではない。このような彼が、朱子学の体系への不満を抱き、そこから経書注釈を通じて朱子学自体を批判しようとしたとは、到底考えられない。

朴世堂の次の注釈は、『中庸』の「君子は身を修めなければならない。身を修めようと思えば、父母に仕えなければならない。父母に仕えようと思えば、人を知らなければならない。人を知ろうと思えば、天を知らなければならない」[18]に対するものである。

主君であり家臣であるということは、必ずまず修養を積み、その後ようやくその立場になりうるのである。……その根本はいずれも親に仕えることである。しかし、人が人であるその根本的な理を知らなければ、親に仕えることもできない。理はもともと天より生じたものであり、だからこそ「人を知らなければならないし、天を知らなければならない」というのである。ここにいう人とは、〔上述の文の〕「仁者、人也」で出て来た人とちょうど通じ合う。恐らく賢者のことを指すのではないと思われる[19]。

最後に、朴世堂が、『中庸』本文の「人」の字に対し「賢者のことを指すのではない」と言っているのは、朱熹の注釈に対する批判に当たる。

朱熹は、『中庸』のこの句に対し、「身を修めるには道をもってし、道を修めるには仁をもってする。ゆえに、身を修めようと思えば、親に仕えなければならない。親を敬って仕えようと思いやれば、必ず賢者を尊ぶ義によらなければならない。ゆえにまた「人」を知らなければならない。親親（みよりの者を親しみ愛すること）を行うのに、親疎の程度によってその親しみを加減すること、賢者を尊ぶのに、等級をつけることは、皆天理である。ゆえにまた天を知るべきである[20]」という。つまり、『中庸』の「知人」を、賢人を見出して尊ぶことと解釈している。このように解釈した理由は、すぐ前の経文に、親に仕えることと賢者を尊ぶことを説いていることに着目したからであろう。

これに対し、朴世堂は「知人」は、人の人たる所以の理を知ることであるという。彼は、「事親」と「知人」を連ねる経文から、親に仕えることは人の人たる所以の理を知ってはじめてできるという意味を読み取った。「人が人である その根本的な理を知ること」を何よりも優先し、行いは所以を知った後のことであるというのである。この注釈も、体（根本）用（機能）からいえば、体を明らかにすることに重点を置いているといえる。しかし現代の学界ではこれまで、実践重視の、用について論じているものとして解釈されてきた。

功利を求めない儒者であっても現実社会を生きている以上、実用性を完全に無視することはできないだろう。朝鮮朝十七世紀の儒者も現実を顧みない政策や論争を批判することは有り得る。しかし彼らが、少なくとも実用に役立つか否かを、ものを判断する基準にすることがあろうか。ましてそれを、経書を解釈する基準にすることがあろうか。
朴世堂の経書注釈の中の「実」の字は、「実践」や「実学」に結び付けられ[21]、西洋的「近代精神」と比肩しうるような「実践重視」の思想として理解されてきた。しかし、朴世堂は、経典の理念を社会的に実現することを念頭に置いており、個人が日常の中で一々実践することなどに重点を置いてはいない。儒者として親孝行は実際に行わなければならないと考えるのは当然であるが、経書の内容を、親孝行をどのようにして実践できるかを工夫するものとして解釈していたとは限らない。聖人の理念を明確に認識してその理念を世の中に実現するために、その「体」を明らかにすることが、経書を前にした彼の意識であった。

さらに、「朴世堂の実学思想は、みずから設定した理想の枠の中で表明されている。その理想はやはり、孔子の「文」（虚）、「質」（実）が調和（彬彬《ひんぴん》）する[22]」という言葉に基づいており、「文」にも「質」にも偏らないことを目指したのは、彼が「実」を追求したとしても、結局追究しつくせはしないという限界性を示している[23]」と言われている。孔子の発言を理想の枠とすることは、十七世紀の儒者として極めて自然なことである。しかし、朴世堂の経書注釈が二十世紀に求められる実用の角度から考察され、従来の思想を乗り越えることが期待されたため、彼の「極めて自然な」考え方は限界性と見なされるしかなかったのであろう。

Wm・T・ドバリーは、朱熹たちが『大学』の「親民」を「新民」と改めたことから、新儒家たちが社会の更新・再生及び革新を強調する考え方を見出した。その一方で、ドバリーは、このような彼らの「強調」は必ずしも「進歩」の視角とは限らないことに注意を喚起している。新儒家のいう「新」は、一年が経って新年が帰ってきて、四季が経って新春が帰ってくるような「新」に近い意味であり、ゆえに、新儒家の「生命力」あるいは「創造性」といった概念を、欧米人の語感に従って個別的・個人的独創性や完全な独自性に高く価値を付加するという意味で理解することは困難だと述べている[24]。

同様に、朴世堂のいう「実」の字は、十七世紀朝鮮の儒者たちの第一義を踏まえた上で、彼が考えたこの言葉の意味を追究すべきである。現代の人が普通考える「実」の意味をそのまま当てはめることはできないのである。

学術環境

十七世紀に「斯文の乱賊」として追い詰められた人々と彼らを追い詰めていた人々との相違点には従来十分注視されてきた。しかし、両者が同一の学術的基礎の上にいたことに改めて注意を払うことが、朝鮮儒学史を再考する新たな一歩を踏み出す基盤になるだろう。

まず、十七世紀儒者たちの学術環境はどのようであったかについて、簡潔に紹介しよう。

第一に、科挙受験のために、公定の朱子学に基づいて経書を詳しく分析しながら理解することが要求されていた。なぜなら、試験問題が、例えば、四書に見える「誠」について論じること、などであったからである[25]。優れた答案にするためには、『大学』『中庸』『論語』『孟子』に説かれている「誠」を、朱熹の注釈に基づいて総合的に論じなければならない。ゆえに、士大夫家の男子は、幼い頃から『四書』を朱熹の『章句集注』あるいはこの書に宋明代の学説を小注として付け加えた『章句集注大全』を精密に分析・総合しながら学習する。

第二に、膨大な朱熹の著作を網羅する必要があった。『章句集注』など朱熹の経書注釈を読むとき、文章が簡潔で、その意味が捉えにくい場合がある。その場合、朱熹の他の著作や書簡から朱熹の考えを確認するしかないためである。ゆえに、多くの優れた学者は、率先して朱熹の著作から主要な文章を選んで選集を編む一方、難解な箇所には解説を書き加えて、読書人に提供した。例えば、李退渓（一五〇一～一五七〇）は『朱子大全』から特に重要な書簡を選んで、『朱子書節要』[26]を、鄭経世（一五六三～一六三三）は『朱子大全』の各種の文章（例えば、封事・奏箚・議状・書・雑著・序など）から特に重要な文を抜粋して『朱文酌海』を、趙翼は朱熹の書簡を抜粋した『朱書要類』及び朱熹の文をそれぞれ数十篇ずつ抜粋した『朱文要抄』を編纂した。宋時烈は『朱子大全』から重要な文章を選び、注を書き加えて『節酌通編』を編纂する一方、『朱子大全』の難解な箇所に解説を付して『朱子大全劄疑』を著した。金昌協（一六五一～一七〇八）は、『朱子大全劄疑』を読んで宋時烈に質疑し、その内容を『朱子大全劄疑問目』に編纂し、李恒老は『朱子大全劄疑』を主とし諸家の説を書き加えて『朱子大全劄疑輯補』を完成させた。金文植によれば、朝鮮朝に編纂された朱熹の書簡の選本及び研究書は三五種にのぼるという(27)。

第三に、朱熹の経書注釈と他の著作の間にある矛盾に対し説得力を持って説明する必要があった。前述のように、儒者たちは朱熹の様々な著作を網羅して学習していた。しかし、朱熹の著作を照らし合わせれば合わせるほど、その学説が一定しないことに悩んでいた。その中には、朱熹の見解が時代と共に移り変わったところもあれば、それぞれの著述の文言がその重点の差によって矛盾する場合もある。朱熹の著作を徹底的に研究すればするほど、これらの矛盾への問題意識も深まる。その問題意識ゆえに、たとえば宋時烈は、朱熹の言論の異同を調べる作業を行った。彼は朱熹の著作に最も詳しい者の一人であり、朱子学原理主義者とまで称される儒者である。その彼が着手し、彼の学脈を受け継いだ韓元震が完成した『朱子言論同異攷』がその成果である。この著作は、朱熹のそれぞれの文言の間に相互矛盾する言葉を取り出し、早晩の差や、朱熹が普段専ら述べる説と一時的見解とを弁別している。

第四に、官学の朱子学と衝突せず、かつ清新な経書解釈を提示することが求められていた。なぜなら、公定の朱子学的解釈に矛盾する見解であればこの社会では認められにくく、逆に何の発明もない朱熹の説の繰り返しであれば、一読に値すると認められない。ゆえに、儒者たちは、この二つのバランスが取れるように、朱熹の見解に合致しながらも、斬新な解釈を行おうと努力した。

「斯文の乱賊」と呼ばれた尹鑴と朴世堂も上記の学術環境にあった(28)。

尹鑴は朱熹の『中庸章句』の「脩道之謂教」の解説に疑問を抱き、権諰に次のように問う。

『中庸』については最近疑わしい箇所を記している。作業が終わったらお伺いしたいと思っている。……「脩道」の「脩」字を朱子は「品節〔等差を設ける〕すること」と解釈しているが、これと戒慎〔心の中の戒め及び慎み〕とは意味が異なるのだろうか。「礼楽刑政」はただ外面のことを言うのであろうか。それとも存省〔存養省察：本心を養い、明らかに考える〕・克復〔克己復礼：己の欲望に打ち勝ち、礼に立ち帰る〕と同じ意味になるだろうか。どうしても明らかにすることができない。老兄のお考えは如何であろう。お返事でお教えいただければと存ずる。[29]

尹鑴は、『中庸章句』の「脩道之謂教」に対する解説、すなわち「聖人は、人・物の当に行うべき所の者に因りて之を品節して、もって法を天下に為す、則ち之を教と謂う」[30]という内容に疑問を提出している。朱熹は「礼楽刑政」つまり儀礼、音楽、刑罰、政治といった国家を運営するのに必要な要素を「脩道之謂教」の例として挙げている。それに対し尹鑴は、君子が道を修めて人を治める基として「脩道」を考える。つまり、「品節」や「礼楽刑政」でなく、心のなかの戒め及び慎み〔戒慎〕と解釈すべきだと考えている。そこで彼は、朱熹の著作を調べて、自身の解釈と一致する一言を見出し、再び権諰に書信を送った。

教えていただいた「教」字のことは、私の考えもまた同じである。かつて朱子の「名堂室記」をみたところ、「戒慎恐懼をもって修道の教〔の始め〕をなす」[31]とあり、『中庸』の注と同じでなく、どちらが定論なのかわからない。老兄のお考えは如何であろうか。お返事でお教えいただければ幸いである。[32]

冒頭の言葉からみれば、権諰と尹鑴は共に「脩道之謂教」の解釈において朱熹と見解を異にしていたと推測される。

尹鏞は朱熹の記文である「名堂室記」の中から自身の見解と似ている内容を見出した。そこで、これこそ朱熹の「定論」であり、すなわち自身の見解は本来朱熹の定論に一致すると伝えようとしたのであろう。『朱子大全』を精密に読み、簡単な一言でも見逃さずに採って自説を根拠付けようとしていることがうかがえる。その後、『中庸朱子章句補録』を著す一六六八年には、次のように自説を定めている。

天の命に基づいて生まれつきの理があり、人の性に従って行くべき路があり、物の道によって君子には己を治め人に及ぼす事がある。この三者は天の天たる所以であり、人の人たる所以であり、物に則のある所以である。君子の心を立て天に事える大本である。[33]

最終的に、彼は「脩道之謂教」を、「君子が自分を修練してそのよい影響が人にまで及ぶことである」と自説を確定している。そして、この解説の末筆には次のように程子の説を引用して根拠付けている。

程子が言う。……「修道之謂教」とは、専ら人事にある。この本性を失っているがゆえに、これを修めて回復することを求めるので学に入るのである。[34]

以上のように、十七世紀には「斯文の乱賊」と呼ばれ、二十世紀には「朱子に反対する異説を唱えた」と称揚された尹鏞の「異説」の提起は、朱熹の著作への詳細な調査から発展していったのである。ここで彼が、朱熹の『中庸』理解を覆したか否かを論ずることはできない。なぜなら彼の議論は、「天の命に基づいて生まれつきの理があり、人の性に従って行くべき路がある」と、理を用いて天命と人性とを結びつける、朱子学的解釈を前提としているからである。ゆえに、尹鑴は朱子学に対する懐疑から異説を打ち立てたという仮説は成立しない。しかし、朝鮮朝で言われていた通り、朱子の注を改めたと言えば、確かにその通りである。

朴世堂は、『中庸』首章の「道は、少しの間でも離れるべきではない。離れられるなら道ではない（道也者、不可須臾離也、可離非道也）」の解説において、朱熹の『中庸章句』の次のような注釈から「存天理」という表現を取り上げて、この注を改めている。まず、『章句』の内容は以下の通りである。

> 道は、日用事物において当然行うべき理であり、人々の性の徳として心のなかにそなわっている。有しない物がなく、そうでないときがない。ゆえに少しの間でも離れるべきではないというのである。もし離れられるなら、どうして性にしたがうこと（が道である）とあるだろう。それゆえに君子は常にうやまいおそれ、見聞きしないときでも、おろそかにしない。天理の本然をたもち、少しの間でも離れさせない所以である。(35)

右の内容のうち、朴世堂が問題にしているのは、傍線を引いた、「天理の本然をたもち」という表現である。朴世堂は、この表現を批判して、「天理はそもそも心の中に明らかに具有されており、一瞬間も存在しないことはない。ただ、従えるか従えないかの問題のみある。従えば道であり、従わなければ道から離れる。もし「循天理（天理に循《したが》う）」というのであればよいが、「存天理（天理を存《たも》つ）」ということはできない(36)」という。

この注釈が、朱子学の解釈を覆しているか否かは、確定できない。なぜなら彼は、朱熹の「存天理」という解釈が持つ最も大きな特徴、すなわち『中庸』の「天命之謂性、率性之謂道」の解説において、「理」を任意に付け加えたことについて何の異議も申し立てていないからである。のみならず、人はそもそも天理を心のなかにそなえているという朱子学の理論をも問題にせず、むしろこの理論を前提としているからである。彼の「存天理と言えば不可である」という発言は、朱子学の理論を批判するものではない。

この注釈は、(朱熹がいうように、)天理は本来人のなかにそなわっているが、天理をたもつ(存天理)という表現は、天理から離れる場合もあるかのようになってしまうことを問題にしている。ゆえに、「存」字の代わりに「循」字を使うべきだと言っている。天理は自分の中にすでに存在する。従って、我々は天理にそのまま従えばよい、という点を明確に表すべきだ、というのが彼の注釈のポイントである。

朴世堂はまた、朱熹の「性即理」という言葉が間違っていると、次のように批判している。

> 性は、心の明るさによって天理を受け、終生共にするものである。天にはあきらかな理があり、物は理に落ち着いて理にのっとる。この理という則を人に授与すれば、人の心が明るいため、天理を受け、その理が人々の心のなかに明るく存在する。このようにして、人は事物の当否を考察することができる。……朱子の注では、性を理という〔「性即理」という表現を指す――引用者注〕が、今わたしの解釈が同じでないのはなぜだろうか。理が心の中で明るく存在することを性と呼び、天にあるときには理と呼び、人のなかにあるときには性と呼ぶので、それぞれの名を乱してはならないからである。理・性・道・教はその帰結を論究すれば、同じでないことはないが、その名を乱してはならない[37]。

この注釈ではまず、朱子学に基づいて性と天理の関係を述べている。しかし後半で彼は、自身の注釈は朱熹の「性即理」と異なると述べる。その理由は、「人」においては「性」という名を使い、「天」においては「理」という名を使わなければならないからである、という。「即」の字を使って「性即理」といえば、性=理になってしまい、それぞれの名を正しく表現できなくなるから、よろしくないという。つまり彼は、朱子学の「人が天の理をうけて性とする」[38]という理論に基づいて、朱熹注釈がこの理論をより明確に表すべきだと主張しているのである。にもかかわらず、現代の研究者は、彼が朱熹の注釈を「名を乱し」「本末の次第を失う」ものと言っていることから、朱子学自体を批判している、と誤解する場合がある。

朴世堂は、自分はなぜ朱子と異なる解釈をしているかと自問し、それに答える形を取って、具体的理由を述べている。しかし、それを朱熹の注釈に照らし合わせてみれば、朴世堂自身が感じている程に「朱子と異なる」内容ではないことを今日の我々は確認できる。言い換えるならば、彼は朱子学的知識に基づいて、朱熹の注釈を乗り越え、さらに精確な経文解釈を試みたのである。従って、彼は確かに十七世紀に言われていた通り、朱子の注を改めたが、朱子学に対する批判意識を持ち、そこから批判を行っているかと言えば、それは確言できない。

学術的論議――その重点

朱子学が国是であった朝鮮で朱子の注を改めた著者は、本来の意図が何であれ、政治的に対立する人々によって「朱子を侮り貶め」たと攻撃されていた。しかし、政治的問題に関わる前の、すなわち政治的対立が排除された、親友との学術的論議はどのように行われていただろうか。朴世堂と尹拯（一六二九〜一七一四）とが『大学』の格物解釈を巡って行った論議を挙げてその重点を考察してみよう。

朴世堂の兄である朴世垕は尹拯の妹と結婚し、さらに朴世堂の息子の朴泰輔は尹拯に師事するなど、朴世堂と尹拯は密接な関係にあった。二人は政治的・学術的に意見を交し合う同志であった[39]。周知の通り、格物の解釈は、朱子学において最も重要な項目である。従って、陽明学は、「事物の理に至る」という朱熹の格物解釈を真正面から否定し「物を正す」という解釈を提出して、朱子学に反旗を翻した。このような状況からみれば、朱熹の格物注釈に批判的考えを示す者であれば、朱子学への批判意識を抱いている者と推測されがちであろう。

朴世堂は、朱熹の格物解釈は初めて学ぶ者には無理な内容だと主張し、「初学入徳之門（初学者が徳を身に着け始める入り口）」（『大学章句』冒頭に引く程子の語）という『大学』の趣旨」に適合する形に改めて解釈しなければならないと主張する。多くの先行研究は、朴世堂の格物解釈に対して、彼の言う通りの意味を付与している。すなわち、朱熹の難解な解釈を初めて学ぶ者に相応しい内容に改めたものと認めている。また、尹拯は朴世堂のこの考え方と対立する角度から彼を批判していると見なされている[40]。尹拯と朴世堂の論議は、政治的対立が排除されており、当時の学術的論議において何が重点だったかが確認できる、恰好の史料である。それゆえ、この論議を研究対象として取り上げたことは先行研究の大きな貢献である。

しかし、先行研究の意義付けは、朱子学的解釈に対抗して登場する新たな経書解釈、という図式を念頭に置き、格物論議をこの図式に当てはめたものである。このような図式的解説はおそらく論議の真の意義を捉えきれない。なぜなら、朴世堂の注釈の基準となる「初学入徳之門」は、朱熹の『大学』解釈の基準でもあり、尹拯と朴世堂は、二人ともこの基準に同意している。しかも、尹拯が挙げている朱熹の文言について朴世堂は必ずしも異見を持っていないのである。

尹拯と朴世堂との論議の重点を捉えるために、まず、朱熹の『大学章句』が、「格物致知」と「物格知至」とを次のように区分していることに注意を払わなければならない。『大学章句』は、「格物致知」に対して、「致知」は己の知識を究極まで押し進めようと努めることである。格物は事物の理に対して、その究極まで到達しようと努めることである（推極吾之知識、欲其所知無不盡也。窮至事物之理、欲其極處無不到也）」という。一方で、「物格知至」に対しては、「物格」は、事物の理がすべて究極まで到達されることである。「知至」は、己の心の知が究極まで尽くされることである（物格者、物理之極處無不到也。知至者、吾心之所知無不盡也）」という。

つまり、朱熹の注釈は、究極のレベルに到達しようと努力することが「格物致知」であり、究極の段階に到達していることが「物格知至」だということである。ゆえに彼は、格物は、急に極致に到達することを求めるものではなく、積み重ねが大事だと考える。『朱子語類』の「一物の理を格して万理に通じると言えば、顔子〔顔回、孔子の高弟〕であってもまたこの境地には至っていない。ただ、今日一つのことがらを理解し、明日また一つのことがらを理解して、積み重ねた後はじめてすっかりと全体を貫く理解ができるようになる」[41]という文章を参照すれば、確認できる。さらに朱熹は、『大学』を読む方法を述べる際に、初めて学ぶ者がここで基礎を学ぶとは言わず、ここで学問の大綱を定めて、その綱領の中にそれ以降の修学の内容を収めていくと教授している。[42]従って、学ぶ者が格物を進める段階であっても極致の目標を忘れてはならないという考えがうかがえる。

では、朴世堂は朱熹の注釈のいかなる点を批判的に捉えているのだろうか。

〔朱子の〕注に「「物格」は、事物の理がすべて究極まで到達されることである。「知至」は、己の心の知が究極まで尽くされることである」と言う。……理がすべて究極に到達され、知が究極まで尽くされるのは、〔『中庸』のいう〕まことに人の性を尽くし物の性を尽くして、天地が万物をはぐくみ育てることに参与することであれば、これは聖人の究極の功績であり学問によって到達できる最終の段階である。またどうして正心・修身を事とし、またどうして斉家・治国を論じようか。……〔他の条目はすべて初めて学ぶ者のつとめるものであるが〕どうして格物にだけ、物理の究極にまで必ず尽くさなければならず、そうでなければ格というに足らないというのだろうか。また、知至においては己の心の知を必ず尽くさなければならず、そうでなければ至というに足らないというのだろうか。[43]

朴世堂の注釈の冒頭には朱熹の「物格知至」の注が引かれている。しかし、その後半に、「どうして格物にだけ」

と述べているところをみれば、朱熹の「格物」の注釈に触れていることがわかる。つまり、朴世堂は朱熹の注釈において「格物」は一つ一つの段階であり、「物格」はそれが究極に到達した段階だという差に注意を払っていないのである。このようにして、彼は、「朱熹は格物を解釈して、あらゆる事物の理を全部極めつくし、あらゆる知識を全部知ってから次の段階へ進むと言うが、これは経文の内容に背く」と、尹拯宛ての書簡で問題提起している。これに対し尹拯は『朱子語類』を引いて次のように説明する。

朱子は「「格物」より「平天下」に至るまでは、聖人が次第を大体に分けて人に示したのであり、一つを完璧にやりつくしてから、次の一件へ進むということではない。このようであれば、何時完成することができようか」と言う。この言葉で、貴方の疑問が解消できようか。『大学』の伝文は、条目ごとの説明であるが、『章句』は章ごとに意味を解するがゆえに、一つの事に各々その底まで説明を施しているのみである。どうして、一つの事を必ず最後まで行ってから次のことを行うという意味だろうか。今、学者の日用から言えば、毎日目の前に色々な事があり、格・致・誠・正・修・斉のそれぞれに力を尽くしていくだけである。どうして今日格物を行い、明日誠意を行うはずがあろうか。ただ、知が徹底していないときには、行いも徹底することができないし、知が徹底しているときには、行いも徹底することができるというのみである。貴方の誤りは、あまりに局限して本を読んでいることにある。

尹拯は、朴世堂が朱熹の格物注釈に対し、あらゆる事物の理を極め尽くし、あらゆる知を尽くしてから、次の段階へ進むという意味だ、と理解しているのは、誤解だという。尹拯は、『大学章句』の簡潔な注釈を『朱子語類』の言葉で補足して考える、朝鮮儒者の研究方法を用いて説明し、朴世堂の「誤解」を解こうとしている。しかし、尹拯の説明に対して朴世堂は、『朱子語類』を用いて『大学章句』の内容を補足する方法を拒否し、『大学章句』の説と『朱子語類』の「一つを完璧にやりつくすことではない」という発言とは矛盾を免れない[46]と改めて反論した。

その反論を受けて、尹拯は『大学章句』の内容に戻って、朱熹の「格物致知」の注と「物格知至」の注を区別して理解しなければならないとして、次のように指摘している。

〔朱子の〕補亡章〔いわゆる「格物補伝[47]」〕にいわゆる「すでに知っている理に基づいて、天下のあらゆる物の理を知るために、さらにきわめつくして努力する」などの言葉は、皆「格致」の工夫である。老兄のいう「一物を格したらすなわち物の理が至り、一知を致したらすなわち知が至る」、「物に従って力を入れれば効果があらわれる」というのは、その〔「格物致知」の〕ことに当たる。〔補亡章に〕いわゆる「表から裏まで・こまかいことからおおまかなことまでを全て漏れなく、完全な本体から広大な働きまでが全部明らかになる」というのは、「格物致知」の効果〔すなわち「物格知至」〕である。すなわち老兄のいう「天下事物の理を尽くし極め、一をもって貫く」ということである。思うに、一つの物の理が至り、一つの知が至り、物に従って力を用いて、効果をみるのは、〔「格物致知」の〕工夫の着手のことであり、物格知至の全体ということはできない[48]。

尹拯はさらに、朱熹の書簡の内容を用いて次のように説明する。

例えば、〔朱子の〕ある学者に答えた書信に、「何処でも心を呼び覚まし〔提撕〕、何処でも心を収斂し〔収拾〕、何時でも詳細に研究し〔体究〕、事に従って討論すべきである。一日の間に三回あるいは五回心を整え〔整頓〕、三つあるいは五つのことを理解すれば、自然に熟練し、自然に明確になる」とある。ここにいう、提撕・収拾・整頓は存心・修身のことであり、体究・討論・理解は格物致知のことである。毎日このように修養を進めることが、すなわち老兄のいう「物に従って努力すれば効果があらわれる」ことではなかろうか。朱子の著作にはこのような趣旨の発言が多くあり、補亡章の「用力」の二文字にもすでにこのような趣旨が含まれている[49]。

以上のやり取りからは、先行研究が捉えてきた朱子学の追従者と朱子学の批判者の対立や、「知行分離」の立場と「知行合一」の立場の対立[50]は見出せない。朴世堂の異議申し立てはあくまで、「朱熹が格物致知の解釈において、いきなり最高の段階まで説いているのは「初学入徳之門」という前提に背く」ということである。これに対し、尹拯は、『朱子語類』や書簡などの内容から朱熹の注釈を補足して、朱熹の格物論の全体像を示し、朱熹注釈に対する朴世堂の誤解を改めようとした。これに対し朴世堂は、『朱子語類』の内容は正しいと認めても、『語類』と『章句』の内容とは明らかに異なり、両者は矛盾していると食い下がる。そこで尹拯は、『章句』の内容に戻って「格物致知」の注と「物格知至」の注を区別して説明を施し、朴世堂がこれら二つの解釈を混同していると指摘した。その後、朱熹の書簡の内容を引用して、朴世堂の主張する内容はこの書簡に見出される、すなわちもともと朱熹と同様の考え方であると主張している。

また、朴世堂は、格物を初心者向けに解釈しなければならないもう一つの根拠として、『大学』における他の条目である誠意・正心も、もともと非常に易しい、高いレベルを要求しない内容であることを挙げている。

今、『大学』の誠意・正心説は、皆事物を指差して親切に説明し、耳を引き寄せ言い聞かせるのみならず、愚婦・小児でもそれを理解して行うことができるようである。そのことから見れば、どうして〔『格物』解釈にのみ〕大げさな言葉で、聞き手をして驚かせ、とてもたどりつけないと憂えさせることがあろうか[51]。

つまり、朴世堂は、『大学』の誠意章をみると、誠意という工夫（修養）は、わかりやすく、実践しやすい内容ばかりであるという。格物だけ、初めて学ぶ者がたどりつけないような極致をいうはずはないといい、格物に対する朱熹の解説は他の条目の易しさと釣り合わないと主張しているのである。これに対する尹拯の反論は次のようである。

格物致知を解釈するときには、格物致知の極致まで説明し、誠意を解釈するときには、誠意の極致まで説明するべきである。例えば、誠意において「心広体胖（心も体ものびやかであること）」は、どうして初めて学ぶ者や小児が及べるものだろうか。ただ誠意の究極の効果を説明しているだけである。どうして大げさなことを言うためだけだろうか。今、もし心広体胖の境地に達した後はじめて正心の工夫へ進めると思うのなら、やはり間違いではなかろうか㊾。

尹拯は、朱熹が「格物」の極致にまで言及したのは、最高の段階を示しただけであり、格物自体を極めて高いレベルと見なしたのではないという。続けて尹拯は、誠意章でも、「心広体胖」の境地などは、同じく高い段階を提示したものだから、朱熹の格物説は誠意章と釣り合っている、と反論している。朴世堂の批判は、朱熹が考える「格物」の概念や「格物」理論自体を問題としてはいない。従って「格物」の解釈に対する朴世堂の考え方それ自体は、十七世紀の所謂「朱子学者」たちに受け入れられないようなものではない。

従来、この論議からは、朴世堂の実践重視思想が見出されてきた。そこでは、朴世堂は「愚婦・小児まで「格物致知」が実践できる」と認識していると見なされている。これに対し、尹拯は「格物致知」を超越的で高遠な境地へ到達することと認識していると言われている。このような解釈から、普通の人間にまで「格物」実践の幅を広げた、朴世堂の「近代的」側面が抽出されてきた。朴世堂の著作から「近代精神」の萌芽を抽出する植民地時代の課題が、ここにも受け継がれているのである。

しかし、以上の分析に基づいて、論議の重点を考えれば、「格物」を基礎的修養と位置付けるか、それとも高遠な境地を目指す修養として位置付けるべきかという対立は存在しない。二人とも、『大学』を朱熹と同じく「初学入徳之門」として認識しているのみならず、朱子学の根幹となる格物致知論を論議の前提としている。朴世堂は、尹拯が提示する朱熹の書簡や『朱子語類』の見解、すなわち尹拯がまとめた朱子学的「格物」解釈に基本的に同意しているのである。彼は朱子学的解釈に根本的疑問を抱いていない。ゆえに、朴世堂の注釈から「朱子学批判」、さらに「近代性」を見出すのは、あまりに性急である。

なおまた、尹拯と朴世堂の格物論議からは、以下のような研究方法論の差が読み取れる。尹拯は、朱熹の注釈の真意が明確でない場合、他の著述から補足するという、朝鮮の学術界で広く行われていた手法を用いている。しかし、朱子学の学習において朴世堂は尹拯に及ばず、『大学章句』以外の朱熹の著述にそれほど詳しい様子が見られない。彼は、『章句』の注釈にはそのような（朱子学的）考えが明確に見出せないがために、『章句』と他の著述の内容が相互矛盾すると主張しているのである。

第二節　新たな経書注釈の登場に際して

朱熹の注釈と異なる見解を提出し物議を醸した末、処罰された代表的な例として尹鑴と朴世堂が挙げられる。従来、尹鑴と朴世堂の著作とこれに対する当時の反響から読み取られてきた思想的コンテクストは、以下の三つの要素によって構成される。

第一に、彼らは朱子学に異見を唱えたことが原因で「斯文の乱賊」と攻撃された末、処罰された。

第二に、彼らは朱子学を批判する意図によって新たな経書解釈を著した。

第三に、彼らの解釈は大多数の朱子学者のそれとは対照的で次元を異にするものである。

これらの要素から、「朱子学に対する批判意識をもって新たな経書解釈を執筆し、厳しい思想統制のしがらみのなかで朱子学に対し反旗を翻した。このことから近代的意識の萌芽が見出される」というような思想史的転換が読み取られている。

しかし、右に挙げた三つの要素は必ずしも史実に一致しない。それゆえ、そこから導き出された思想史的転換という意味も再考しなければならないと考えられる。

まず第一の要素については、前述のように一九六〇年代、李丙燾の「学問の自由を叫び、旧殻から離脱しようとした進歩的かつ啓蒙的な彼らの態度と思想は大事であり素晴らしい。……党論の極めて厳しい中、朱子に反対する異説を唱えたのは、実に大胆な、いや、学問的良心による、一種の義憤だと評価しなければならない」というのが代表的見解である。しかし、後の研究で論証された通り、少なくともこの二人に対する処罰は複数の要因によるものであり、必ずしも問題の著作が主要な原因ではない。この論証はすでに学界の通説となりつつある。

つまり、尹鑴が『中庸説』を著したのは二十八歳の一六四四年であり、『大学古本別録』を著したのは、五五歳の一六七一年である。この間は勿論、その後にも、所属党派の「南人」が政権を執れば、彼は概ね政界での地位を持ち続けて活発に活動し、宮中の経筵《けいえん》（文官たちが王に対して経書の講義を行う勉強会）にも出席していた。彼は六十四歳の一六八〇年になってはじめて退けられ、間もなく死を賜うこととなった。しかし、尹鑴は、賜死の九年後に当たる一六八九年、「南人」が政権を回復したとき、領議政を追贈された。朱子学を国是とする朝鮮朝は、なぜ「斯文の乱賊」の尹鑴に領議政を追贈したのだろうか。賜死に至った直接的原因は、やはり尹鑴が「斯文の乱賊」だったからではなく、国喪の礼を巡る議論で宋時烈と対立がさらに深まったからだったろう。この追贈は当時の人々がそのように考えていた証拠となるはずである。

一方の朴世堂においても、『四書思辨録』は主に一六八〇年代に順次著し、とりわけ物議の的となる『大学思辨録』は五十二歳の一六八〇年に完成した。[53] しかし、この著作が問題化するのは一七〇二年（七十四歳）である。[54] 彼は、この年に李景奭（一五九五〜一六七一）の神道碑銘を著した。李景奭は十七世紀の初・中期の仁祖・孝宗・顕宗の三代五〇年にわたり、活躍した名相であった。李景奭は丙子胡乱の後、清の要求によって建てられた三田渡碑に碑文を書き入れる責任を負わされた。しかし、その碑文の内容が屈辱的だということで、宋時烈などに非難されることとなった。李景奭の死後、朴世堂が彼のために書いた神道碑銘には内々に宋時烈を批判する言葉があり、宋時烈門下を刺激することとなった。一七〇三年、宋時烈を信奉する儒生たちが、この神道碑銘と共に『思辨録』を攻撃する上疏をした。朱熹を侮辱し、さらには、それによって宋時烈を批判するものであると主張して朴世堂を攻撃した。朴世堂の「年譜」には、この儒生たちが、神道碑銘だけでは彼を処罰しにくいと思って『思辨録』をも取り上げたと記されている。これによって朴世堂は、官職剝奪と門外送出の刑を受けた。その後、門人たちの弁護疏によって流刑の命が撤回されたが、三ヶ月後に卒した。

しかし死後の一七〇四年及び一七一〇年に、彼は再び宋時烈を受け継いだ老論派に非難された。当時の士大夫家では、三年上食が定着していた。三年上食とは、父母の喪において、卒哭（葬礼として定時のない哭を終ること。この後は朝夕の定時に哭するのみである）の後三年間、朝夕に食事を差し上げる礼である。彼の遺した「戒子孫文」の中で、三年上食は古礼でないから依拠しないようにと子孫に命じており、この点が問題とされたのである。[55] さらに、十代祖の尚衷の碑石を建てる粛宗八年（一六八二年）に、彼が清の年号「康熙」を使おうとしたことも、彼の死後に再び攻撃の対象となった。これは、明の滅亡後にも明の年号「崇禎」を使うことを主張する宋時烈たちの見解に反することであった。老論が権力の中心部にある間、宋時烈と対立した彼のあらゆる発言が繰り返し問題視されていた。そのなかで、「斯文の乱賊」のイメージが益々固定化したのであろう[56]。

第二の、彼らは朱子学を批判する意図から新たな経書解釈を著したというのは、彼らの著作を、朱子学の核心を成す理論や方法論に照らして比較分析すれば確認できよう。例えば、朱子学の理気論を拒否しているのか、「格物致知」「居敬窮理」などの方法を批判しているのかなどである。第三の、彼らの解釈が大多数の朱子学者のそれとは対照的で次元を異にするものであったか否かについては、当時の議論内容を詳しく考察してみれば、確かめられよう。以下ではまず、当時における問題の焦点について考えてみたい。

問題の焦点

尹鑴や朴世堂は、新たな注釈を書き上げると、師友たちに見せるようにしていた。その返事から、当時の儒者たちが朱熹注釈と見解を異にする著述をどのように受け止めていたのかがうかがえる。

尹鑴は新しい注釈の『読書記』を著し、政治的党派を同じくする先輩の許穆（一五九五～一六八二）に見せた。許穆は読後、尹鑴にこう返事した。

> お見せ頂いた『読書記』数編は立派なところが多く、人を感動させる。吾が希仲〔尹鑴の字〕でなければ、どうしてこのような内容を得られようか。喜んで三回繰り返して読んだら心中が爽やかになった。残念な欠点があるが、〔それは〕見識が高度すぎるのに、言葉遣いが軽すぎることである。非常に気高く颯爽としているが、謙虚さが足りず、非常に剛毅にして果敢であるが、謹厳さが足りない[57]。

許穆は、尹鑴の注釈が人を感動させる素晴らしい内容だと評価している。しかし、言い方は軽々しく、謙虚・謹厳な態度が足りないことを欠点として指摘している。『読書記』には、今日反朱子学と呼ばれる、朱熹注釈と異なる説が含まれている。許穆は、『読書記』を三回繰り返して読んで、朱熹と異なる内容を把握したはずであるが、「朱熹の注を改めてはいけない」などとは言っていない。経書を研究して新たな見解を得たことに対する違和感は見出せないのである。仮に尹鑴が、慎み深い態度を取っていたとすれば、許穆に称賛されることはあっても、指摘されることはなかったのではなかろうか。

朴世堂も、朱熹と異なる見解を記した著作を同じ党派の西人に属する親友の尹拯に見せた。尹拯は朴世堂宛てに次のような忠告を送った。

近頃、浦翁〔趙翼〕の著作を見たが、修学に励む努力がこの上なく篤いと言うべきである。やむを得ず〔朱子などの先儒と〕見解を異にするときは、いつも「敢えて自説を是とできない。ただ一説として備えるだけだ」と言う。これほどに慎み深い。……老兄が尽力していそしむことはまことにわかるものの、無駄に努力を費やしているのは残念だ。且つ、自説の主張が過ぎて、古人が間違った理解をしたなどと言うのは、文言の得失を問わず、ここ ろだてがよくないので、さらに残念に思う。[58]

尹拯は、自説を強く打ち出して、先人の見解が間違っているとする朴世堂の態度について違和感を覚え、朴世堂の見解が正しいか否かは論外だと言う。先人と見解を異にするときには、趙翼の態度を模範とするべきだと主張する。経書を研鑽する過程で従来の権威ある解釈と異なる自説を提出する場合はある。それ自体はやむを得ないことである。ただ、そのとき趙翼であれば、謙虚な姿勢を保ち、自説が正しいとは言わず、一説として提出するだけだという。つまり趙翼は評価されるべき研究成果を得たにもかかわらず、自説を是とし、先人の業績を非とするような態度は取っていなかった。

しかし、望ましい態度と称賛された趙翼でも、『朝鮮王朝實錄（孝宗實錄）』に「性理学に潜心」したと認められる一方、「彼の著した『書経浅説』『庸学困得』等の書で、朱子の『章句』をかなり改めており、人々はこのことで彼を非難する」[59]とあるように、朱熹の説と見解を異にする注釈書を著したことで、彼を非難する人がいた。このような趙翼を擁護していたのは、他ならぬ宋時烈である。

趙翼を批判する声に対し、宋時烈やその同宗であり同志である宋浚吉（一六〇六～一六七二）は、「尹鑴は朱子を侮り貶めて自説が正しいとしているが、趙翼は心に疑いを持ち、知者に問いただすことを求めただけである。両者は白と黒とのようにはるかに違う」[60]と、尹鑴と趙翼との態度もしくは意図の相違を比較しながら趙翼を擁護している。『孝宗實錄』のいう通りであれば、趙翼は朱子学研究に力を注ぐ一方、朱熹の経書解釈と異なる注釈を著した。宋時烈・宋浚吉は、同じ党派の先学である趙翼を擁護しているが、「趙翼は朱子に背いた見解を持っていない」とはせず、彼が「疑いを持った」ことを認めている。趙翼が朱熹と異なる新しい見解を提出したという点は問題視していない。そして、前に挙げた尹拯の書信と同様、趙翼の新しい注釈の謙虚な書き方を称揚している。

つまり彼らの言葉からは、「朱子と異なる見解を出しているか否かより、自説を提出する際の意図や態度が重要だ」という考え方が見出されるのである。尹鑴・朴世堂の注釈は、朝鮮士大夫たちに、主張の得失を問わず、こころだてがよくないという理由で批判されたが、皮肉なことに、二十世紀に入ると、やはり注釈の実際の内容を問わず、朱熹の説は間違っていると果敢に唱えたがゆえに、近代的知識人として称揚されることになったのである。

その後、宋時烈は、趙翼を不公平に擁護していると批判された。彼は自分を批判するうわさに接し、趙翼の孫である趙持恒宛てに次のような書信を出している。

近頃、あるうわさを聞いた。その内容は、「尤丈〔宋時烈〕は尹鑴に対しては『中庸』の注を改めたことなどで厳しく斥けて縁を絶ち、その党の仲間も痛切に退けた。そこから色々なことが起こり、今日の破局に至ったのである。浦渚趙相〔趙翼〕も『大学』において〔朱子の〕注を改め、さらには「三〇年間学問に沈潜したが、朱子の説が正しく、私の説が正しくないとは思わない」といった。彼の言い方がこのようであれば、非難を免れないのに、尤丈はあくまで排斥しなかった。今、〔趙翼の〕神道碑銘を書いて、この上なく賞賛したならば、退けられた尹鑴の党派が罪を認めるだろうか。あるいは、趙翼の神道碑銘をすでに書きあげているなら破棄してしまえば、笑い種にならないだろう」というものだ。……このような内容が出回ったら、必ず一波乱が起こり、斯文の厄を増やすはずだから、小事ではない。一昨日宋炳夏[61]を呼んで相談し、また彼の祖父〔宋浚吉〕の撰した〔趙翼の〕行状を細かく見たら、先老爺〔趙翼〕の普段の言葉として記録されているものに、「孔子の後に群儒を集大成した者は、朱子である。その功は孟子より大きい」などがある。もし『大学』に関してうわさのような発言をしたならば、その雅言はこんなはずがあろうか。そこで、炳夏に刊行された文集を捜して送ってもらおうとしたが、見つからなかったという。極めて嘆かわしい[62]。

引用文からうかがえる趙翼に関するうわさの一つは、朱熹の見解と異なる注釈を著したということである。ほかの一つは、「朱子の説が正しく、私の説が正しくないとは思わない」と言ったということである。宋時烈が最も気に掛けるのは、趙翼の注釈が本当に朱熹の説に背いているかどうかではなく、朱熹を軽視する発言をしたか否かである。以上の例を見れば、趙翼・尹鑴・朴世堂の注釈は、いずれも同じ党派の仲間から、学術的価値を認められた。しかし、朱子学説の権威を無視して自説が正しいというような態度があるか否かによって、仲間の評価は異なる。つまり、朱子学の権威をつぶす不遜な態度は責められるが、朱熹と異なる見解を提出すること自体が直ちに排斥されることはない。

このような認識はときと共に変化するものではなかった。朝鮮後期の文臣である徐瀅修[63]（一七四九～一八二四）も、朱熹の説に異見を提出することは認めても、その誤りを直接指摘することは批判している。

朱子は程子の説を事ごとに優先するが、『易経』『詩経』『論語』『孟子』の如きは、悉く程子の説に従ってはいない。『大学』『中庸』は最も篤く程子の説を宗とするが、訂正した箇所ももっとも多い。……朱子はまことに誤りがないわけではない。……昔、陳大章[64]は『通鑑』に通暁し、手抜かりがある箇所を調べ、反論する文章を作って友に見せた。友が言うに、「このようにする必要はない。ただその下に注を付けて何々にするべきだと書いておけばよい。天下に存在する幾つかの大書は、譬えるならば父祖の遺訓のようなものである。万が一の偶々の誤りには、ただ私はこの日このように記したと言うほかない。もし強く弁証すれば、立言の正しい体裁にならない」。『通鑑』でさえこのようである。況や経伝の箋注をや[65]。

徐瀅修は、朱熹が程子の学説を優先する態度とその学説にそのまま従うこととを区別して、自分の論拠としている。朱熹は何よりも程子の説を尊重したが、経書解釈において専ら程子の説に従ったとは限らない。その例として、朱熹の思想体系に最も重要な、『大学』『中庸』の解釈は程子の説を宗とする傍ら、多くのところで訂正を加えたことを挙げている。彼は、朱熹のこのやり方に基づいて、朱熹の説にも訂正すべきところがあり、それを訂正する仕事は正当だとうったえる。しかし、朱熹説の誤りを強調したり、自説を強く打ち出したりしてはならないと考える。「朱子と異なる見解を提出してはならない」ではなく、「朱子の誤りを強調して自説を打ち出す意図や態度を取ってはならない」というのである。

攻防――「朱子の注を改めた」のか？

新たな著作に対する師友たちの関心は、朱熹と異なるか否かではなくその態度にあった。しかし、趙翼が朱子の『章句』をかなり改めたと非難されていたように、朱子の注を改めたという名目での政治的攻撃はしばしば行われた。この攻撃に対する反論はどのような内容だったろうか。そして、著者は本当に朱熹の注を改めたのだろうか。

趙翼は『大学』の注釈である『大学困得』を著した。その中の誠意章では朱熹の注釈が経文を正しく解釈していないと見なし、新しい解釈を提出している。朱子学で、『大学』の内容を知と行にまとめる場合、「誠意」は行に入る第一歩として重視される条目である。なぜなら、意とは「ある事を為そうと思う意識[66]」であり、意識が芽生えるとき善を為し悪を去るようにすれば、実践もその通りになれるためである。『大学』の誠意に対する朱熹の考えは、大きく二ヶ所の注釈に見出すことができる。まず、朱熹の『大学章句』の経一章の注釈では、「意は心の動き出すところである。〔誠意とは、〕心の動き出すところをまことにして、善に一貫しみずから欺くことをするなと意識することである[67]」と解説し、さらに、伝六章である誠意章の「いわゆる「意」をまことにするとは、自分を欺かないことである。悪臭を悪《にく》むように悪を悪み、美しい色を好むように善を好む、これがみずから満足する〔自謙〕ということである[68]（所謂誠其意者、毋自欺也。如惡惡臭、如好好色、此之謂自謙）」について、次のように解説している。

> 意をまことにするというのは、みずからを修めることの始まりである。……みずから欺くとは、善をなして悪を去るべきことを知っていながら、心の動き出すところで実《みた》していないことである。……みずからを修めようと思う者は、善をなして悪を去ることを知っているならば、まことに努力して、みずからを欺くことを許さず、悪臭

を悪むように悪を悪み、美しい色を好むように善を好んで、かならず悪を去り、必ず善を獲得することを求めて、みずから自分に快く満足することにつとめるべきであり、いたずらに一時的に〔自分の心の意識でない〕外を標準にして人のためにするべきではない[69]。

朱熹は、「誠意」を自己修養の第一段階として解釈する。「誠意」を説明する言葉である「毋自欺（自分を欺かないこと）」の解釈においては、悪臭を悪むように美しい色を好むように、善をなして悪を去ることに努めることとした。「自謙」の解釈においては、みずから快く満足できるように努めることであり、外を標準として他人に見せるためにすることなどをしないこととした。

朱熹の注釈に対する趙翼の問題意識は、「誠意」という自己修養において「毋自欺」と「自謙」は具体的にいかなる行いなのかということにある。前述のように朱熹は「毋自欺」と「自謙」を共に誠意の修養方法として解釈している。要するに、自分の思いを欺かないように努力することが「毋自欺」であり、みずから満足できるように努力することが「自謙」である。最後には、自己の意識でなく他人の評価を標準とする「為人之学」にならないように努力することとまとめられている。

これに対し趙翼は、『大学』本文で誠意の修養方法を示すのは「毋自欺」のみであり、「如悪悪臭、如好好色」すなわち「自謙」はその修養によって得られる効果だと言う[70]。趙翼の考えによればこの章は、誠意の修養がしっかりとできれば、みずから満足できるようになるという意味と解釈すべきである。「悪臭を悪むように悪を悪み、美しい色を好むように善を好む」というのは、朱熹の説明のような修養の方法ではなく、「毋自欺」も朱熹の解釈のように「他人に見せるためにはしない」ことではない。ゆえに、『大学』の伝文は、「毋自欺（努力）」から「自謙（効果）」の順になっている。朱熹は自謙を先に解釈しそこから毋自欺の意味を見出しているが、そのように解釈すれば、伝文の順序に合わないとして、趙翼は以下のように説明している。

〔朱子の〕『章句』は、まことに力をそそいで、みずからを欺くことを禁止すべきだといい、善を好むように悪を悪むようにすることを、力をそそぐ具体的な例とし、外の標準にしたがって人に見せるためになすことをみずからを欺く具体的な例とした。それで、朱子は「悪むように好むようになすこと」を先の事とし、「みずからを欺かないこと」を後の事として、伝文の順序を置きかえた。このように解釈するのは恐らく必ずしも伝文の本旨に合わないことであろう。(71)

後に趙翼は、二つの文章（「後説中」（一六三八年七月）、「後説下」（一六五三年二月））を著して、朱熹への異見を免れなかった経緯を丁寧に説明した。彼はこれらの文章で、朱熹の書簡の中から自分の説を裏付ける文言を探し出し、『章句』の注は朱熹の一時的見解であり、定論はまさにこの書簡の通りだといい、自分の見解は『章句』の言葉と多少相違があるが、朱熹の定論とは変わらないと主張した。彼は、朱熹の「答張敬夫書」をはじめとする一五通の書簡、『心経附註』及び「書楊亀山帖後」など合わせて一七篇の文章から、「自欺」に関する文言を記した後、どちらが朱熹の定論なのかについて次のように述べている。

朱子のこれらの文章によって考えれば、朱子が普段説いた「自欺」に関する言葉は、皆自分の心を欺くことであり、人にみせるためになすことを「自欺」と見なしたところは確認できない。唯一『大学章句』にのみ「徇外為人」をもって解釈し、小注の一ヶ所または二ヶ所で「為人」と説いているのみであり、その言はこのように同じではない。且つ、自分の心を欺くこととしている方は、普段の説が全部このようであり、「為人」のこととしている方は、この二三ヶ所のみである。だとすれば恐らく、この『大学章句』の解釈は、朱子が偶然になした一時的見解であり、一生の定論ではないであろう。後の読者が、ただ『章句』の解釈がこのようであることを見て、朱子の他日の言を考えずに、朱子の本旨はただこのようであるとか、『大学』の本旨はただこのようであるというなら、恐らく朱子の本旨を深く究めた者にはなれない。私のでたらめな説は、『章句』の言とは同様でないことはあっても、朱子の普段説いていた考えとは、実にぴったり合う。そうすると、私の説が『章句』と異なるというのは可であるが、朱子の本旨と異なるというなら、実はそうではない(72)。

趙翼は、自分の見解は『章句』と異なるとは言えるだろうが、朱熹の本旨に背くかといえば、実はそうではない、と主張している。つまり、朱熹の注を改めたという点については否定していないばかりか、朱子学を尊重しているからこそ注を改めたのであって、それによって朱子学本来の考え方を明らかにしたというスタンスを取るのである。彼は自身の新しい解釈が朱子学の思想体系の中に組み込まれ、その体系をさらに完備させるという確信から、右のような説明を行ったのである。彼が、腹の中で朱子学の非を批判しながらも人目を恐れて弁解しているのでないことは、その文集からも明らかである。

とはいえ、朱熹の注を改めたという理由で、著作が焼却処分される場合もないわけではなかった。では、焼却処分などという厳しい処分を受けた著作の著者は、どのように自身の著作の潔白を証明したのだろうか。崔錫鼎の『礼記類編』(以下では『類編』と称する)を例にとって確認してみよう。

『類編』は、一六九三年に完成され、一七〇〇年と一七〇七年に刊行された。その後、諸臣に広く下賜されたため、多くの人に閲覧されていた。この著作は、タイトルが示す通り、『礼記』の経文をもとの順序のままではなく、改めて類別して編集を行っている。その類別の項目を立てる際には、朱熹の『儀礼経伝通解』にのっとっている。例えば、

「家礼」の篇目を設けてそこに「曲礼・少儀・内則」篇を、「邦国礼」の篇目に「王制・月令・玉藻」篇を収める。さらには、『大学』『中庸』を『礼記』に戻して「学礼」の篇目に収め、『孝経』も実は『礼記』に属するものだとして『類編』の中に編入させている。一七〇〇年十一月の初刊本では、各巻の頭に簡略な説明を記し、類編した経文を載せ、各巻の末尾に「附註」を加えている[73]。一七〇七年に再び刊行される際には、『礼記』の経文を『四書大全』のように段落ごとに分けて記し、各段落の下に南宋の陳澔（一二六〇～一三四一）の『礼記集説』に見える解説を附し、さらにその下に崔錫鼎自身の「附註」を付け加えている。『礼記集説』は、『大学』と『中庸』においては、注釈を付けるかわりに、「朱子章句」と四文字を記すのみである。崔錫鼎は『大学』と『中庸』において、朱熹の『章句』の注釈を載せ、他の篇と同様に「附註」を加えている[74]。

彼は序文でこの書物を編纂した主な理由や編集の方針を示している。要約すれば次の通りである。すなわち、秦の焚書以来、六経が失われ、なかでも礼楽に関する書物の損失は甚だしかった。そこで、朱熹は『易経』においては『周易本義』を、『詩経』においては『詩集伝』を著し、さらに『書経』においては弟子の蔡沈（一一六七～一二三〇）に『書集伝』を執筆させた。礼においては『儀礼』を中心として、そのほかの経書・史書・諸子百家などの文を編集した『儀礼経伝通解』を遺した。『儀礼経伝通解』は雑多な書物から様々な文が多く引用されているため文章の重複も多く、特定の経にも属せず、その上、膨大な量のため、学ぶ者が要領を捉えにくい。『礼記』は本来、礼楽に関する断片的な記事を漢代の儒者が集めて編集したものではあるが、古代の聖人の礼に関する言葉がもりこまれているうえ、永楽年間（一四〇三～一四二四）以来、五経の列にも伍していることからみれば、疎かにできない。ただ『礼記』は、朱熹をはじめ先儒たちが、漢儒の蒐輯だという認識のもと、文献自体を多く疑ってきた。朱熹は疑いながらもかつて『礼記』の校勘を行うことはできなかった。そのため、テキストに問題が多く、箋註を作る者が大いに疑ってきたがいまだ明らかになっていないので、学ぶ者は久しくそれに悩んできた。彼はこのような必要性を深く認識し、刪定することを志し、改稿を繰り返してついに完成したのだ、という[75]。

編集の方針において彼は、朱熹の『儀礼経伝通解』にのっとって幾つかの項目を立て、それぞれの項目のもとに『礼記』の篇を類別して属させた。書名を『類編』とする理由については、朱熹が、唐代の魏徴の著作である『類礼』が伝わらないことを惜しんでいたことから、この『類礼』が伝わっていたらと残念がる気持ちで『類編』と名付けた[76]、と表明している。

以上の序文からうかがえる、崔錫鼎の『類編』編纂の目的は以下のようである。

第一は、乱れている経書を整えること。

第二は、朱熹が『儀礼経伝通解』を編纂した意志を継承すること。

彼は、『儀礼経伝通解』を編纂した朱熹の趣旨を十分理解して、行うべきにもかかわらず行われていない重要な作業をみずから担おうとしている。つまり、彼にとって『礼記類編』の編纂は、朱熹の道を受け継いだ者としての自任であった。

崔錫鼎は、一七〇〇年（粛宗二六年、五十五歳）に『春秋』と『礼記』を講学することと、『礼記』講学には自撰の『礼記類編』を使うことを粛宗に建議し、許可を得た[77]。その年の十一月に、王命によって校書館から『礼記類編』が刊行されることとなった[78]。同著作が「朱子との異を求めた」ものだとして攻撃されはじめたのは、その数年後である。

宋時烈の門人である鄭澔（一六四八～一七三六）は、同門の権尚夏（一六四一～一七二一）に書簡を送り、崔錫鼎の『礼記類編』を攻撃して世道を正すように勧めた[79]。権尚夏はそれに応じなかったが、その後、権尚夏の弟子である尹鳳九が代理で上疏文を書き[80]、尹濾たち若手士林の公論という形で上疏させた。尹濾たちの上疏の内幕には、宋時烈門下の働きがあったのである。上疏で彼らは、『礼記類編』の板刻を壊し、朝廷で進講させる命令も撤回することを要請している[81]。

崔錫鼎は、たびたび上疏して、潔白を証明しようとした。彼は、先儒の李彦迪（一四九一〜一五五三）や趙翼の著作を挙げて、彼らも朱熹と異なる見解を提出したことがあると述べている。[82] 先儒の李彦迪も、宋時烈たちが擁護する趙翼も、朱熹にそのまま従ってはいないことを挙げて、自身の著作が「朱熹との異を求めた」ものでないことをうったえたのである。

本格的攻防の口火を切ったのは、一七〇九年一月に提出された同副承旨の李観命（一六六一〜一七三三）の次のような上疏である。

今、『礼記類編』を刊行して宮中に奉じ、これから経筵で講義の参考書とする予定だと聞いた。わたくしが『礼記類編』の説を詳しく調べてみたら、朱子との異を求めた箇所はもとより挙げ切れないほどである。『中庸』『大学』は、朱子がみずから、「一生の精力、尽くこの書にあり」といい、微妙な言葉や奥深い意義を遺憾なく明らかにしたものである。どうして後人の議論をゆるせようか。にもかかわらず、〔『礼記類編』には〕『大学』第四章を第三章に統合して、「以上は「止於至善」を解釈したものである」といい、「釈本末」の一章を削除している。『中庸』第二十八〜二十九章の正文に対しては、語句を切り数行を割いて、あちこちに移動させたり上下に付け加えたりした。「費隠」の章は義理が最も深く、『章句』の解説は非常に行き届いている。しかし、今『礼記類編』の「附註」の二条は、〔朱子の『章句』のいう本旨ではなく別途の〕本旨を信じているという意思が明らかにあらわれている。且つ程子が〔もともと『礼記』の中にあった〕『中庸・大学』を表に出して独立した書としたことは、偶然の意ではない。今崔錫鼎の本は類編と名づけており、分類して見るのに便利なようにした本に過ぎず、その体裁も経書とは比べものにならないのに、『中庸』と『大学』を『礼記』の中に戻して編んで、先賢の顕揚の本意をわかりにくくしてしまった。……すでに刊行を命じられ、また進講に参考とするともなれば、あらゆる人々がそれを聞き、必ず軽率に異言を信じるということをもって、妄りに殿下を疑うようになるであろうから、決して些細なことではない。古人の言には「経文の一字の誤りが、血を千里に流す」[83]とある[84]。

李観命の「朱子との異を求めた箇所はもとより挙げ切れない」という主張は、客観的に見て、納得できるものだろうか。

まず、彼が第一の問題とした、『大学』の第三章と第四章を統合したというところを見てみよう。崔錫鼎は朱熹の『大学章句』の順序通りに経文を写した上で、朱熹の注をも写している。つまり、崔錫鼎は朱熹がそれぞれ第三章と第四章とに章分けしたところを統合して、以上は第三章だなどとは主張していない。ゆえに、『大学』第四章を第三章に統合したという李観命の主張は成立しない。

では李観命はなぜそのように指摘したのだろうか。それは、朱熹は第三章の後に「以上は止於至善について解いた」と述べ、第四章の後には「以上は本末について解いた」と述べている。崔錫鼎は、朱熹の「以上は止於至善について解いた」という一句をそのまま第四章の下に移している。ほかの説明を加えず、ただ朱熹の文章を写しているため、理由は詳らかではないが、第三章の説明が第四章まで続いているという見解を示しているのではないかと推測される。これは、朱熹が第三章を「止於至善」に関する文とし、第四章を「本末」に関する文としたことに対し、崔錫鼎は第三・四章を共に「止於至善」に関する文としたと解釈できよう。ゆえに李観命は、崔錫鼎が第四章を第三章に統合したと批判しているのである。

しかし、その後の第五章をみれば、崔錫鼎は、朱熹による格物補伝（第五章）を、本来の『大学』本文より一文字下げてはいるものの、その一句一句に附註を付ける形で、つまり構成としては経文扱いして写している。その上、「以上は、朱子が亡くなった伝文を補ったものである。いわゆる「ひそかに程子の意を取って補足した」というものである（以上朱子補亡所謂竊取程子之意以補之者也）」と附註を付けている。朱熹の作った補亡の文章をはっきりと第五章の格物伝に昇格させているのである。彼は、『大学』が学ぶ者の修学の次第を示している書物だという朱熹の考えに同意し、[85]それに基づいて八条目を充実させる形で解釈している。さらに彼は、『礼記』の諸篇について、経文を移動して編集を行っているが、『大学』『中庸』においては、『章句』のままにしており、移動させていない。

　李観命の第二の主張、すなわち『中庸』第二十八〜二十九章の正文を切って移動させたという主張について考えてみよう。『中庸章句』によれば、第二十八章は、「子曰く、愚にしてみずから用うることを好み、賤しくしてみずからほしいままにすることを好み、今の世に生まれて、古の道に反る。此の如き者は、わざわい其の身に及ぶ者なり。天子に非ざれば礼を議せず、度を制せず、文を考えず。今天下車軌を同じくし、書文を同じくし、行倫を同じくす。其の位有りと雖も、苟し其の徳無ければ、敢えて礼楽を作らず。其の徳有りと雖も、苟し其の位無ければ、亦敢えて礼楽を作らず。子曰く、吾夏の礼を説けども、杞徴とするに足らず。吾殷の礼を学ぶ。宋の存する有り。吾周礼を学び、今之を用う。吾は周に従わん、と[86]」という文章である。見てわかる通り、この章には「子曰く」が二ヶ所ある。そして、第二十九章は、「子曰く」が抜けた、すなわち「天下に王たるに三重有り。其れ過寡なからんか（王天下有三重焉。其寡過矣乎）」という文で始まる。普通ならば、「子曰」は章の始まりに来るのが自然である。ゆえに、一つの章に「子曰」が二回ある第二十八章と「子曰」が抜けた第二十九章は、注釈者の説明を要する章に違いない。

　これについて朱熹の『中庸章句』は、第二十八章の構成について、前半の「子曰」は孔子の言葉の引用を表し、その続きにこの言葉に対する子思のコメントがあり、最後の「子曰」から再び孔子の言葉の引用部分がはじまると説明している。これに対して崔錫鼎は、二つ目の「子曰」を次章すなわち第二十九章の始まりとし、またもともと第二十九章の始まりである「王天下有三重焉。其寡過矣乎」のうち、前の七文字は「非天子、不議礼、不制度、不考文」の前に移すべきであり、後の五文字はそのまま残して「吾学周礼、今用之、吾従周」に続く句とすべきだと述べている。

彼は、朱熹の『章句』にある呂氏の注の「三重は議礼・制度・考文を謂う」を引いて、この七文字を移動させる考えが自身の恣意ではないことをあらわしている。つまり、「朱子の注が間違っているから、私がそれを改めた」ということではなく、『章句』の注から根拠を得て、さらに工夫を加えた結果であることを明らかにしているのである。

ここの注釈がどのようにして朱熹の『章句』と異なる結果を得たかを類推してみれば、次のようであろう。すなわち、『中庸』の第二十八章の正文には、二つの「子曰」があり、一方、次の第二十九章は「子曰」なしに始まる。したがって、当然説明を必要とする。朱熹の『章句』は章分けを変更しなかったが、第二十九章の注釈に呂氏の注を引用して、第二十九章のいう「三重」とは、第二十八章の「議礼・制度・考文」を指すと示した。これを根拠にして崔錫鼎は、呂氏注の趣旨に合わせて、二九章の「三重」の部分を第二十八章の「議礼・制度・考文」の前に移したのである。これは、朱熹の章分けとは異なるが、朱熹の趣旨に背馳するとは限らない。朱熹自身が呂氏の注に賛同しながらも、敢えて、正文を移すことをしなかったのに対し、崔錫鼎はこの旨を読み取って、それを実行したと解釈できる。これは、朱熹がもし在世していれば行ったかもしれない作業ではないか。

李観命の第三の主張、すなわち『中庸』「費隠」の章に付した二条の崔錫鼎の「附註」は、朱熹のいう本旨ではなく別に自分の信じる本旨を主張する意図が明らかにあるという点はいかがであろうか。「費隠」の章は、「君子の道は費にして隠なり」から始まる、すなわち、君子の道が誰でも知り誰でも行えるものでありながら、一方では聖人でもできないところがある、という内容である。この章への崔錫鼎の附註で指摘されているのは、「『河南程氏経説[87]』と『中庸輯略[88]』を見ると、『中庸章句』と解釈が異なる[89]」ということと、もう一つは、『章句』に引用した侯師聖（河東侯氏、程頤の弟子）の注に対する批判である。前者は、『河南程氏経説』と『中庸輯略』の程氏の説は「費」の字を「常道」（『河南程氏経説』）や「日用」（『中庸輯略』）の側面から解釈しているが、『中庸章句』では「範囲の広さ」と解釈するので、程子と朱子との解釈が一致しないということであろう。後者は朱熹の『中庸章句』に引用されている河東俣氏の説の不当さを述べている。ここで用いられている方法は、朱熹の『朱子語類』からそれに相反する内容を直接引用し、最後に「この一条は『朱子語類』に見られる（此一條見朱子語類）」というコメントで結んでいる。つまり、自説を用いて朱熹の『章句』に異見を唱えるのではなく、朱熹の言葉（すなわち『朱子語類』）を用いて朱熹の解釈に異議を申し立てているのである。ゆえに、崔錫鼎の注釈は朱熹の注を改めているが、朱熹の文言を根拠として提示しているため、「朱子との異を求めた」か否かは確定できない。

李観命の第四の主張は、『大学』『中庸』を『礼記』に戻したことは、先賢がこれら二篇を別の書籍とした本意を誤ることだという。確かに、『礼記類編』は、朱子学で厳然と四書の二軸をなす『大学』と『中庸』を『礼記』に戻して「学礼」の篇目に収め、さらには『孝経』も実は戴記に属するものだと言って『礼記類編』の中に編入している。しかし、朱熹の『儀礼経伝通解』にも「学礼」の項目に『大学』と『中庸』を載せており、『礼記類編』はこれにのっとっている。崔錫鼎自身も後に引く上疏文の中で、実際にそのように反論している。また、『孝経』の編入については、朱熹がしばしば「孝経は後人の編輯したものだ」、「この書（『孝経』）は、前の部分だけが当時曾子が孔子に聞いた内容であり、後の部分はすべて後人が集めて編んで成立した」などと説いたことを考えれば、「朱子との異を求めた」とは確定できない。[90]

以上からうかがえるように、崔錫鼎の「附註」は朱熹の『章句』の注と見解が異なるものの、「朱子との異を求めた」とは言い切れぬものである。『礼記類編』の編集様式も朱熹の言説に依拠しており、「朱熹との異を求めた」ようには見えない。つまり、客観的立場からみれば、李観命の批判には同意しにくいのである。実際、李観命の上疏に対し、粛宗は直ちに「『礼記類編』は、すでに閲覧した。どうしてこれを（朴世堂の）『思辨錄』に比して論ずるべきであろう。崔錫鼎のなした言は、心遣いが極めて深い。序文から見ても規模義例を悉く朱子の『儀礼経伝通解』に倣い、一言一句も、敢て妄りに删削したところがない、といっている」と、上疏を退けた。粛宗は、李観命の反論を悉く確[91]

認した上で、批判の声を退けたのではないだろう。ただ、「朱子にのっとった」という著者の意思を重視し、各々の注釈が実際に朱熹の説と異なるか否かそれ自体は問題としていないのである。

崔錫鼎は、李観命の指摘に対し逐一反論する上疏文を奉じた。彼は、先儒の李彦迪にもかつて朱熹の『大学章句』を改定した著作があり、李珥（一五三六～一五八四）がそれを高く評価したことを挙げて、いずれも朱熹を篤く尊信することによるものだとうったえた。さらに、『礼記類編』の様式は朱熹の『儀礼経伝通解』にのっとっていること、その他の編集方針も朱熹の文言に悉く依拠していることを丁寧に説明した[92]。しかし、『礼記類編』をめぐる議論は益々拡大していった。官僚たちが争って上疏するのみならず[93]、成均館及び四学の儒生たちが集団的に上疏するなど騒ぎは治まらなかった[94]。結局最後には、上疏の要求通り、すでに配られた『礼記類編』は回収して焼却し、その版本は毀去するという要請が承認され、実施の命が下されることで終結した[95]。

『礼記類編』が焼却処分された真の理由は、先行研究ですでに論証されている[96]。これは、老論派が、粛宗に信任されている崔錫鼎を政治的目的で攻撃するために、『礼記類編』を利用したにすぎない[97]。『礼記類編』が果たして朱子の注を改めたのか否かという問いへの答えは「改めた」である。しかし、著者の崔錫鼎は「改めた」こと自体を問題だとは考えていなかった。彼には、自身の学問が朱熹の文言に基づいているという確信があったからである。また彼の周囲にも同様の認識をする者がいた。彼が朱熹と見解を異にしている点を批判したのは、政治的目的で彼を批判する一派のみであったのではないだろうか。

異見提出者——そのアイデンティティー

では、朱熹の注を改めた著者や政治的目的を持たない儒者の問題関心の中には、朱子学に対する問題意識というものはあったのだろうか。もし、彼らが朱子学に対する批判意識を持ち、それに基づいて朱熹の経書解釈を改めようと考えていたとすれば、彼らのアイデンティティーは「朱子学批判者」と言えるだろう。朱熹の説と異なる見解を提出する際の彼らの自己認識はいかなるものだったのだろうか。

趙翼は「朱子の『章句』をかなり改め」たと非難された。宋時烈に庇われたため、対立する党派から批判を受けながらも禍を免れたが、はたして趙翼自身は、朱子学を乗り越える新たな思想を目指す一環として朱熹の説と異なる注釈を提出したと言えるだろうか。

趙翼は直提学の職にあった一六二四年（仁祖二年）に、仁祖に『大学困得』及び『論語浅説』を奉じ[98]、一六四六年（仁祖二十四年）には改訂版の『大学困得』を奉じて、世子（後の孝宗）の講学に備える傍ら、仁祖にも一読を勧めている[99]。孝宗の即位の年に、再び『大学困得』と『中庸困得』を奉じた際には、朱熹の解釈と異なると自他が認める『大学』の誠意章の注を挙げながら、この章に対する解説は、一生に亘る思索を通して得られたものだと説明している[100]。朱子学が体制教学であるという背景の下、もしこの著作が朱子学批判の目的で執筆したものであったとしたら、とりわけその中の朱熹の注を改めたものである誠意章の注を、一生に亘る思索の結果だと自負し、王に対してこれほど熱心に一読を勧められるだろうか。やはり著者自身は、「朱子の『章句』をかなり改め」たこの著作を経書研究の成果として認識しており、朱子学批判という問題関心などなかったであろう。

朱熹の注を改めたとされて、著作が焼却された崔錫鼎はどうであったか。彼は朱子学に対して懐疑を抱いたことがあるのだろうか。崔錫鼎は、陽明学を信奉したがために批判されていた親友の鄭齊斗（一六四九～一七三六）宛てに次のような書簡を送っている。

士仰（鄭齊斗の字）足下、近年士友たちの間に、足下が陽明学を主としているといううわさが聞こえ、ひそかに戸惑っている。去年、玄石丈（朴世采）を坡山に伺ったとき、玄丈も足下が異学に迷溺して、立ち返ることを知らずにいるのを憂えられていた。……天下の理は一つであり、理のあるところであれば、そもそも人をもって軽重を判断してはならない。しかし、古人の論学の本旨は、『大学』より緊要なものはなく、朱子の訓義は、至って明らかであり且つ備わっている。にもかかわらず、陽明子〔王陽明〕はそれを乖離し分裂していると斥け、程朱が著して明らかにした内容に対し新義を提出した。そのような内容はすべて〔王陽明の〕遺集及び『伝習録』に載っており、王陽明の論説が偏っているか正しいか、学術が醇正なのか瑕疵があるのかについて、実際に確かめて言うことができる。足下がこのように信じて好むのは、信じてはならないものを信じ、好んではならないものを好むことではないか。僕は十三歳のとき、『大学』及び『或問』を読み、その後も、たびたび読んで精しく研究した。あるとき、張谿谷〔張維、一五八七～一六三八〕の著作を見たら、陽明学を賞賛しているところがとても多かった。そこでそのまま陽明の文集と語録を求めて読んだ。一見すると、まことに新奇で人を驚かせるところがあった。その後、繰り返して読んで群書から知識を極めてみれば、ただ語句が妙に流暢で、文章が弁博であるのみで、学問の方法はすべてむちゃくちゃなものであった。朱子の説に矛盾するのみならず、孔子・曾子の伝えた本旨とも、南北のように分かれている。そこで、弁ぜずにはいられず、そのままみだりに「弁学」を著した。これを同志たちと講論しようと思っていたがいまだ果たせていない。[101]

この手紙は一六九二年に書かれた。つまり、崔錫鼎が『礼記類編』を仕上げる〔一六九三年〕最中の考えがうかがえるものである。ここから、彼が朱熹の注を改めた『礼記類編』を著していたとき、朱子学の道理を固く信じている朱子学者であったことがうかがえる。言い換えれば崔錫鼎は、朱熹の経書解釈の本旨を何より尊重する朱子学者であったからこそ、朱熹の注を改めていたのである。

経書注釈において朱熹と見解を異にし、朱熹の注を改めたと批判された者も、反朱子学の意図を持っていないのみならず、朱子学の道理への確信を示しているのである。従って、彼が朱子学を克服することを望んで、朱熹注釈を改めたとは到底認められない。

ところで、崔錫鼎の『礼記類編』が朱熹の注を改めたことで全国的な議論を呼んでいたときに、政治的目的で攻撃を行うグループに属さない人々は、『礼記類編』が朱子学に背いているか否かという問題に興味を持っていたのだろうか。

この「事件」に際して、崔錫鼎と同じく少論に属す尹拯は次のように言っている。「崔相〔崔錫鼎〕が先儒の晦齊〔李彦迪〕と栗谷〔李珥〕のことをもってみずからを解明しても、すでに朱子と異なる見解を免れなかった以上、攻撃者の鋒先をどうして免れることができようか。素直に受け入れればよく、あらそう必要はない[102]」。

前述したように、崔錫鼎は、李彦迪が朱熹の『大学章句』を改め、李珥がその著作を高く評価したことを挙げて、自身の著作の正当性をうったえた。尹拯は崔錫鼎のそのような反論は必要でないと言い、攻撃者の言葉をそのまま認めておけばよいと語っている。崔錫鼎の著作は朱熹と異なる見解を含んでいることは事実であり、相手がこの事実を理由に攻撃すれば、回避することはできないと言っているのである。この言説からは朱熹と異なる見解を持つことやそのような見解を示したこと自体が重大だという認識は見出せない。

また、宋時烈の門下の人がすべて朱熹の注を改めた崔錫鼎を追い詰める活動に参加したのではない。権尚夏は同門の鄭澔から、崔錫鼎の『礼記類編』を攻撃しようと勧める書信を二回もらっても動くことがなく、宋時烈門下の人々に大いに責められていたが、最後まで関与しなかった[103]。

『礼記類編』は後に焼却処分されたにしても、刊行本はすでに南の全羅道、慶尚道地域まで配られていたため、儒者社会に出回って広く読まれていた[104]。そのなかの一部は家中に隠されて焼却を免れ、後に『礼記』を研究する者にしばしば用いられていた。焼却から数十年後、成海應〔一七六〇〜一八三九〕は、「崔氏錫鼎礼記類編深衣篇附註曰」と、崔錫鼎の附註を引用している。[105] 彼は『礼記』の深衣編を研究する際に、漢代の鄭玄の注、唐代の孔穎達の疏から清代の朱彝尊（一六二九〜一七〇九）の『経義考』に引かれる説まで中国の説を網羅し、それに加え、崔錫鼎の「附註」をも『礼記』の先行注釈として参照している。

一方、政治的党派として少論に属する崔錫鼎の『礼記類編』が受けた厳重な処分について、南人に属する李萬敷（一六六四〜一七三二）は、次のように述べている。

> 仮にもこの書（『礼記類編』）に正しくないところがあれば、崔相の友が論弁してあげればよい。朝廷で是非を議論する事柄に関わらない。老論がこの書をもって崔相を攻撃してその官職を追い落としたのは、どうして党派的論によるものでないだろうか。[106]

一見すれば、李萬敷は、南人という政治的立場から、老論の朱子学原理主義的行為を批判しているかのように見える。李萬敷は、十五歳のとき、父の李沃（一六四一〜一六九八）が流刑され、早くに官職を諦めざるを得なかった。流刑になった直接の原因は、他でもなく、老論の領袖であった宋時烈を極刑に処すべきだと主張したことであった。[107] そのような父を持つ李萬敷であるからこそ、老論やその朱子学原理主義を嫌悪していたということだろうか。しかし、このような説明では不十分である。

彼は、同じ党派の曺夏疇・李淑・李潜などの親友としばしば学術討論を行っていた。その内容が記載されている「中原講義」を見てみよう。[108] 曺夏疇は、朱熹の『大学』注釈が、「雑乱煩瑣」だと批判し、宋代末期の学者たちが末端に趨《おもむ》き、空疎になったのは、朱熹がその糸口を啓いたためだ（宋季學者、趨末無實、豈非朱子啓之乎）と主張する。これに対し李萬敷は、「それは後の人がみずから流れてしまった弊害であり、朱子が啓いたものではない（此乃後人自流之弊、豈朱子所啓也）」という。さらに李萬敷は、末筆で、「澄叔（李淑の字）がかつて言うに、曺夏疇は「思而不學」の過ちがあると言ったが、曺夏疇のこういった発言からみれば、その過ちはただ不学のみに止まるものではない（嘗言曹兄有思而不學之病、以此數說觀之、其病不但止於不學而已也）」と言い切っている。また、李萬敷が他の文章で曺夏疇に言及した内容をみれば、「君叙（曺夏疇の字）公は、私を程朱学に中毒されたものと非難するが、程朱の道は、大中至正にして、本来人を中毒させるべき毒はない。しかし、仮に私が中毒したとすれば、甚だ幸いのことでないだろうか（君叙公以弟爲中毒於程朱。程朱之道、大中至正、本無毒可中人。然如果爲所中、豈不幸甚）」[109]と述べている。

少なくとも二人の討論だけを見れば、一人は朱熹の経書解釈の弊害を厳しく批判し、他の一人は朱子学の正しさを固く信じている。上記の曺夏疇を、老論派と結びついた朱子学派を嫌悪する朱子学批判の側に、李萬敷を朱子学派に分けて、朝鮮儒学史上の対立図式とすれば、よいのか。しかし、そうすると、崔錫鼎を追い詰める老論を批判したときの李萬敷と、朱子学を積極的に擁護し、程朱学に中毒されたと見なされるときの李萬敷は同一の人物であってはならないだろう。

以上から見れば、十七世紀に朱子の注を改めたと言われていた経書解釈において、少なくとも著述の際に著者が、朱子学に対する懐疑や批判意識を持っていたことは見出せない。さらに、朱子学と異なる学説を持つ者については、深刻に受けとめなかった人が、朱子学の貢献を認めない親友の発言を厳しく批判する。朱子学を擁護する側と批判する側とに分けて朝鮮儒学史を説明することは、困難なのである。

それでは、朱熹の注を改めたという「罪」を得る危険を冒して、朱熹と見解を異にする経書注釈を著した人々は、実際にどのような考えを持っていたのだろうか。さらに、なぜ、それを師友に見せるのみならず国王に捧げたのだろうか。

それは、道統の継承者のなすべき務めだという認識によるものではなかろうか。当時の東アジアにおける普遍的な考えから言えば、中華と名乗る根拠は聖人の存在であり、聖人の文言である経書を受け継ぐことこそ中華の道統の後継者が担う責務である。道統の継承者ならば、経書が乱れている状態を放置しない。朱子学的道統を継承する朝鮮儒者における中華継承とは、実質的には朱熹が未完のまま残した経書の意味の確定や経書の整理という責務を果たすことにほかならない。しかし、誰もが朱熹の後を継いでそのような作業に任ずることができるわけではない。下手をすると、政治的に対立する相手に「朱子を侮辱する」あるいは「朱子の注を改めた」、甚だしくは「斯文の乱賊」と攻撃できる材料を提供することになる。士大夫社会の成員が「貴方こそ朱子の後継者として後続の作業を行う資格がある」と認めない限り、あるいは、みずから「私こそ朱子の後継者としての作業を行う資格がある」と主張できない限り、朱熹の跡を継ぐ責務を自任する者は、この罪に問われる恐れがある。従って彼らは、自分の創見は朱子学的思想体系をさらに完備させるものであることを証明しなければならない。朝鮮儒者は、まさにこのような抱負を抱いて、政治的危険性を冒しても朱熹の未完の仕事を完成させ、道統の嫡流であることを確かめ、その責任を果たそうとしたのではないか。

(1) 岸本美緒「明帝国の広がり」(岸本美緒・宮嶋博史、前掲『明清と李朝の時代』)八七頁参照。

(2)『尚書』周官『十三経注疏』整理本『尚書正義』(北京：北京大学出版社、二〇〇〇年)五六九頁「立太師太傅太保、茲惟三公、論道經邦、燮理陰陽。」

(3)『朝鮮王朝實録(明宗實録)』明宗七年(一五五二年)一二月一六日(甲子)「領議政沈連源、左議政尙震、右議政尹漑、以災變辭職。……史臣曰、三公處百僚之上、理陰陽順四時、乃其責也。則其遇災而辭職宜矣。」

(4) 前掲『中宗實録』中宗二年(一五〇七年)一二月一〇日(己卯)「以武夫、豈能燮理陰陽、不可久在相位。」

(5) 前掲『中宗實録』中宗九年(一五一四年)二月五日(己亥)「當獻可替否、引君當道、糾正百官、則庶職修矣。松木斫伐之禁是有司之事、不足以煩天聽而亦言之。識者譏其不知大體也。」

（6）韓国の学界において、中人の身分に対する見解は一つにまとまっていない。一九七〇年代、李成茂「朝鮮初期の技術官とその地位――中人層の成立問題を中心に」『惠庵柳洪烈博士華甲記念論叢』（探求堂、一九七一年）及び「朝鮮初期の身分制度」『東亜文化』第一三号（ソウル：ソウル大学東亜文化研究所、一九七六年）は、朝鮮朝の両班及び中人を支配層とし、常民と奴婢を被支配層とした。しかし、韓永愚「朝鮮前期の社会階層と社会移動に関する試論」『東洋学』第八号（ソウル：壇国大学東洋学研究院、一九七八年）は、「朝鮮初期には、良人と賤人の区別があるだけだった。中人という用語自体が、朝鮮初期には成立していない」と問題提起をした。李成茂「朝鮮初期身分史研究の再検討」『歴史学報』第一〇二号（ソウル：歴史学会、一九八四年）は、朝鮮初期の中人は、「道徳的資質や財産が中等程度の者を指し、中後期から身分概念として使われはじめた」が、「中人層の実態は朝鮮初期の身分改編時期にすでに形成されはじめた」と反論した。

（7）川原秀城『朝鮮数学史――朱子学的な展開とその終焉』（東京：東京大学出版会、二〇一〇年）三〇七～三〇八頁。

（8）宋錫準、前掲「韓国陽明学の初期における展開様相――尹鑴及び朴世堂の『大学』解釈を中心に」などがある。

（9）朴世堂、前掲『西溪全書』下『大学思辨錄』（ソウル：太學社、一九七九年）九頁「若程子言欲孝者當知奉養溫淸之節、及致知之要當知至善之所在。如父止於慈子止於孝之類。其不務此而徒欲泛觀萬理、吾恐其如大軍游騎出太遠而無所歸、及格物莫若察之於身、其得之尤切。」ここでの「欲孝者當知奉養溫淸之節」も、程子の言葉に含まれているかは未詳であるが、その他はすべて『大學或問』及び『朱子語類』に程子の言葉として引かれている。しかし、一九六八年、民族文化推進会の出版した『國譯思辨錄』（三四頁）は、最後の句を「及格物莫若察之於身。其得之尤切。」と句切り、前までを程子の言葉とし、後を朴世堂の評価としている。先行研究も同様に句切っている。

（10）同右、下『孟子思辨錄』一四七頁「聖賢之垂訓立言、無非爲後世學者、示之以準則、使知所法、而今乃爲不可名不可學之說、以釋其義、爲後學空談無益之侈觀。不知其可乎否也。」

（11）同右、下『中庸思辨錄』三八頁「凡此數說者、其於開示性體爲循率之尺度準則之意、略未見其有所發明、但覺其窈冥幽默莫可指擬、使讀者芒然無所措其思慮者、深爲可疑、所以不敢求其必合。」

（12）『中庸』「喜怒哀樂之未發、謂之中。發而皆中節、謂之和。中也者、天下之大本也。和也者、天下之達道也。致中和、天地位焉、萬物育焉。」

(13) 朴世堂、前掲『西溪全書』下『中庸思辨錄』三七頁「章首、既言率性之謂道、若遂不復明言性之所以爲體者如何、則將使學者有茫然不得其所謂之憂、既無以識此性本然之體、又將何所率循、以爲此道、然則雖欲無離於道、不可得矣。故於此提以示之、使學者莫不皆知天理之素明於吾心者本自如此、凡欲爲此道、不待他求、既反之此心而已足。俛焉孜孜以從事焉、則察之既密、隨其所發莫不中節。位育之極功、可以由此而馴致、有無難者矣。」

(14) 同右、下『中庸思辨錄』三九頁「夫天下之物莫不有體有用、非用則體爲虛哭、非體則用無所本、體用二者、物所以終始、其事一而其功同、則體立而後用有以行、非有兩事者、詎不信然乎哉、故目視而耳聽手持而足行、耳目手足、體也、視聽行持、用也、是體既立、是用以行、彼視聽行持之外、耳目手足果未有異事而殊功者矣。」

(15) 朱熹『中庸章句』「自戒懼而約之、以至於至靜之中、無少偏倚、而其守不失、則極其中而天地位矣。自謹獨而精之、以至於應物之處、無少差謬、而無適不然、則極其和而萬物育矣。」

(16) 同右、「是其一體一用雖有動靜之殊、然必其體立而後用有以行、則其實亦非有兩事也。」

(17) 朴世堂、前掲『西溪全書』下『中庸思辨錄』三九頁「自戒懼而約之、則極其中而天地位矣。自謹獨而精之、則極其和而萬物育矣。是則極其中者、自爲體之事、而天地位、爲其功矣、極其和者、自爲用之事、而萬物育、爲其功矣。一軆一用、事二而功以分。是豈止爲動靜之殊而已而乃以爲其實非有兩事。彼天地萬物、非實而何。舍天地萬物、亦有可以謂之實者歟。夫存養省察分爲兩段工夫、其源既失。遂竝與中和位育分而兩之、一爲存養之效、一爲省察之效、既已如是矣、終見其不可分而兩之而遂已也。故又於此、合而一之、然其合與一、亦未有以明指所以合所以一之著驗顯實。」

(18) 『中庸』「君子不可以不修身、思修身、不可以不事親。思事親、不可以不知人、思知人、不可以不知天。」

(19) 朴世堂、前掲『西溪全書』下『中庸思辨錄』「言爲君爲臣、必皆先脩其身而後、方可以有爲。……而其本則又皆在於事親。然苟不知人所以爲人之理、則亦無以事其親。而理本出於天、故曰不可以不知人不知天。此所謂人、與仁者人也之人、正相發。恐非指賢者也。」

(20) 朱熹、前掲『中庸章句』「脩身以道、脩道以仁、故思脩身不可以不事親。欲盡親親之仁、必由尊賢之義、故又當知人。親親之殺、尊賢之等、皆天理也、故又當知天。」

(21) 李丙燾「朴西渓と反朱子学的思想」以来、朴世堂の『大學思辨錄』を論ずる研究は殆ど朴世堂の実践精神をその経学の特徴として挙げている。

(22)『論語』雍也「子曰、質勝文則野、文勝質則史、文質彬彬、然後君子。」

(23) 尹絲淳、前掲『朴世堂の実学思想に関する研究』六七頁。

(24) Wm・T・ドバリー著、山口久和訳『朱子学と自由の伝統』(東京：平凡社、一九八七年)。

(25) 李珥『栗谷全書』拾遺巻六「四子言誠疑」は、科挙の答案として提出した文章である(ソウル：民族文化推進会『韓国文集叢刊』第四五冊、一九八八年、五八三頁)。

(26) 李退渓は、みずからの必要から一五五六年に『朱子書節要』を編纂した。各々の書簡の背景や登場人物などの解説が付いたこの本は、朝鮮朝で一五六一年から活字と木版を合わせ八回も刊行されただけに、朝鮮の士大夫に広く読まれ、朱熹の学問への理解を深めた。日本でも、徳川中期の朱子学者五井蘭洲(一六九七〜一七六二)は、『朱子書節要』に対する論評を記した『朱子書節要紀聞』を著した。

(27) 金文植「朝鮮後期における毛奇齢経学の受容様相」『史学志』(ソウル：檀国史学会、二〇〇六年)一三一頁。

(28)「脩」は本来肉をほして細長くさいたものであるが、ここでは、「修」にあてた「おさめる」の意味として解釈される。朱熹の『晦庵先生朱文公文集』や尹鑴『白湖全書』には、「脩」と「修」を混用しており、本書もそのまま引用する。

(29) 尹鑴『白湖全書』巻一五「答權思誠」六四〇頁「中庸近方記疑、竢迄功欲以就正。……脩道之脩字、朱子以品節言之。此與戒愼之義同異。禮樂刑政之以外面事言之乎、抑通存省克復爲一義乎。尋常未能明、不知老兄之意如何。幸回敎。」

(30) 朱熹『中庸章句』に、「脩、品節之也」、「聖人因人物之所當行者而品節之、以爲法於天下、則謂之敎。若禮樂刑政之屬是也。」といい、「脩道之謂敎」を聖人の教えとして述べている。黎靖徳編、前掲『朱子語類』巻六二「中庸一」(『朱子全書』第一六冊)二〇二三頁「性不容修、修是揠苗、道亦是自然之理、聖人於中爲之品節以敎人耳。」にも同じ考えがうかがえる。

(31) 朱熹『晦庵先生朱文公文集』巻七八「名堂室記」『朱子全書』(上海：上海古籍出版社、合肥(安徽：安徽教育出版社、二〇〇一年、第二四冊)三七三二頁「及讀中庸見其所論修道之敎而必以戒愼恐懼爲始然後、得夫所以持敬之本。又讀大學見其所論明德之序而必以格物致知爲先然後、得夫所以明義之端。既而觀夫二者之功一動一靜交相爲用。」

(32) 尹鑴『白湖全書』巻一五「答權思誠」六四一頁「所示敎字、鄙意亦然。曾見朱子名堂室記、以戒愼恐懼爲修道之敎、與庸注不同。不知孰是定論也。老兄之意如何。幸回教。」
(33) 尹鑴、前掲『白湖全書』巻三六「中庸朱子章句補録」一四六二頁「本天之命而有稟生之理、循人之性而有可行之路、因物之道而君子有治己及人之事。此三者天之所以爲天、人之所以爲人、物之所以有則、而君子所以立心事天之大本也。」
(34) 同右、巻三六「中庸朱子章句補録」一四六二頁「程子曰……修道之謂教、此則專在人事。以失其本性、故修而求復之則入于學。」出典としては、まず、朱熹編『孟子精義』巻一一「明道曰……修道之謂教、此則專在人事。以失其本性、故修而求復之則入于學。」ここでは明道の説と書かれているが、『二程遺書』巻二上には記しておらず、また『中庸輯畧』巻上では伊川の説とする。その他、衛湜(宋)の『礼記集説』巻一二三では伊川の説とする。
(35) 朱熹、前掲『中庸章句』「道者、日用事物當行之理、皆性之德而具於心。無物不有、無時不然。所以不可須臾離也。若其可離、則豈率性之謂哉。是以君子之心常存敬畏、雖不見聞、亦不敢忽。所以存天理之本然、而不使離於須臾之頃也。」
(36) 朴世堂、前掲『西溪全書』下『中庸思辨録』三六頁「天理本備明於吾心、蓋未嘗有須臾之或不存焉者也。顧有能率與不能率耳。率之則爲道、不率爲離道。若曰循天理則可也、曰存天理則不可。」
(37) 同右、三二頁「性者、心明所受之天理與生俱者也。天有顯理、物宜之而爲則。以此理則、授與於人、爲其心之明、人既受天理、明於其心、是可以考察事物之當否矣。……註、謂性爲理、今不同、何也。理明于心爲性、在天曰理、在人曰性、名不可亂故也。曰理曰性曰道曰教、論其致究其歸、卒未嘗不同、但不可亂其名。」
(38) 朱熹、前掲『晦庵先生朱文公文集』巻六四「答徐景光」「心之所得乎天之理、則謂之性」及び黎靖徳編、前掲『朱子語類』巻五「性理二」二二四頁「人之生稟乎天之理、以為性」。
(39) 尹拯と西渓朴世堂の交流の状況に関しては、李鐘晟・崔貞黙・黄義東「明齋の儒学思想の本質的性格に関する研究」『東西哲学研究』第二九号(ソウル:韓国東西哲学会、二〇〇三年)及び金世貞「明斎尹拯と西渓朴世堂の学問と交友関係」『東西哲学研究』第四二号(ソウル:東西哲学研究会、二〇〇六年)などに詳しい。
(40) 例えば、金世貞「明斎尹拯と西渓朴世堂との格物論弁」『東洋哲学研究』第五六号(ソウル:東洋哲学研究会、二〇〇八年)及び李鐘晟「西渓朴世堂の実学的格物認識——明斎尹拯との格物論弁を中心に」『孔子学』第一九号(ソウル:韓国孔子学会、二〇一〇年)など。

(41) 黎靖徳編、前掲『朱子語類』巻一八「大学五」五九八頁「一物格而萬理通、雖顏子亦未至此。但當今日格一件、明日又格一件、積習既多、然後脱然有箇貫通處。」この文言は、『朱子語類』巻一八の数箇所で程頤の言葉として引かれている。一方、同書同巻（六二八頁）には、「今日格一件、明日格一件、爲非程子之言」という尹焞の言葉も載せている。従って、これらがそもそも誰の言葉なのかは確定できない。しかし、朱熹がこのような考えに同意しているとはいえよう。

(42) 黎靖徳編『朱子語類』巻一四「大學是為學綱目、先讀大學、立定綱領、他書皆雜説在裏許。」

(43) 朴世堂『西溪全書』下『大學思辨錄』四頁「注言物格者、物理之極處、無不到也、知至者、吾心之所知、無不盡也。……夫理無不到知無不盡、而誠能盡性盡物贊化育參天地、則此聖人之極功而學之能事畢矣。又何事乎止心修身、又何論乎齊家治國。……何獨於格物而曰物理極處必須無不盡也、不然則不足謂之格。於知至而曰吾心之所知必須無不盡也、不然則不足謂之至也。」

(44) 『朱子語類』巻一五（『朱子全書』第一四冊）四九五頁。

(45) 尹拯『明齋遺稿』巻一〇「與朴季肯（辛未四月六日）論大學格致。論語井有人章別紙」（ソウル：民族文化推進会『韓國文集叢刊』第一三五冊、一九九四年）二三八〜二三九頁「朱子曰、自格物至平天下、聖人亦是略分箇先後與人看、不是做一件淨盡無餘、方做一件。如此何時做得成。此一段、可解高明之所疑耶否。傳文、是逐條發傳、章句是逐章解義、故一事各到底説耳、豈謂一事必到底而後方做一事耶、今以學者日用言之、日間有面前多小事、格致誠正修齊、只可隨分着力。安有今日格物、而明日誠意之理、只是知得不徹時、做得亦不徹、知得徹時、做得亦徹云耳、此看書太局之病。」

(46) 朴世堂、前掲『西溪全書』上巻七「答尹子仁書」一三三頁「今顧爲物格知至之説如此、豈不與向所謂不成做一件淨盡無餘者、未免於矛盾耶。」

(47) 程頤は、『大学』の一節「致知在格物、物格而知至」から「格物致知」の修養方法を見出し、格物を窮理と結びつけて解釈した。朱熹は程頤の解釈を受け継ぎ、『大学』には格物致知を解説する部分がもともとあったとして、格物補伝を作った。具体的には、本来、『礼記』の一部分である「大学」のテキストのこの箇所には、「此謂知本。此謂知之至也」という一〇文字があっただけであるが、朱熹は、この一〇文字を伝の第五章と句切り、その後に格物致知に関する内容を補足する文章を付け加えた。

(48) 尹拯、前掲『明齋遺稿』巻一〇「與朴季肯（甲戌四月二十二日）」二四一頁「補亡章所謂因其已知之理、卽凡天下之物、益窮用力等語、皆格致之工夫也。老兄所謂格一物而物斯格、致一知而知斯至、隨物用功、卽功見效者、在其中矣。所謂表裏精粗無不到、全體大用無不明者、卽格致之功效也。卽老兄所謂盡窮天下事物之理、而一以貫之者也。蓋一物格一知至、隨物用功、而卽功見效者。方是着功之事。而不可謂物格知至之全體。」

(49) 同右、同頁「如答一學者書所謂隨處提撕、隨處收拾、隨時體究、隨事討論。但使一日之間、整頓得三五次、理會得三五事、則自然純熟、自然光明云者。其言提撕收拾整頓、則存心修身之謂也、體究討論理會、則格物致知之謂也。乃使之逐日幷下工夫、則此非老兄所謂隨物用功卽功見效者耶。如此等語、不一而足、而已包在補亡章用力二字中耳。」

(50) 先行研究には、朱熹の文章である「答一学者書」を朴世堂の文章と誤認するといった問題が見られる。このように、十七世紀儒者の朱子学資料への緻密な調査に十分な注意を払わなかったことが、尹拯と朴世堂との論議を、対立図式によって解釈してしまう要因だったのではないだろうか。

(51) 尹拯、前掲『明齋遺稿』巻一〇「與朴季肯（辛未四月六日）」に付されている「西溪答書」二四〇頁「今據大學誠意正心之說、皆指事切物、不翅耳提口詔、愚婦小兒亦若可知可能、則何嘗有如許宏大言語、使聽之者、瞠然有不可企及之憂耶。」

(52) 同右、「與朴季肯（甲戌四月二十二日）」二四一頁「蓋釋格致則當說到格致之極處、釋誠意則當說到誠意之極處。如誠意之心廣體胖、亦豈新學小兒之可及耶。只是說誠意之極功耳。豈是欲爲宏大之言耶。今若以爲心廣體胖然後可下正心工夫、則不亦誤耶。」

(53) 『思辨錄』の著作年代は、『大学』（一六八〇年、五十二歳）、『中庸』（一六八七年、五十九歳）、『論語』（一六八八年、六十歳）、『孟子』（一六八九年、六十一歳）は、一六八〇年代に、その他、『尙書』（一六九一年、六十三歳）、『毛詩』（一六九三年、六十五歳のときに執筆を開始し、未完）も後に加える。

(54) 『朝鮮王朝實錄（粛宗實錄）』粛宗二十九年（一七〇三年）四月二三日「世堂之有此書、幾三十年、搢紳之間、多有聞而知之者、而初未聞歷詆之言、亦未有請討之擧。今因相臣碑文、遽生恨怒、喧喧鼓扇。」

(55) 三年上食を巡る論点については、李曦載「朴世堂の儒教儀礼観――三年上食論争を中心に」『宗教研究』第四六号（ソウル：韓国宗教学会、二〇〇七年）を参照。

（56）金世奉「西渓朴世堂の『大学』認識と社会的反響」『東洋古典研究』第三四輯（ソウル：東洋古典学会、二〇〇九年）は、『思辨録』が問題となった本質的理由は、朴世堂の宋時烈に対する批判にその門下が動いたということであると論じている。

（57）許穆『記言』巻三「答希仲」（ソウル：民族文化推進会『韓國文集叢刊』第九八冊、一九九〇年）四三頁「蒙示讀書記數篇、多發越動人。非吾希仲、安得有此說話。愛誦三復、胸次爽然。恨所欠者、其見太高、其言太易。高爽有餘、而謙約不足、剛勇有餘、而謹厚不足。」

（58）尹拯、前掲『明齋遺稿』巻一〇「與朴季肯（辛未四月六日）」の別紙「論大學格致。論語井有人章」二三八頁「近觀浦翁文字、其用功之篤、可謂至矣。而至於不免異同之處、輒曰不敢自是己見、唯以備一說云云。其致謹又如是。……誠見老兄用力之勤、而其枉費工夫處爲可惜。且過於主張、而謂古人爲錯會者、無論言之得失、氣象已不好、尤爲可惜。」

（59）『朝鮮王朝實錄（孝宗實錄）』孝宗六年三月一〇日「潛心性理之學、……其所著『書經淺說』・『庸學困得』等書中、頗改朱子『章句』、人以此疵之。」

（60）宋時烈『宋子大全』巻七七「答趙光甫」癸亥別紙（ソウル：民族文化推進会『韓國文集叢刊』第一一〇冊、一九八八年）五二八頁「尹鑴凌侮朱子而自是己說、某爺有疑於心而求質於知者、逈然白黑之不同。」

（61）宋炳夏（一六四六〜一六九七）は、宋浚吉の孫で、宋時烈の門人。

（62）宋時烈、前掲『宋子大全』巻一一六「答趙汝常」別紙一四八頁「比因人聞一種論議。則以爲尤丈於鑴以改注中庸等事、斥絕之既嚴、至其黨與、亦甚痛斥。以是輾轉、致有今日之事。浦渚趙相、亦於大學改注、至曰沈潛二十年、不知朱說之是、愚說之非也。其爲說若是、則難免非責、而拒闢之事終不加焉。今於墓道文字、贊揚無餘、則鑴之黨與見斥者、其可服罪乎。或已撰出則還推滅去、似無彼此取笑之資云云。……此文若出、必有一場紛紜、以增斯文之厄、不是小事也。再昨招宋炳夏商量、又更審其祖考所撰行狀、則記先老爺雅言、以爲孔子之後集群儒而大成者、朱子也。其功多於孟子云云。若於大學、果有如言者之說、則其雅言豈有如此之理耶。以故使炳夏搜送刊行文集、則歸報以不得、極可歎也。」汝常は趙持恒の字である。

（63）西人から分派した少論に属する。

（64）清朝の陳大章（一六五九〜一七二七）。

（65）徐瀅修『明皐全集』巻一〇「題毛西河集巻」（ソウル：民族文化推進会『韓國文集叢刊』第二六一冊、二〇〇一年）一九六

頁「雖以朱子之步步趨趨於程子、如易詩語孟、未嘗盡遵程說。大學中庸、宗程尤篤、而訂正尤多。……朱子誠不能無誤矣。……昔陳大章熟通鑑、檢得踈謬處、作一辨駁文字、以示其友。其友曰、不消如此。只注其下云、應作如何、足矣。宇宙間幾部大書、譬如父祖遺訓。萬一偶誤、只好說我當日記得如此。若侃侃辨證、便非立言之體。通鑑尚然、況經傳箋注乎。」「趨趨」は、『礼記』祭義「仲尼嘗、奉薦而進、其親也慤。其行也趨趨以數」が出典であり、嘗という祭りを行う際の孔子を形容した言葉である。鄭玄の注と孔穎達の疏に基づけば、祭りを行うとき威儀を正すというよりもあたふたと小走りに歩きながら速やかに行うさまである。

(66) 黎靖徳編、前掲『朱子語類』巻一六「大学三」五四二頁「欲爲這事、是意。」

(67) 『大学』は、もともとは五経のひとつである『礼記』の一篇であるが、朱熹が『大学』を経一章と伝一〇章とに分け、「経」は孔子の思想を弟子の曾子が記述したものとし、「伝」は曾子の考えをその門人が記録したものとした。

(68) 朱熹『大学章句』(『四書章句集注』北京：中華書局、一九八三年)三〜四頁「意者、心之所發也。實其心之所發、欲其一於善而無自欺也。」朱熹はその死の三日前に「一於善」の三字を「無自慊」に改訂したと言われているが、本書は通行の諸本のまま「一於善」にした。

(69) 同右、「誠其意者、自脩之首也。……自欺云者、知爲善以去悪、而心之所發有未實也。……言欲自脩者、知爲善以去其悪、則當實用其力、而禁止其自欺、使其悪悪則如悪悪臭、好善則如好好色、皆務決去、而求必得之、以自快足於己、不可徒苟且以徇外而爲人也。」

(70) 趙翼、前掲『浦渚先生遺書』巻一『大學困得』「此章言誠意工夫、只此數句盡矣。而其用功之實、只是毋自欺三字而已、自慊其效驗也。」

(71) 同右、一五頁「章句謂當實用其力而禁止其自欺、以如好如悪爲實用其力之事、以徇外爲人爲自欺之事。是以如悪如好爲在先事、以毋自欺爲在後事、以傳文先後易置之。此竊恐其未必合於傳文本旨也。」

(72) 同右、巻六「後說下」三七頁「由是觀之、則朱子平生所說自欺之語、皆是謂欺其心也、未見其以爲人爲自欺也。唯獨於大學章句、以徇外爲人釋之、及小註一兩條謂爲爲人耳、其言不同如此。且謂爲欺心、其平生所說皆然、謂爲爲人獨見此三兩處耳。然則竊恐此所釋、乃朱子偶然一時所見、非其平生定論也。後之讀者、徒見章句所釋如此、而不考朱子他時所言、便謂朱子之旨只如此、大學本旨只如此、則竊恐其不得爲深究朱子之旨者也。區區妄說、雖於章句之言有不同、其於朱子平生所言之意、則實吻合。然則謂其異於章句則可、謂其異於朱子之旨、則實不然也。」

(73) 韓国国立中央図書館所蔵本『礼記類編』(請求記号：일산古一二三四―二四) 参照。

(74) 韓国国立中央図書館所蔵本『礼記類編大全』(請求記号：한古朝〇六―一一) 参照。

(75) 崔錫鼎『明谷集』巻七「禮記類編序」(ソウル：民族文化推進会『韓國文集叢刊』第一五三冊、一九九五年) 五六三頁「易書詩春秋禮樂、謂之六經、皆道之所寓也。自秦焚書、經籍亡佚、而禮樂尤殘缺、漢魏以來、專門訓詁、率多迂謬、後學無以識聖人之意。朱夫子身任斯道、羽翼聖言、易有本義、詩書有傳、禮有經傳通解、於是古經之旨、煥然復明。然通解一書、規撫甚大、雜取諸經子史而成書、今若取以列於經書、則體既不倫、文多重出、且其卷袠繁委、初學未易領要。戴記四十九篇、出於漢儒之蒐輯、雖未若四經之純粹、要之古聖人言禮之書、獨此在耳。又自中朝永樂以來、立之學官、以列於五經、顧惡得以出於漢儒而或輕之哉。特其未經後賢之勘正、編簡多錯而大義因之不章、箋註多疑而微詞以之未闡、學者病之久矣。錫鼎弗揆僭妄、有志刪定、累易藁而始就。」韓国国立中央図書館所蔵本(請求記号：한古朝〇六―一一)に、序文の作成年月は癸酉(一六九三年)夏四月とある。

(76) 同右、同頁「凡五十篇、名之曰禮記類編。昔唐魏徵撰類禮二十卷、朱子有所稱述、而惜其不傳。名以類編、亦此意也。」

(77) 『朝鮮王朝實錄(肅宗實錄)』肅宗二十六年(一七〇〇年)一〇月四日の記事参照。

(78) 崔錫鼎、前掲『明谷集』巻八「新印禮記類編序」五六九頁。本序から、肅宗の命によって校書館で鋳字して刊行されたこと、当時崔錫鼎の官位は判敦寧府事(王室の親族に関わる事務を司る敦寧府の宗一品官)であったことが確認できる。

(79) 鄭澔『丈巖集』巻一〇「與遂庵書」(ソウル：民族文化推進会『韓國文集叢刊』第一五七冊、一九九五年)二二六頁及び同書「答遂菴書」二二七頁参照。肅宗三十二年(一七〇六年)の書簡である。

(80) 尹鳳九、前掲『屛溪集』巻六「代四學儒生尹瀗等辨崔錫鼎礼記類編疏(己丑)」一一八頁。

(81) 前掲『肅宗實錄』肅宗三十五年(一七〇九年)三月一二日「四學儒生尹瀗等四十餘人、上疏請亟將新刊類編、毀去其板子、仍收法筵儤講之命。」

(82) 崔錫鼎、前掲『明谷集』巻二〇「因學儒尹瀗疏、陳情辭職疏」二六二頁。

(83) 朱熹、前掲『晦庵先生朱文公文集』巻七三「讀余隱之尊孟辨」李公常語下、三五三四頁「唐子西嘗曰、弘景知本草而未知經。注本草誤、其禍疾而小、注六經誤、其禍遲而大。前世儒臣引經誤國、其禍至於伏屍百萬、流血千里。武成曰、血流漂杵、武王以此自多之辭、當時倒戈攻後、殺傷固多、非止一處、豈至血流漂杵乎。孟子深慮戰國之君以此藉口、故曰盡信書則不如無書。而謂血流漂杵、未足爲多。豈示訓之至哉。經訓之禍、正此類也。」

(84) 前掲『肅宗實錄』肅宗三十五年(一七〇九年)一月一八日「今伏聞有以禮記類編、刊進於中宸、將欲參講於法筵。臣取考其說、則求異乎朱子者、固不可毛擧。而至若庸學、朱子自謂、一生精力、盡在此書。微辭奥旨、闡明無憾。則此豈後人所可容議者、而大學第四章、攬而合之於第三章、而統之曰、右釋止於至善、而去其釋本末一章。中庸第二十八九章之正文、割截句語、釽裂數行、移東而入西、繳下而就上、至於費隱一章、義理最深、章句所解、至矣盡矣。而今其附註二條、顯有所信本旨底意。且程子之表出庸學、意非偶然。而今此類編爲名、不過分類便覽之書、則其爲體段、亦非經書之比、乃復還編庸學於其中、使先賢表章之本意、暗昧而不明。……既命刊行、又將參講、則四方聞之、必以輕信異言、妄疑於殿下、誠非細故也。古人有言、經文一字之誤、流血千里。」当時、彼の官位は、同副承旨(王命の出納を司る行政機関である承政院の正三品官)である。

(85) 崔錫鼎は、大学編目の冒頭に朱熹の「大學章句序」の「大學之書、古之大學所以敎人之法」と『章句』の「古人爲學次第者、獨賴此篇之存、而論孟次之」の文を引用している。

(86) 『中庸』「子曰、愚而好自用、賤而好自專、生乎今之世、反古之道。如此者、烖及其身者也。非天子不議禮、不制度、不考文。今天下車同軌、書同文、行同倫。雖有其位、苟無其德、不敢作禮樂焉。雖有其德、苟無其位、亦不敢作禮樂焉。子曰、吾說夏禮、杞不足徵也。吾學殷禮。有宋存焉。吾學周禮、今用之。吾從周。」

(87) 「河南程氏経説(中庸解)」(『二程集』北京:中華書局、一九八一年)該当箇所の程子の注は一一五四~一一五五頁。

(88) 『中庸輯略』は南宋の石𡼖(一一二八~一一八二)が編集し、朱熹が删訂した書物である。程子を始め諸家の『中庸』に関わる説を集めて編集した。最初の書名は『集解』であるが、删定後、『輯略』と改名した(「校点説明」石𡼖編、朱熹删訂、羅佐之校点『中庸輯略』(『儒蔵』精華編第一〇四冊、北京:北京大学出版社、二〇〇七年)五~六頁参照)。該当箇所の程子の注は三〇頁。

(89)『礼記類編』巻一一「見經說及輯畧、似與章句所觧有異。」(韓国国立中央図書館所蔵本『礼記類編大全』癸酉(一六九三年)夏四月刊本)五五頁。
(90)黎靖徳編、前掲『朱子語類』巻八二、二八二七頁「孝經是後人綴緝」、「據此書、只是前面一段是當時曾子聞於孔子者、後面皆是後人綴緝而成。」
(91)前掲『粛宗實錄』粛宗三十五年(一七〇九年)一月一八日「至於新刊禮記類編、予已繙閱矣。此豈可與思辨錄、比而論之乎。其所爲言、用意至深。噫、類編序文中有曰、其規模義例、悉倣朱子通解、而一言一句、不敢妄有所刪削。」
(92)同右、粛宗三十五年(一七〇九年)一月二一日。
(93)同右、粛宗三十五年(一七〇九年)二月一日。
(94)四学:ソウルの中央・東・南・西に設けた四つの官学。朝鮮王朝第三代国王の太宗十一年(一四一一)に設けられ、第二十六代の高宗三十一年(一八九四年)まで続けられた。朝鮮朝の初期には北学もあったが閉鎖された。官学にはまた、ソウルの成均館、地方の郷校がある。
(95)前掲『粛宗實錄』粛宗三十五年(一七〇九年)二月一四日。
(96)同右、粛宗三十六年(一七一〇年)三月一三日。
(97)梁基正『『礼記類編』の編刊と毀板・火書に関する研究』(ソウル:成均館大学修士論文、二〇一一年)八一~八四頁参照。
(98)趙翼『浦渚集』巻二「進大學困得論語淺說疏」(ソウル:民族文化推進会『韓國文集叢刊』第八五冊、一九八八年)四五頁参照。この疏文は、甲子年(一六二四年、仁祖二年)に奉じたものである。
(99)同右、巻五「進大學困得疏」(ソウル:民族文化推進会『韓國文集叢刊』第八五冊、一九八八年)九二頁参照。丙戌年(一六四六年、仁祖二十四年)作。
(100)同右、巻六「進庸學困得疏」一〇七頁「爲善之功、必以誠實爲要、此誠意工夫是也。臣之說此章、尤是平生極意思索而得之者也。」この疏には、作成年月が記されていないが、内容から孝宗の即位年の秋か冬と推測できる。孝宗は一六四九年五月に即位するが、「世子だった春に『論』『孟』を奉じたこと、また、即位後に『庸』『学』を奉じようとしたが、手元に草本しかなく、故郷に置いた写本を持ってきて再び写して上進するために、時間がかかったこと」を記している。

(101) 崔錫鼎、前掲『明谷集』巻一三「與鄭士仰書（壬申）」一二〇頁「士仰足下、頃年因士友間、得聞足下主陽明之學、於心竊惑焉。昨歳拜玄石丈於坡山、玄丈憂足下之迷溺於異學而不知返。……夫天下之理一也、苟理之所在、則固未可以人而輕重。然古人論學之旨、莫要於大學、而朱子訓義、至明且備。陽明子乃斥以支離決裂、出新義於程朱之表、而其言語文字、具載遺集及傳習錄中、其論說之偏正、學術之醇疵、誠有可得而言者、則足下之信而好之如此者、無乃信其不當信而好其不當好也耶。僕年十三、讀大學及或問、厥後蓋嘗屢讀而精研矣。中間見張谿谷文字、贊歎陽明之學、不一而足。於是遂求陽明文集語錄而讀之。乍看誠有起詣新奇可以驚人處。既而反覆而讀之、博極而求之、則徒見其辭語鈔暢文章辨博、而學問蹊逕率皆顚倒眩亂。非但背馳於朱子、將與孔曾相傳之旨、一南一北。有不容於無辨者、遂妄者辨學一說、思欲與同志者講確而未能也。」壬申年は一六九二年である。

(102) 尹拯、前掲『明齋遺稿』巻一五「答羅顯道（九月十二日）」三五八頁「崔相雖以晦・栗兩先生自解、而既不免異於朱子、則砭者之鋒、安能免也。只當安受而已、不必較也。」

(103) 権尚夏の門人である成晩徵（一六五九～一七一一）の『秋潭先生文集』巻五「答韓仁夫（己丑）」（『韓國文集叢刊』続第五二冊、ソウル：韓国古典翻訳院、二〇〇八年）五三三頁「禮記類編出後、師門獨無明斥之擧、不但衆人疑之、相知如攀桂、亦以書責之。」参照。

(104) 崔昌大『昆侖集』巻一九「先考議政府領議政府君行狀」（ソウル：民族文化推進会『韓國文集叢刊』第一八三冊、一九九七年）三五八頁「庚辰、具疏投進、上命校書館印布正文、其後玉堂權尙游・尹趾仁請下兩南、竝注疏印進、學士大夫皆印藏而賞。」

(105) 成海應『研經齋全集』外集巻一五「深衣考」（ソウル：民族文化推進会『韓國文集叢刊』第二七六冊、二〇〇一年）三七頁。

(106) 李萬敷、前掲『息山集』巻一二「露陰山房續錄」二八三頁「其書苟有不是處、則爲崔相之友者論辨之可也、本不關朝廷之是非。老論以此爲擊去崔相欛柄、豈非黨論所使乎。」

(107) 前掲『肅宗實錄』四年四月、五年三月等の記事参照。

(108) 李萬敷、前掲『息山集』巻一二「中原講義」二七〇頁。

(109) 同右、巻五「與李仲淵」一三四頁。

第四章　朝鮮儒学史展開のかなめ

十七世紀に性理学の理気心性論が多様に分化する現象は、「性理学が朱子によって完成した不変の学問ではなく、時代の変化に従い弾力的に適用できる、可変のものであるという認識」[1]から生まれたと言われている。ところで、このような認識はどうやって芽生えたのだろうか。

第一節　朱子学研鑽

「北狄」である清が「中華」の領土を支配する事態に面して、宋時烈とその門下は、朝鮮が中華の継承者として中華の道理を体現する主体であるべきだと誰よりも強く主張したグループである[2]。同時に彼らは朱子学に対する精緻な研究にも誰よりも力を傾けた人々でもある。

朱熹の学説——その変化への追跡

朝鮮儒者たちは、経書を読む際に、何よりも朱子学的解釈を緻密に考察していた。自身の見解を提出するときにも、朱熹の説に衝突せずに調和させる方法を考えていた。官学の朱子学的経書解釈に大きく齟齬する解釈であれば、この社会を生きる儒者にとって有用な学術とはおそらくなりえないからである。

朱子学の中心軸であり、また朝鮮儒者の経書学習の基本書となるのは、朱熹の『四書章句集注』である。ところが、この『集注』を朱熹の書簡などと照らし合わせると、相違が多く見出される。朱熹の生涯の後半に『集注』の体系が成立する前に、朱熹の四書解釈は大きく変化していたのみならず、成立の後にも繰り返して大幅に改定されたためである。

一一七七年（淳熙四年）、朱熹は、『論孟精義』の精髄から『論語集注』と『孟子集注』を著し、全面的に改訂を施した『大学章句』と『中庸章句』とに合わせて、『四書章句集注』を定めた。ここで彼の四書学思想体系は確立した。一一八二年（淳熙九年）に、婺州（現在の浙江省に属する）でこの書物が刊行され、遂に経学史上、五経と対になる「四書」の名称が本格的に現れた。しかし、これで『四書章句集注』の執筆が終結したのではない。その後、絶え間なく再検討を繰り返し、大幅に改定し、朱熹が没する一年前の一一九九年（慶元五年）に建陽で刊行したものが最後の定本だと言われている[3]。それゆえ、四書解釈を中心とする彼の学説は、生涯に亘る著述や書簡、教授内容などにおいて、互いに矛盾するところが見出されるのである。

朝鮮の儒者たちは、これらの相違点や矛盾する点を積極的に研究し、何が朱熹の定論であるかを確かめようとした。朱熹の「晩年定論」を確定するということのテーマは、学術界の最も主要な課題となっていた。ところで、もし彼らの真の目的が、ただ朱熹が定めた定論を知ることであったとすれば、朱熹の最後の著述が何かを調べる作業を盛んに行うべきであろう。朱熹の最後の著作がその最後の考えだからである。しかし、彼らはそのような単純な方法を取らず、朱熹の学説の成立過程を追跡して体系的説明を行おうとしていた。例えば、宋時烈は、朱熹の『論孟或問』と『論孟精義』を照らし合わせ、朱熹が具体的にどのような考えから先儒の説を取捨したかを確認し、学ぶ者が『或問』と

『精義』の内容を照合して読めるように、再編集した書物を編纂した。[4]

『論孟精義』は、朱熹が一一七二年に完成した、『論語』と『孟子』に関する二程の言葉を主として、諸家の説を集めたものである。朱熹の『集注』体系が成り立つ過程がうかがえる著作でもある。前述のように、朱熹は、『精義』の精髄をとって『集注』を著した。だから彼は『集注』は『精義』の精髄だと言い、『精義』を足がかりとすることを勧めているが、[5]朱熹の「晩年定論」を求める者にとっては必ずしも必読書ではない。だが、朝鮮儒者たちは、朱熹の思想体系の成立過程を彼の様々な著作から調べ尽くしていた。朱子学の原典を体系的に渉猟するこのような傾向は、朝鮮と同様に朱子学が官学であった元代の学術界の傾向とは異なる状況であった。

井上進は、元代に朱子学が官学として定着したと同時に、出版の貧困が始まり、明代に入っては、さらに悪化していくという現象に注目している。氏は、「朱子学、この正統思想を代表する朱子や二程（明道、伊川兄弟、朱子の先輩）の論著までが、本来の形ではほとんど出版されなくなるというのは、朝廷の中国文化に対する態度からだけではとても説明できぬであろう。……程朱の論著といったのは、『程氏遺書』および朱子の『語録』『文集』を念頭に置いてのことで、……いずれも朱子学の原典というべき著作である。この朱子学にとってきわめて重要な意義をもつ文献は、まだ程朱が有力学派に過ぎなかった南宋の当時、何度も重刊され、あるいは編纂、刊行された。……ところが元代に入ると、刊行されたと分かる『遺書』は一種のみ、『語録』で刊行されたのは簡略版の『類要』が知られるだけ、『文集』も何種かの選本や『続集』は刊行されているものの、全集はついに出版されることがなかった。つまり程朱の論著までが、本来の形ではほとんど出版されなくなったわけである[6]」と述べている。

つまり、朱子学が体制教学化した元明代の儒者たちの多くは、程朱の論著を本来の形で渉猟するというより、簡略本か選集を通して要点だけを取得していたということであろう。言い換えれば、儒者たちが朱子学の原典を徹底的に分析して研究を行うという学術潮流は、朱子学が官学として不動の地位を築いた時代なら当然に起こる現象ではないのである。

十七世紀朝鮮儒者たちは、朱子学の原典を調べ、相互に照合しながら、朱熹の学説が時代とともに変化し、複数の著述の間に矛盾が見出される様相を確認していた。朱子学に詳しければ詳しいほど、朱熹著作間の矛盾に詳しいはずである。ゆえに、自他ともに許す徹頭徹尾の「朱子信奉」者である宋時烈は、常に「朱子は、この件について、やはり前後の発言が異なる」(7)と弟子たちに説き、彼と弟子たちは、朱熹の学説が相互矛盾する問題へ本格的に向き合うことを課題としていった。

宋時烈が『中庸』の「喜怒哀楽がまだ外にあらわれないことを中という。外にあらわれてすべて規律にかなうことを和という(喜怒哀楽之未発、謂之中。発而皆中節、謂之和)」での「未発」の概念を巡って、同僚と討論し、また弟子たちの質問に答えている記録は、まさにその例である。朱熹は、初期には心の働きは「已発」、つまり外にあらわれた後のことであり、「未発」の段階での心の働きは排除していた。しかし、「未発」の心を再認識した後、その所謂「中和」説は次のように大きく変化し、朝鮮儒者たちはこの変化を詳らかに調べなければならなかった。

朱熹は四十三歳のとき(一一七二年)「中和旧説序」を著して、「中和」に関する自身の考えがどのように変化してきたかを明らかにした。彼はかつて師である李侗(一〇九三～一一六三)に、「未発」のときの意気を体認することの重要性を聞いたが、理解できなかったと言う。だが朱熹は自身で考察を進め、心の働きは止まないため、「未発」という状態はあり得ず、心は常に「已発」の状態にある、ゆえに、「未発」は内在的本体(性)を指し、発する前の段階を指すことではない、と理解していた。これがいわゆる「中和旧説」である。

しかし、四十歳のとき、程頤の説を再び熟読し、これまでの自分の考えを疑うこととなった。そこから、「已発」は、思慮がすでに芽生えたことであり、「未発」は思慮がいまだ芽生えていないことを指す、と考え、心には、「未発」のときと「已発」のときがある、と理解した。従来は、「已発」のときだけを念頭に置いて修養すればよかったのであるが、心理の活動には「已発」と「未発」という二つの段階があると気づいて以降は、「未発」の段階でも、主敬涵養（恭敬の意を主とし、ひたして養成する）する修養方法を工夫することになる[8]。

朝鮮儒者たちは「中和」に関して討論するとき、朱熹のそれぞれの著作を自説の根拠としていた。しかし、もし、ある儒者が朱熹の「中和旧説」の時代に著した著作に基づいて「未発」の内容を論じているのであれば、討論の相手は、彼に向かって、それは朱熹の旧説であり、定論ではないと反論することができる。例を挙げてみよう。宋時烈の文集には、「未発」を巡る多数の討論がある。そのうち、朴尚玄（一六二九～一六九三）とのやり取りを挙げて様相をうかがってみたい。宋時烈は、多様なテーマにおいて朴尚玄と見解が合致しているが、ただ「未発」に関しては一致しないと言い、朱熹の「未発」に関する見解が変化していく過程を論じている。

まず彼は、朱熹の書簡である「徐彦章への返事」から「未発とはいまだ物に応じていないときだ[9]」という箇所を引いて、朱熹によれば、心が外部の事物に接していない段階が「未発」であるとした。続いて、ほかの書簡、すなわち「林択之への返事」から「物に感じていないときであっても、もし心がその中心となってとりはからうことがなければまた静かな状態に安住することができない。これは天性を暗くしているのであり、物と交わった後ではじめておかしくなるのではない。……独りでいるときに行いを慎むことができないのであれば、いまだ事物に接していないうちに、すでに心が乱れ、「未発」の状態には二度と戻らない[10]」という箇所を引いている。ここでは、事物に接していない「未発」のときであっても、おのずから静かな「未発」の状態が保たれることではなく、独りでいるときに己の身を慎む修養を常に行わなければならないという考えを見出している。さらに、『朱子語類』から、「修養がなければ、動いているときには当然動いているが、動いていない静かなときに静かになろうとしても、静かになることができず、静かなときにもまた動いていることとなる[11]」という箇所を引いている。ここでは、思慮が芽生えていない所謂「静時」にも、静けさを得られず、心が動いているときと同じ状態になってしまうため、「未発」のときであっても修養が要求されるという考えを見出している。これらの引用を通して、「未発」のときでも存心養性（本心を保持し、天から授かった性を育て上げる）の修養を常に行うべきというのが、朱熹の定論であると主張するのである。[12]

宋時烈のこのような説明は、朴尚玄の「聖人と一般人との気質の性は、清濁の差はあっても、その動静においては一つである。衆人の性だとしても、ついに静かなときがないだろうか」[13]という主張に対する返事である。つまり朴尚玄は、聖人のみならず衆人も思慮が芽生えていないときには、静かな状態が得られると考えている。このような見解は、『朱子語類』の「喜怒哀楽がまだあらわれない段階での「中」とは、聖人について論じているのではなく、人々もこれを有しており、聖人と変わらないことを広く論じているのだ」[14]という文言に照らしてみれば、これも朱熹の考えの一部分である。しかし、宋時烈は、朱熹が「未発」のときの修養を強調した言葉をもって、朴尚玄の依拠した朱熹のほかの考えを斥けているのである。

宋時烈のこの書簡は、一六八〇年（七十四歳）に書かれた。彼は、その二年前には『朱子大全箚疑』を、一年前には『朱子語類』から重複を削除して類別した『朱子語類小分』を、完成したところであり[15]、朱熹の学説の変化をある程度確かめていたと考えられる。しかし、朱熹の「中和」説は、書簡や『朱子語類』の中に多くみられ、その内のいずれが早年の説でありどちらが晩年の説であるかを弁別することは簡単ではなく、さらに詳しい調べを待たなければならなかった。そこで、宋時烈は、それを本格的に調べた書物を編纂することを自身の課題としたのであろう。

彼の文集である『宋子大全』に収録されている「朱子言論同異攷」はまさにその成果である。彼が死を賜う一六八九年（己巳年）一月に、ひとまず出来上がった分を整理しておいたものが、文集に載せられている。その題辞は次の通りである。

『朱子大全』と『朱子語類』とにはそもそも異同が多く、二書それぞれの中でも異同がある。思うに、『大全』には早晩の差があり、『語類』は記録者が一人でないため、このように異同があってもおかしいことではない。私は二書を読むとき、相違するところが見つかるたびにつまみ出して、相互照らして考える基礎とした。しかし、老病が次第に進み到り、この作業が始めはあっても終わりがないこととなってしまい、ただ歎くしかない。志を同じくする士が続けてこの業を完成してくれれば、学ぶ者が事物の道理をきわめ知る修養を行う際のたすけとなるかもしれない⑯。

宋時烈は、『朱子大全』に載せられている著作や書簡の中の異同は年とともに朱熹の考えが変化したためであり、語録の『朱子語類』の中にある異同は専ら記録者の誤りによるものだと考えている。

『語類』で『大学』の正心章を論じている箇所で、意と情とはどのように異なるかという質問に対し、「この事をしようとするのは意であり、この事をすることが情だ」と答えている。しかし、これは、朱子の平常に議論した内容とは全然違う。思うに、喜怒哀楽が不意に発出することが情であり、これは最初から性から発したものである。意は喜怒哀楽が発出した後思索を巡らすことである。朱子が前後に繰り返して言い聞かせてこれを論じたのに、ここでこのように相反するのは、必ずや記録者の誤りである⑰。

意と情との区分に関して、朱熹の定論と見なすべき内容とは全く異なる文言が『朱子語類』に載せられている。宋時烈は、このようなことは朱熹が発言したはずがなく、記録者の誤りだとする。また、「未発」に関して、『朱子大全』の「徐彦章に答える書簡」には、「下僕でも心が「未発」の状態になるときがある」とあるが、「林択之に答える書簡」には「そもそも誰にも喜怒がないときはあるが、それをそのまま「未発」と表現してはならない。なぜなら心が集中していなければ「未発」でないからである」とある」[18]と朱熹の書簡から引用している。前回の朴尚玄とのやり取りで、「未発」の状態は誰でもすぐ得られるものではなく、思慮が芽生えていないときの修養を重ねてはじめてできるものだと主張したことを確かめているのである。朱熹の文言には誰でもできるという言葉もあるが、単に喜怒哀楽が芽生えていないときをそのまま「未発」と称してはならないという文言もあるとしている。

これらの異同をさらに明らかにする仕事を誰かが完成してくれればという宋時烈の期待を果たし、『朱子言論同異攷』を一本の書物として仕上げたのは、孫弟子の韓元震である。韓元震は、朱熹の言論に対する宋時烈の研究からさらに進んで、『朱子大全』の書簡や雑著、『朱子語類』、『四書集注』などを詳らかに調べて照らし合わせる作業を行った。例えば、上記の宋時烈が朴尚玄と討論していた「中和」説についても、朱熹のそれぞれの書簡の執筆時期を確かめて、旧説にあらわれる「誤り」を説きながら、読む者の注意を喚起している。主要部分をまとめれば、次の通りである。

第一に、朱熹が「中和」を論ずる際、心は専ら「已発」と見なし、「未発」を性と見なし、心の働きを専ら「已発」のときのことだと認識している文言は、初期の説に属する。一方、事物に接する前に、思慮が芽生えていないことが「未発」であり、事物と交わって思慮が芽生えていることが「已発」である、「未発」は性であり、「已発」は情である、心は「未発」と「已発」を貫いて性情をつかさどる、という文言は後期の説である[19]。

第二に、「何叔京に答える書簡」にある「天性と人心、「未発」と「已発」は渾然と一致する（天性人心未発已発渾然一致）[20]」という言葉は、ただ渾然たることを主にし、全く分別していないことから見れば、「中和旧説」に属する[21]。

第三に、「張敬夫に答える書簡」の「大化の中におのずから安宅がある」[22]という箇所は、言おうとするところが明確でない。しかし、以前の説の誤りを説いているので、旧説を改めた後の書簡であることがわかる。ただ、旧説のなかにも前の見解と異なることを言う場合が多く、必ずしも新説ではない。なぜなら、「大化安宅」を論じている別の書簡である「石子重への返事」に、秋に長沙から帰ってきたとあるが、『朱子年譜』には丁亥（一一六七年）八月に長沙に行って十二月に帰ってきた、とある。「中和旧説書」によれば、旧説を改めたのは己丑（一一六九年）のことである。ゆえに、上の二通の書簡は確実に旧説である[23]。

第四に、「林択之に答える書簡」には「未発」を性とし、「已発」を心とした主張を改めた後の論議がうかがえる[24]。この書簡は、旧説を改めた後の最初の説と考えられる。なぜなら、この書簡では、蔡季通と講論したことに言及しているが、「中和旧説書」によれば、己丑年の春、蔡季通の論議を問いただす際に、従来の自説を疑うこととなった、とあるからである[25]。

第五に、「胡広仲への返事」「方賓王への返事」「湖南の諸公と「中和」を論ずる第一書[26]」などの議論を分析すると、その本旨は同一でない。「中和」説を改正したばかりのときの議論と考えられる。さらに、「湖南の諸公と中和を論ずる第一書」を「已発未発説[27]」に照らして分析すれば、その論理がさらに精確であり、前者が後の作だとわかる。しかし、「胡広仲への返事」「方賓王への返事」「湖南の諸公と「中和」を論ずる第一書」などでは程子の説の解釈が皆間違っている（所釋未発皆失）。これについて朱熹は後にその誤りを認めている[28]。読む者はこれらの書簡をそのまま鵜呑みにしてはならない[29]。

第六に、「未発」を『周易』の卦に当てて論じる際に、復卦に当てた論もあり、坤卦に当てた論もある。前者の論は「南軒への返事[30]」「記論性答藁後」にあらわれ、後者の論は『中庸或問』や「呂子約への返事[31]」にあらわれる。「記論性答藁後」は壬辰（一一七二年）に、「南軒への返事」はそれ以前に、著したものである。また、『中庸或問』は『中庸章句』が出来上がった後に、「呂子約への返事」は『或問』の後に著したものである。『或問』と「呂子約への返事」では、「未発」を坤卦に当て、また、復卦に当てるのは誤りであることを明らかにしている[32]。

以上の、『朱子言論同異攷』での論証は、朱熹の様々な文言を「定論」に照らし合わせ、それ以前の説の「誤り」

を明らかにしている。そしてそのために、各々の書簡や著作が何時著されたのかを論証している。この論証のために、『朱子年譜』などを参照する方法のみならず、著作の内容を分析して未熟な説とそうでない説とを区別する方法も多く使っている。これは、朱子学追従とも朱子学批判とも言い切れない。まさに朱子学研究と言うべきである。

では、このような「研究」の過程からいかなる考えが芽生えていったのだろうか。

朱子は聖人に非ず

弟子が記した言行録によれば、宋時烈は、「「すべての言葉が皆道理にかなうのが、朱子である。すべての事跡が理に合致しているのが、朱子である。もし聡明叡智で万理に通じている者に近くなければ、このようではないに違いない。朱子は聖人ではないか」と常に言っていた。ゆえに、〔先生は〕朱子の言行を経たものであれば、果決に履行し、疑ったことはな」いという(33)。確かに宋時烈が遺した著作の中には、朱熹に対する絶対的尊敬が繰り返し表れている。その一方で、彼は朱熹の学説が生涯に亘って何回も変化していくことを確認し、詳らかに調べる作業を行い始めた。彼はその問題に注意を払わなければならないことを弟子たちに常に説いていたため、彼の門下からその問題に対し徹底的に調べた成果が出るのは、当然のことだったと考えられる。

朱熹の学説が再検討を繰り返しながら変化していったならば、朱熹の晩年の学説に対して若い頃の著作の中には「間違った」学説が含まれており、その「間違っている」部分を「正しい」定説と明確に区別する作業が要求される。したがって、宋時烈は、朱熹は聖人であり、その言説に矛盾があるのはただ早晩の差があるためで、『語類』においては専ら記録者の誤りのためだと常に言っていたにもかかわらず、彼が伝授した考え方を徹底すれば、最終的には朱子は聖人でありえず、従ってその学説は何度も変化したという認識に到達することになろう。そのような認識は、他でもなく、彼を受け継いで朱熹の言論の異同を徹底的に追究した韓元震の言葉(『朱子言論同異攷』の序文)から確認できる。

経を作った前聖としては、孔子より盛んなるはなく、義を伝えた後賢としては、また朱子より備わっている者はいない。ゆえに、学ぶ者は必ず孔子の書を読んだ後に、天下の義理を尽すことができ、また必ず朱子の書を読んだ後に、孔子の書を読むことができる。しかし、孔子は生まれながらに知る者であるので、その言葉に早晩の差がない。朱子は学んでから知る者であるので、その言葉に早晩の差のなきをえない。そのため、学者はそれぞれ自己の意向をもって取捨し、往々にして朱子の初期説を晩年説としたり、晩年説を初期説としたりし、その本旨を失う者が多い。……尤翁〔宋時烈〕は晩年に、これを深く憂え、『朱子大全』に説明を加え、またそのなかの異同を調べて正否を弁じようとした。その作業を始めたが、十数条で終わった。ああ、残念なことである。私は幼い頃から朱子の書を教わり、繰り返してあまねく考察した。思うに、一生の力を用い、異同を弁別することにおいて、恐らく八〜九割は解答を得た。そこで説明を付けておおやけにするにあたり、あるいはその発言した時期の先後を調べ、あるいは証拠に合致するかを検証し、あるいは義理からみて妥当であるかを判断して、〔朱子の〕若い頃の説と晩年の説を弁別し、定論をあきらかにした。そして、言葉は異なるが、意味することが同一なものも、皆説明を加えて理解できるようにして、一本の書物を編んだ[34]。

彼は朱熹が伝えた義理に基づいてこそ孔子の言葉を正しく理解することができるとは言っているが、朱熹は聖人とは異なる存在であるという認識を明確に示している。それは、宋時烈が朱熹の学説の矛盾を認識していながらも、一貫して聖人であることを疑わなかったのとは違う。ゆえに、『朱子言論同異攷』には、朱熹の複数の言説のうち矛盾が見出されるところについて、その見解がいまだ確定していないときの説と、確定した後の説とに区別して論じ、同時に朱熹の誤りを率直に指摘している。[35]またあるいは程子の文言の本旨を朱熹が誤って解釈したと述べ、[36]またあるいは朱熹と弟子とのやり取りで、朱熹の答えが適切でない箇所を挙げて、その誤りを訂正している。韓元震は序文で、どちらが朱熹の定論であるかをあきらかにすると述べているが、それは、朱熹自身が「これが私の定論だ」と明言した箇所を探すことではない。例を挙げれば、以下のような場合がある。

朱熹の弟子である石子重は書簡で次のような質問をした。朱熹の「克斎記」[37]の中で、『論語』顔淵篇の「天下帰仁」の解釈が先本と後本で甚だ異なるが、どちらが正しいのか。朱熹は、後説が正しいと答えた。[38]しかし韓元震は、朱熹のこの発言からそのまま定論を確定しない。韓元震は、『論語集注』ではむしろ前説を採用しており、「克斎記」においても最終的にその段落が削除されているので、「後説が正しい」という朱熹の話は後に翻されたものであることを明らかにしている。[39]さらに、「天下帰仁」に対する朱熹の説は、「范伯崇への返事」「連嵩卿への返事」「楊子順への返事」「曾択之への返事[40]」などの書簡の内容が定論だと論じている。

一方で『朱子言論同異攷』には、定説を確定する代わりに『語類』と『集注』の内容が異なることを確認したり、書簡と『語類』あるいは、書簡と『集注』の内容が異なる箇所を分析し、矛盾の存在を指摘したりした箇所もある。そして、朱熹の誤りを強く指摘することはせず、朱熹の言説の「本来の意図」を丁寧に説明してから、読者は表面の言葉をみてその真の意味を読み違えてはならないと述べる。[41]このような分析方法は、韓元震自身が分析、体系化した朱子学に照らし合わせて、朱熹の多様な発言の正否を区別する作業である。

朝鮮後期、姜浚欽(一七六八〜一八三三)は、朱熹は、学んでから知る者であるがゆえに、その言には、前後の異同があると言い、その異同の跡は、朱熹の造詣が前は浅く、後に深くなったことを意味するという認識を示している。[42]

つまり、朝鮮の儒者たちは徹底的な朱子学研究を通し、「朱子は生まれながらの聖人ではない」、「朱子の初期の学説は浅近な段階のものだ」という考えを生み出し、それをはっきりと表明することとなった。「朱子は聖人ではない」

という表明は、朱子学への懐疑から生じたのではない。朱子学研鑽という内部から自然に発生したのである。

儒学史からの消失――宋時烈門下の朱子学研究方法論

宋時烈は朱熹の定論を確定するという課題を遂行するために、朱子学原典に対する細密な研究を推し進め、朝鮮儒学史に活発な学術研究の基礎を築いた。しかし、朝鮮朝の学術に対する研究が本格化した二十世紀初頭以来、朝鮮儒学史における宋時烈門下の学術動向はほとんど注目されず、朱子学原理主義として認識されてきた。それはなぜだろうか。

二十世紀初頭に、亡国の下で、朝鮮儒学史の展開における問題点が深刻に反省されていた状況は、前述の通りである。宋時烈とその門下に対する認識は、二十世紀初頭のこのような状況と密接に関わっている。朝鮮儒学は長らく朱子学偏向の、独創性を欠如した「虚」と「仮」の学術史だったと反省される一方、その中で、朱子学批判性・独創性を持つ歴史人物を発掘する作業が進められた。つまり、独創的見解に対立する存在として朱子学派が設定されていたのである。このような対立図式からは、「独創性」などが、朱子学研究領域から見出される可能性ははじめから封鎖されている。それゆえ、植民地時代以来の研究では、宋時烈たちの学術動向は朱子学追従と一蹴されるほかなかったのである。

宋時烈が、中間派を認めない極端な思考で、儒者社会を分裂させる行動を進めていたのは事実であろう。彼は、尹鑴を斯文の乱賊と排斥し、尹鑴を庇護する者をもびしびしと責めつけた。彼は、尹宣挙（一六一〇～一六六九）が、「義理は天下の皆がともにするものである。尹鑴が所見をもって朱子の注説を評議することに何の不都合があろうか。それなのにこのように攻撃するとは（義理天下之公、渠以所見評議朱子註說、有何不可、而攻之若是）」と異議を申し立てたのに対し、「朱子の著作のある箇所について思索して、「この箇所は疑わしい」というのは、まだ良いのであろう。

〔しかし、〕彼〔尹鑴〕はどうして進んで朱子の『中庸』を排斥して、自説をそれに代えようとするのか（或就朱子書指摘商量曰、此處可疑云爾、則猶或可也。渠何敢掃滅朱子中庸。而以己說代之乎）」と反論した(43)。さらに、「おおよそ春秋の法は、乱臣賊子に対してはまずその徒党を懲らしめる。王者が出現したなら、あなたは斯文の乱賊である尹鑴よりさきに処罰をうけるはずだ（大抵春秋之法、亂臣賊子先治其黨與。有王者作、則公當先鑴伏法矣）」と止めを刺す。

彼の死後、その門下では、学術上で彼の志を受け継ぐ一方、政治的側面からみれば、師に対立した朴世堂を執拗に攻撃して流刑にさせ、さらに崔錫鼎の『礼記類編』の版木を壊すまで、政治的攻撃を止めなかった。このような政治的態度は師の態度に似ていながらも、同様でないこともある。なぜなら、宋時烈は尹鑴に対して、「朱子を侮り貶めて自説が正しいと」したと攻撃していたが、「趙翼は心に疑いを持ち、知者に問いただすことを求めただけ」だと庇護していた。おそらく、一貫して朱熹の『儀礼経伝通解』にのっとると述べている崔錫鼎の『礼記類編』は、宋時烈の排斥対象にはならなかったのであろう。

実際に、十七世紀朝鮮の儒学界では、ある人は朱熹の発言を糸口にして演繹し、ある人は朱熹の文言をそのまま引いて自身の考えを示していた。彼らは、朱熹が読んだ書物を求めて学び、朱熹の著作を分析・整理しながら、朱熹の問題意識を共有し、それに基づいて課題を設定・遂行していた。朱熹の見解に同意する者のみならず、朱熹と異なる見解を持つ者であっても、朱熹の学説に依拠し、朱熹の言葉を用いて、自説を展開していったのである。このようにして、十七世紀儒学史は、「朱子学に対する精緻な研究と、それに伴う朱子学教条化」と「朱子学に対する懐疑と批判意識の開始」という二つの対立的軸を超えた地平で展開していたのである。

第二節　朝鮮儒学の創見提出パターン

朱熹の様々な文言の中で、朱熹が最終的に承認した学説は何か。これを考える、所謂「定論確定」は朝鮮儒学界で最も盛んな研究テーマであった。ここから朝鮮儒学史における新たな見解を提示するパターンが誕生していった。それは、自分の見解の正しさを主張するのではなく、「これこそが朱子の定論だ」と主張する形で自己の見解を提出するというパターンである。

独創性の否認

朝鮮社会で、多くの儒者は朱熹の矛盾する言説の中から自説を裏付ける一説を選び、それこそが朱熹の定論だとうったえていた。つまり、朱熹の著述を網羅すればその学説は一つでないという事実が、朝鮮儒者の創見提出の方法論を生み出していたのである。

ある儒者が、朱熹の経書解釈から妥当でないところを見つけ、「朱子の解釈は間違っている。私の解釈こそ正しい」とするなら、朱熹の様々な著作を照らし合わせる複雑な作業は必要ではない。しかし、朝鮮の儒者は、まず朱熹が言おうとする正確な意味が何かを考えるほか、様々な著作で異なる解釈を下しているか否かをも調べて、どちらが定説であるかを確認しようとした。その作業を踏まえた上で、自説を展開した。朱子学的解釈は科挙試験の基準答案であり、儒者たちはこれに習熟している。朱子学的解釈が間違っているという宣言は、政治的に攻撃される前に、まず学界において無意味である。普遍的知識である朱子学を無視して「朱子は間違っている」と言うだけで、朱熹の解釈にどのような問題があるかを詳細に説いていないものであれば、少なくとも個人的には知識不足と指摘され、学術の水準が疑われることになる。学術界への有意義な異議申し立てにならない。ある儒者がもし新たな見解を提示しようとするなら、まず慎重を期して緻密な研究を経なければならなかったのである。

前述したように、趙翼は朱熹の『大学章句』の誠意章の解釈を改め、自説を提出した。しかし彼は、朱熹の解釈が間違っているから私が新たな創見を提出するとは言っていない。彼は『章句』の解釈は定論ではなく、書簡と『心経附註』の内容が定論であり、自説はこの定論と同じだと述べた。つまり彼は、自説は朱熹の『章句』とは異なるものの、朱熹の定論とは同一だと一貫して主張したのである。しかし、朱熹が没する直前まで改訂を行ったという『章句』の注釈と書簡との間で、朱熹自身の考えていた定論はどちらであろうか。『章句』であると考える方がより妥当ではないだろうか。すなわち、朝鮮儒者が常に口にする「朱子の定論」は、朱熹の明言した定論というより、朝鮮儒者が朱子学に対する研究を通して導き出した最も説得力のある論なのである。

尹鑴が「理の動き」を説いている次の文章からも、朱熹の言葉を用いて自身の新たな見解を提出する方法が見出される。

理が動くという説は私の作り出した説ではない。朱夫子は嘗てしばしばこれを言った。今数条を書いて差し上げるので、あらためて考えてみてはいかがだろうか。……弟子が問うに、「太極は理であります。理がどうして動静するでしょうか。形があれば動静しますが、太極は無形なので、恐らくは動静をもって言うべきではないかもしれません」。朱子が答えるに、「理に動静があるがゆえに気に動静がある。もし理に動静がなければ気にどうして勝手に動静があるなどということがあろうか」[44]。また問うに、「動静は太極の動静でしょうか、それとも陰陽の動静でしょうか」。答えるに、「理の動静である」。「そうでしたら太極に形があるでしょうか」。曰く、「無い」[45]。……これら数説はいずれも理に動静があるとしている。しかし、朱子は、また「太極は動静を含んでいるが、動静がすなわち太極ではない」と言っている。つまり、太極にはもとより動静がないが、また動静をもって説明できるということであり、以前論じた「理は神ではないが、また神をもって説くことができる」ということと、ちょうど同じである。ましてや、黄榦は嘗て「理動の説は師匠から聞いて著した」と言っている。恐らく妄言ではない[46]。

尹鑴は、朱熹の複数の言説を挙げて、自説の「非独創性」を主張している。自説は朱熹の考えに基づいたものであり創見ではないと言うのである。しかし彼の主張は、朱熹が理は動静するものだと言ったので、それに従わなければならないという類ではない。彼は、朱熹の複数の言説を総合して考えれば、理に動静があるという朱熹の言葉は、動静をもって理を説明することができるという意味だと主張しているのである。

このように自説の独創性を否認して、朱熹の見解にのっとっていることを強調する方法は、十七世紀になってはじめて現れた方法ではなく、ごく一部の儒者だけが使っていた方法でもない。李退渓は、四端七情を論ずる際に、次のように言っている。

最近『朱子語類』を読んでいたところ、『孟子』の四端を論ずるところの後半部の一条にまさにこの件を論じていることを見つけた。その説に「四端は理の発であり、七情は気の発である」とあった。古人は「敢えて自身を信じないで師を信じよう」と言ったのではないか。朱子は私の師であり、また天下古今の宗師である。朱子の説を見つけた後はじめて、私の見解が大いに間違ってはいないと信ずるようになった[47]。

ここから、朝鮮儒者が自説を提出するパターンがうかがえる。つまり、李退渓は「四端は理の発だ」という見解を持っていたが、朱熹の文言には気の発を説いているところは多いが、理の発を説いているところはほぼない。すなわち、彼は朱熹の文言によって、四端は理の発だと考えたのではない。ある日たまたま『朱子語類』で、四端は理の発だという言葉を発見して、そこから、自身の見解が朱熹の考えと同じだとうったえる、朱熹の言葉を用いて自説を裏付けるという方法を用いているのである。

そのほか、李退渓と奇大升の間の学術議論からもこのような方法が見出される。『大学章句』の「物格とは、物の理の極処、到らざるなしということである〔物格者、物理之極処無不到也〕」との文について、李退渓は「無不到」の主語を我として、我が理に到ることだと解釈しているのに対し、奇大升は主語を理として、理が我に到ることだと解釈していた。奇大升は、朱熹の他の著作から幾つかの言葉を引いて、李退渓を以下のように説得している。

朱子の「戊申封事」に「理が到るという言⑱」とあり、〔『近思録集註』の〕「動きがかすかであり見ることができない〔発微不可見〕」の条の下の『通書』に附された注には、「寓するところに理が到らないことはない」とあり、『大学或問』の注には、「いささかも到らないところがない〔無一毫不到処〕」とある。これらの文句を繰り返して吟味すれば、〔『大学章句』の〕「理詣〔欲——引用者注〕其極」及び「極処無不到」を私の見解のように解釈しても問題ないであろう⑲。

朱熹が多くの著作で、奇大升の解釈のように「物の理の極処が」到ることを説いているのだという論証を読んだ李退渓は、初めて自説の誤りを認めている。しかし彼は、自身が「物の理の極処に」到ると解釈していた理由は朱熹の、理には考えや数えはかることなどがないという言葉を固く信じていたためであったと、次のように述べている。

「物格」と「物の理の極処が〔に〕到らないことがない」に対する説は、謹んで教えをいただいた。以前、私が誤った説を固持していたのは、ただ朱子の「理には情意がなく、計度がなく、造作がない」という説を守ることばかり知っていて、我が物の理の極処に到り尽すことはできるが、理がどうしてみずから極処へ到ることができようかと思っていたからである。ゆえに「物格」の「格」と「無不到」の「到」は、すべて己が格《いた》り己が到るものだとみていた。昔、漢城にいる間、理が到るという説を教えていただき、繰り返して考えてみても、なお疑いが解けなかった。近頃、金而精〔李退渓の弟子である金就礪の字、一五二六〜?〕に、朱先生の「理が到る」ということに言及した三〜四条の言葉を見せてもらって、その後はじめて自身の見解が間違っているかもしれないことがわかった(50)。

朝鮮朝の学術界では、単なる独創性をもって自説の妥当性を主張する方法は用いられなかった。私の新しい考えは道理にかなう、という主張で相手を説得することはできない。これこそ朱熹の定論であることを論証してはじめて説得力を持ち得る。儒者を称賛するときにも、専ら朱子に基づいていると言ってはじめて、真の称賛となる。例えば、李玄逸〔一六二七〜一七〇四〕の年譜には、「先生〔李玄逸〕はかつて「私はこのとき〔三十八歳のとき〕『朱子大全』を好んで読んで、無限の意味があることをさとった」と言った。中年以後の著作や論議はこの書に基づいている(51)」と「称賛」している。

朱熹の注釈という出発点

前述したように、朴世堂や尹鑴は、自説を語り過ぎるその「不謙虚さ」について、政敵のみならず親友からも厳しい忠告を受けていた。一方、趙翼は彼らと同様に朱熹の注を改めたにもかかわらず、その「謙虚さ」を模範とすべきだと見なされていた。また、現代では、朴世堂の注釈は「当時からみれば類例が見当たらない新しいものである。彼は経典解釈において、いかなる既存観念にもこだわらない(52)」と評価されている。

趙翼の「謙虚さ」と、朴世堂の「不謙虚さ」「類例のない新しさ」という相違点はどのようなことから見出されたものであろうか。朴世堂と趙翼の注釈から、同じ個所に対する注釈の例を挙げて、その具体的内容を考えてみたい。

まず、『孟子』公孫丑上、浩然章の「其の気為る、義と道とに配す。是れ無きときは餒う（其爲気也、配義與道。無是、餒也）」の注である。

朱熹は、「言うこころは人能く此の気を養い成すときは、則ち其の気は道義に合して之が助けと為り、其の之を行うこと勇決にして、疑い憚る所無からしむ。若し此の気無きときは、則ち其の一時の為す所未だ必ずしも道義に出ずんばあらずと雖も、然れども其の体充たざる所有れば、則ち亦疑い懼ることを免れずして、もって為すこと有るに足らざるなり(53)」と解釈した。彼は、「無是、餒也」での「是」が気を指すと言う。この解釈では、孟子の言う「配義与道」を必要とする主体が気でありながら、また、「無是」での「是」も気であって、前後の繋がりが不自然である。「気は、義と道を相伴う」と言うなら、「ゆえに、この義と道がなければ、気は（あるいは全体の体は）飢えしぼんでしまう」と連ねる方が自然であろう。

このような不自然さに対し、朱熹の親友である呂祖倹（?〜一一九六）は朱熹に異議を申し立てた。次の朱熹の書簡から呂祖倹の主張が確認できる。

〔呂祖倹は、〕「道義は本来血気の中にあり、道義がなければこの気は飢えしぼんで血気の私になってしまうから、必ず義・道をともなった後、浩然としぼみがないようになる」と言う。語勢が不順であり、添字が過度に多い。何の根拠でこのようにみているのかわからない。……もし貴方の見解のように、「是」が「道義」を指し、「もしこの道義がなければ、すなわち気が飢えしぼんでしまう」という意味であれば、孟子はここにまた別に幾つかの言葉を加えこの意の曲折を詳しく説明するはずである(54)。

つまり、呂祖倹は「無是、餒也」を「道義がなければ、気がしぼむ」と解釈すべきだと主張した。しかし、朱熹は再び次のように反論した。

孟子の意は、「この気は道義をともない、もしこの気がなければ、体が充たされなくなり飢えしぼんでしまう」という意味に過ぎない。ここで、その主語と目的語の釣り合い、脈絡の有無において、少しも疑わしいところがない。……自己を省みて確かめてみれば、気は身にとっての主であり、道義は心にとっての主である。気は形而下のものであり、道義は形而上のものである。(55)

朱熹は気を、身の主となる形而下のものとし、道義を心の主となる形而上のものとする。また、気を養うことを最も重要なこととせず、道義を行う補助手段として解釈している。これは程頤の考えを受け継いだものである。程頤は求道の要は養心にあるため、気を養う際にしても、必ず心を主宰者としなければならないと主張した。気を養うことばかりに専念してはならないということである。

胎息〔道教の修行法の一つである呼吸法――引用者注〕の説を病気を治すことと見なせば可であるが、道と見なしたら聖人の学とは関係がなく、聖人がいまだかつて説いたことのないことである。神がとどまれば気もとどまるというのは仏教の禅定〔心を静めて一つの対象に集中する瞑想〕に入る方法である。養気は第二の事とは言えるが、また必ず心を主にし、心が慈愛深く安んじるようにしなければならない。「静だから、道に役に立つ」というのは正しくない。孟子の説く浩然の気もこのようなことではない。今、存心養気〔本心を失わず気を養う〕の修養がただ専らこの気のためだと言えば、また為すことは小さい。大を捨てて小に務め、本を捨てて末に従って、何ができようか。今〔養気が〕道に役に立つと言うのは、ただ心を放棄しないようにととのえるためである。ゆえに要は、寂湛を得ることのみであり、また仏教で心をおさめる術とは似ていない[56]。

朴世堂は、「気が道義を補助して、しぼまないようにする」とした朱熹の解釈を、次のように批判し、「道義が気を補助する」ことと改めた。朴世堂は、朱熹の解釈は『孟子』経文の「気は体を充たすものだ〔氣、體之充也〕」という内容からみれば、妥当でないと言う。

「是」は「義・道」を指して言う。……朱子は「無是」の「是」が気を指すと言う。……私はこれに対し大きな疑いがある。……朱子の注に「心に足りないことがあれば、体に充たさないことがある」というのは、気を捨てて体だけを言うことに近く、『孟子』の、「気は体を充たす〔氣、體之充也〕」という内容とは大いに異なる。一体このように解釈してよいのだろうか。「天地の間に満ちあふれる〔塞乎天地〕」での満ちあふれるものは気であり、「これがなければ飢えしぼんでしまう〔無是而餒〕」でのしぼむものは気であり、「義を集めて生じる〔集義所生〕」のはすなわち気が生じることであり、「こころよくないことがあれば飢えしぼむ〔不慊而餒〕」のは、気がしぼむことだと思う。〔孟子がこのように〕繰り返して説いた理由は、養うことができるか否かによって、気が浩然たるか否かが決まるということを明らかにするためであり、余計な言葉を並べているわけではない。『孟子』を読む際、この意を味わえば理解しやすく、あやまつことはないにちがいない[57]。

一方、この箇所について、趙翼も、朴世堂のように、道義が気を補助する意味として解釈している。しかし趙翼は、朴世堂のように朱熹の注釈に大きな疑いがあることを明確に表明したりはしない。彼は次のように、朱熹との違いを全く示さない。

〔『孟子』は〕気が道義と合わさって存在することを言う。気は単独では存在できず、必ず道義があってはじめて存在できるので、道義と共に存在する。道義は真っ直ぐな性質だから、〔気は、〕道義があれば存在できるゆえに、必ず真っ直ぐに養わなければならない。道義とともに存在するから、道義がなければ気もない。これがすなわち、「これがなければ飢えしぼんでしまう（無是、餒也）」ということである。この「餒」の字が甚だよい。例えば、人は食べ物があってはじめて生きることができ、食べることがなければ飢える。気が道義があってはじめて存在することもまたこのようである。……今〔私が〕ここに説いた「配義与道、無是、餒也」の意味は、『集注』と異なる。しかし、上下の文義から考えれば、このように見てもまた通じるかもしれない。(58)

朴世堂は、気と道義の関係を詳しく説明した後、このようなことさえ理解できていれば、わかりやすい内容だという、「朱熹にはこのようなことがわからなかったのだ」といわんばかりに自説を結んでいる。一方、朴世堂と同様の見解を持つ趙翼は、朱熹との相違点を強調するより、『集注』の内容とは異なるが、私のように見ても通じるかもしれないと述べている。朱熹の注が正しいけれど、自身の解釈のようにしても差し支えないだろうというのである。朱熹の注釈は、経文の「是」を「気」とし、趙翼及び朴世堂は、「道義」としている。前者が正しければ後者は正しくないはずである。ゆえに朴世堂は、朱熹の解釈が『孟子』の経文の「内容とは大いに異なる」と述べて、自説を打ち出している。しかし、趙翼は、「私の見解のようにみても通じるかもしれない」という。

前者は朱熹説を批判しているように見え、後者は「少し異なるけれど、大きい差はなく、両方とも可能な解釈だ」と述べているように見える。両者は内容的には同じことを言っているにもかかわらず、朴世堂の注釈は朱熹注釈への批判性が表面的にすぐ見て取れる。それゆえに従来、「類例のない新しいもの」と認められてきたのではないだろうか。これは「経書注釈としての新しさ」というより、「朱熹説の権威にこだわらない言い方」であると言える。

さらに一つの例を挙げてみよう。『孟子』万章上の舜往于田章[59]の「父母の我を愛せざる、我に於て何ぞや〔父母之不我愛、於我何哉〕」での「於我何哉」に対する解釈である。朱熹の『集注』は次のように説いている。

「於我何哉」は、自分に何の罪があるかわからないことを自ら責めるだけであって、親を怨んでいるのではない。[60]

朱熹は、「於我何哉」を、何のあやまりがあるかわからない自分自身を責める意味とし、舜が父に憎まれている理由がわからないと泣き叫ぶことだと解釈している。自分を責めるという解釈は、朱熹の創見というより古注を受け継いだ内容でもある。朴世堂は、この箇所について、朱熹の解釈のように、舜の考えを表す文章ではなく、ただ、経文の「恝然」〔愁えないさま〕という言葉の意味に対する説明であると次のように注釈する。

かつて趙相国〔趙翼〕がこれを論じて、「我竭力耕田」から「於我何哉」までは、〔舜の考えを説明した文ではなく〕恝〔憂いのないさま〕の意味を説明するものだと言ったのを聞いたことがある。趙相国の言葉がやはり正しい。思うに、「是の若く恝ならず〔不若是恝〕」とあるから、恝というのがどのような意味であるかを示さなければならない〔そのため、経文にはまた、恝とは何かに対する説明があるのである〕。朱子の注のようであれば、これは、「自分は力をつくして耕し、恭しく子の職分を果たすのみである。責任を果たせば、それで十分である。ただ、父母に愛されないのは、私に何の罪があってこのようになったのかわからない」ということになる。このようであれば、父母を怨んでいないとは言えず、恐らくそのあやまりは愁いがないことに止まらないであろう。そもそも善については賛同し、罪についてはわからないということは、舜のような大孝の者でなくても、どうしてこのような不孝に至るだろうか。孟子は、公明高の意は、孝子の心は父母に対して愁えないことができないと、解釈した。自ら「私はただ力をつくして耕し、恭しく子の職分につとめ自分の責任を果たすのみである。父母が私を愛していないことにおいては、私としてはどうしようもない」と思うなら、それは心に愁いがなく、大きな不孝である。ゆえに、舜は天と父母に向かって泣き叫んで止まなかったのは、まことにこの〔愁いを持つ〕ためである。(61)

朴世堂は、朱熹の解釈のように「私に何のあやまりがあるかわからない」と思うのは大きな不孝であり、舜はこのように思っていたはずがないと述べている。彼が参照したという趙翼の見解は次の通りである。

公明高は、孝子の心は必ず、愁いがないように「私はただ私の職分をつくすのみであり、父母が私を愛していないことは私に何のさしつかえがあろうか」などといったりしないと考えた。このようであれば、これはまさに愁いのない言葉であり、このようであれば怨むこともないだろう。愁いがないという状態にならなかったからこそ、泣き叫びながら怨んだのである。父母に憎まれても、苦労して怨まないようにするのは親につかえる際の常道である。舜の場合、父母が彼を殺そうとするにまで至っており、実にこれ以上のない変事である。孝子の心がどうして気に留めることなく親の過ちを憂えないでいられようか。親の過失が大きいのに怨まないでいるのは、親をさらに疎んじることである。だから舜の怨みは、天理人情のやむを得ないものであろう。しかしここでいう怨みは、憂悶し切迫した思いであって、普通の人の怒ったり恨んだりする気持ちなどとは異なる。『集注』の「自分が親の愛を得られないことを怨む（怨己之不得其親）」というのがこれである。『集注』は「於我何哉」は、自分に何の罪があるかわからないことを自ら責める」というが、文勢と語脈から考えれば、「我竭力耕田」以下は、あるいは恝然を説明する言葉かもしれない。恐らくこのように解釈してもよいであろう。[62]

趙翼の見解は朴世堂と同じであるが、ただ、「竊」「或」「恐」などの言葉をしばしば使っている。朱熹の説の誤りを指摘せず、むしろ朱熹の「己が親の愛を得られないことを怨む」という注釈を引用し、自説と並行して、それに基づいているように見える。一方、元代の金履祥（一二三二〜一三〇三）も『孟子集註攷証』で、同じように解釈している。[63]

右に挙げた朴世堂と趙翼の注釈についてその表面をみれば、前者からは朱子学に対する批判意識が見て取れると言われる理由がうかがえる。後者からは朱子学追従と言われてきた朝鮮朝の多くの注釈をさらに詳らかに考えるべきではないかという疑問が起こる。朝鮮の経書解釈の意義は、その言い回しに過度に注目することなく、朱熹の注釈という出発点からどのように進んでいるかを含め、その内容を詳しく分析しなければならないのである。

第三節　新たな解釈——その意義付け

尹鑴の「精意感通」

尹鑴は『大学』の格物の解釈において、「今按ずるに、格は精意感通、これを謂う」と述べている。[64] ここでの「感通」という解釈用語は、朱子学的解釈を真正面から批判する解釈として注目された。

すなわち先行研究では、「感通」は、祭祀を行い神明と通じるかのように、神明にいたることを意味する言葉であり、尹鑴のこのような解釈は朱熹が「格」を「至」と解釈したことに明白に反対するものと見なされている[65]。また、尹鑴の格物解釈は外部事物への理知的思弁に止まらず、心の忠実な働きを含む、存心養性の修養であり、彼は『大学』解釈を通して実践主体の自覚を強調しているとも言われている[66]。そして尹鑴のこの解釈からは、朱熹の格物致知解釈が主知に傾き、知と行が乖離するという陽明学側の批判に同調していることがうかがえ、窮理と明善とを格物の方法と見なし、窮理と涵養、尊徳性と道問学を包括する解釈として、朱子学の主知的格物説とは明らかに異なるとも言われている[67]。さらに、格物を内的感通として解釈している点は、朱熹の解釈と全く異なるとも言われている[68]。さらには、尹鑴のこのような感通に関する考え方は朱熹の合理的で理知的解釈ではなく、心で感じ取る情感的解釈であるという点で、従来の格物解釈と異なり、陽明学派の解釈に由来する、あるいは、陽明学的思惟が含まれているとも言われている[69]。

確かに、尹鑴は格物の解釈において、「精意感通」という言葉を用い、事物の理を探究する意味のほかに、心を尽くし且つ精密に努めるという意味を加えた。先行研究の多くは、尹鑴の解釈の特徴を捉えることに成功している。しかし、この注釈に朱熹の格物解釈に「明確に反対」した、あるいは、「朱熹の解釈と全く異なる」という意義を付与するのは、妥当であろうか。

尹鑴は、格物解釈において、朱熹の理論や概念を認めた上で、誠意をつくして格物を求める態度をもって一層分析的な解釈を行った。この注釈のどこから、「反対」、あるいは、「全く異なる」という意義が見出されるのだろうか。この「意義」は、尹鑴の注釈を分析して得られたというより、斯文の乱賊と目され死を賜った尹鑴の個人史を念頭に置いた結果ではないだろうか。さらにそこには、「近代精神」を見出すことに努める、植民地時代以来の課題意識がはたらいているのではないだろうか。

尹鑴は、経文の言葉が「至物」ではなく「格物」であることを、自説の主な根拠として提示する。普通に物の理が自分に至ると解釈すれば、「格」字の意味（すなわち経文の意味）を捉えきれない、「格」字が使われている理由にもっと注意を払うべきだ、というのである。物の理の認識は、自然に得られるのではなく、力を尽くして、あたかも祭祀において神明を感格させるような努力によって得られるものであるが、「格」字がまさにこのようなことを表しているという解釈である。従って、「感通」を内的で自然な情感に関わることと見なしては、尹鏞注釈の本来の意義と反対になってしまう。尹鏞は「格」字に関して次のように述べている。

> 朱子は、「格は至なり。窮めて事物の理に至るなり」と言う。今按ずるに、格は精意感通の事をいう。上文の「学」字の意味を敷衍したものである。学問を始める第一の段階では、誠・敬につとめ、思弁にはげむことで物の理を〔私の〕心に感通させる。それはまるで、斎戒して祭祀を行えば、神明に格《いた》るような事である。ゆえに格という。『詩経』の「〔神霊が〕昭然として降臨する（昭格[70]）」、また、「演奏して祭り〔祖霊に〕至る（奏格[71]）」、『書経』の「文祖〔の廟〕に至る（格于文祖[72]）」や「上帝の降臨をうける（格于上帝[73]）」、『周易』の「王が家人を感激させるに至る（王格有家[74]）」や「王が廟に至る（王格有廟[75]）」などは皆誠敬をもって感通させるという意味である。物とは、明徳新民の事である。上文の「物有本末」をうけて言ったのである。「在」と言い、「先」と言わないのは、物が向こうから至ると同時に知がここに到達するからである。『孟子』に「心を尽くす者は、性を知る」と言う。〔朱子の言うように〕知性は物格をいい、尽心は知至をいい、二つの事ではない[76]。
>
> 以上は格物致知の方法であり、聖人に至る事である。……格は、誠実が至り、通じる事である。物は明徳新民の事である[77]。

「精意感通」は、努力の限りを尽くした末に、ようやく事物の理に通じる過程である。それは、祭祀で誠心誠意を尽くした末に、神霊を感激させ、ようやく通じることに似ているという。ここでの「感」は自然に感じることではない。力を尽くして、ようやく感応させることである。

この「感通」の由来は、『周易』繋辞伝の「寂然不動、感而遂通」であり、そこから、「情感的」という意味が見出されたとも言われている[78]。しかし、歴代の『周易』注釈からみれば、繋辞伝の内容は「情感的」という意味ではない。繋辞伝は「易は思うことなきなり。為すことなきなり。寂然として動かず。感じて遂に天下の故に通ず。天下の至神に非ずんば、其れ孰か能く此れに与らん[79]」という。『周易』の歴代注釈は、繋辞伝のこの箇所を、作為がなくてもすべてのことに応じる易道の神妙さを表した言葉として解釈し[80]、「情感的」という意味を付与した注釈は見当たらない。従って、「感通」の出典を繋辞伝だと認めるにしても、尹鑴の「感通」を、「自然に感じて通じる情感的解釈」とする根拠にはなりえない。

繋辞伝の「寂然不動、感而遂通」での「感」は作為のないことを意味する。これに対し、尹鑴の「感通」は、精密な努力のすえにやっと理に通じることを意味する。繋辞伝の「寂然不動、感而遂通」と尹鑴の「精意感通」は、「遂に通じる」という結果は同様であるが、どうして通じるかという具体的な過程は同じでない。実際の意味から考えれば、尹鑴の注と繋辞伝の内容は、言葉は似ているが、それほど強い関係はない。それゆえ、尹鑴は『詩』『書』『易』の「格」の用例を列挙しながらも繋辞伝には全く言及していないのである。

また、尹鑴の注釈は、経文の文脈から「格」と「物」の意味を提示している。「格」に努力を尽くすというニュアンスを付加したのは、「大学之道」での「学」に関わる、学問を始めるときの努力のためである。経文に、大学の道は「明徳新民」とあることから、格物での「物」は「明徳新民」を指すものだという。

また、経文で「古之欲明明徳於天下者、先治其国」から「欲誠其意者、先致其知」まで皆「先」の字が用いられるが、「致知在格物」にだけ「在」の字が用いられる理由は、格物ができれば直ちに己の知が明らかになるからである。

彼は『孟子集注』から、「知性」と「尽心」の関係が『大学』の「物格」と「知至」の関係と同じだという文章を引用した。これは、経文のこの箇所にだけ「在」字が用いられた理由を説明しているものである。

尹鑴のこの注釈はしばしば、陽明学の「知行合一」を強調した説だと言われている。あるいは、「格物」と「致知」とを同一視した実践重視思想や実学思想と見なされる場合もある。そこから、「尹鑴の注釈は朱熹のそれを覆そうとした」という結論が出される場合もある。しかし、実のところ、これは、『集注[81]』からの引用でありその敷衍である。『集注』からの引用であるにもかかわらず、朱子学を批判しており、朝鮮後期実学思想の萌芽だと見なされているのである。

経文の「致知在格物」で「在」字を使っているために、朱熹はこれと他の条目の「先」字とを区別して説明している。王守仁は格物・致知・誠意・正心・修身において、物・知・意・心・身を一物とし、格・致・誠・正・修を一事とし、「先」と「在」の意味をはっきり区別しない。これは、朱熹の解釈とは大きく異なる点である。宋時烈の孫弟子である韓元震は、王守仁のこの解釈を、次のように批判している。

〔陽明は〕また「身・心・意・知・物は、ただ一物である。格・致・誠・正・修は、ただ一事である」と言う。ゆえに、「身を修めようとする者は、必ず心を正すべきである。心を正そうとする者は、必ずその意念の発するところを正すべきである。意を誠にしようとすれば、必ず知を致すべきである。致知は必ず格物に在る[82]」という。格物と致知は、たしかに一事である。格物の外に、別の致知のことはない。ゆえに『大学』に「致知は格物に在る」とある。しかし、その他の条目は、各々一つの事として、各々努力を尽くす、別々の条目ではあるが、ただそれぞれの項目は互いに資する。ゆえに「このようにしようとするなら、さきにこのようにすべきだ」とか、「先にこのようにして後にこのようにする」とあり、先・後の二字から、各々の項目は別々につとめるべきものでありながら、また、互いに資するものであることがわかる。陽明の説のようであれば、「修身在正心、正心在誠意、誠意在致知」のようになり、致知は格物に「在る」というのと同じく、〔二つの条目が「先・後」ではなく「在」の字からつながる〕文章になるはずである。しかし、実際『大学』の文はそうなっていないので、陽明の説が正しくないことがわかる。(83)

尹鑴の「致知在格物」に対する解釈は、韓元震のこの解釈と軌を一にする。尹鑴と韓元震は「致知在格物」に同様の注釈を付しており、それは朱熹注釈の敷衍である。また、韓元震の論証から見れば、王守仁の説を批判的に捉えたものとみても間違いではない。にもかかわらず、尹鑴の解釈のみが反朱子学や陽明学的注釈と見なされている。つまり、朱熹注釈からの引用文まで、反朱子学の観点から分析されており、王守仁の説に対する批判と同じ内容が陽明学的注釈と言われているのである。

注釈者が、「致知」と「格物」が二つの事ではなく一つの事だと解釈するのは、経文の「致知在格物」の「在」字を説明するためである。しかし「反朱子学思想を見出すこと」を念頭に置くと、注釈者はただ経文の「在」字を解釈しているという事実を見落としてしまう。そこから「致知」と「格物」を一つの事と解釈しているというのが、直ちに著者の思想と速断され、あるいは「陽明学から影響を受けている」と判断されてしまった。また、多く朱熹の説を用いている事実には殆ど注意が向けられなかった。

尹鑴は経文の文脈及び他の経書の「格」の用例から「至」と「格」の差を説明し、「格」字の正確な意味から経文を解釈すべきであると主張している。この字の意味を明らかにして、そこから、格物において細かく努力を尽くす姿勢を付け加えている。『集注』の格物解釈を受け継ぎ、かつ精密さを深めたといえる。格の文字にそった、この新たな解釈は、経文に即した解釈として朝鮮経学の精密さを示すものであり、且つ『大学』注釈史においても意義ある解釈だと考えられる。また、朝鮮朝の格物解釈史において、朱熹が格物解釈の際に述べた、「極処無不到也[84]」という言説を巡る、かねてからの議論[85]（本章の第二節、李退渓と奇大升のやり取り参照）の解決策でもあったろう。

朴世堂の「初学入徳之門」

朴世堂は、『大学』が「初学入徳之門」であることを前提にして、「朱熹の格物説は、「初学入徳之門」という『大学』の趣旨に背いている」として、自説を展開している。朝鮮朝の儒者としては珍しいこのような言い方は、朱子学の権威に果敢に挑戦する「近代的」姿勢として大いに注目されてきた。

そして、朴世堂の格物致知注釈は、「朱熹の深遠な格物解釈を否定する」「経験を重視する」「現実的実践に比重を置く」解釈であると言われている[86]。さらには、朱熹の格物説と王守仁の致良知説を総合的に合わせた、知行合一的なものであるとも言われている[87]。

以下は、朴世堂の「格物致知」注釈の一部分である。

枝葉に就いてその根本を探究し、終わりに由ってその始めをたずねれば、さきにすべきことが何であるかがわかる。求めて到達することを致という。格は、則であり、正である。〔というのは、〕物には必ずその則がある。物を格することすなわち格物とは、物の則を求め、正しさを得るということである。つまり、「自分の知が事の正しさが何かがわかり、あらゆる事を適切に処理できるようになりたいならば、物の則を求めてその正しいところを得ることが肝要である」という意味である。致知のためには、まず格物をなすべきだというのではなく、致知は格物に在る、とあるのは、格物を行うことは正しい知を致すことそのものであり、両方が一つの事だからである。○《ママ》朱子の注に、「格」を訓じて「至」とし、「物」を訓じて「事」とするが、恐らくいずれも妥当ではない。

格の字は、「至」の意味もあるにはあるが、「格物」において「格」を「至」と解釈すれば、「至物」というのは、言葉にならない。「至事」と変更しても、やはり理屈がつかず、妥当ではない。(88)

朴世堂は、朱熹が「格」を「至る」としたことは正しくないと主張する。「至る」の代わりに彼は、「則」「正しさ」という訓を提出している。彼が格物を、物の則を考察することだとしたのは、朱熹の格物解釈を受け継いだものだといえる。朱熹との相違点は、格物を進め尽くしたところをどのように想定するかにある。朱熹は「格」を「至る」と読み、一つ一つの事物の理の探究を積み重ね、遂には豁然として貫通するところまで「至る」、つまり最高の段階を目指すことと解釈した。ただし、朱熹の言は、格物が皆このようなことだというより、この段階に至るための一つ一つの努力が格物だということである。朴世堂は「格」にはもともと「至る」という意味はあるが、格物での「格」の場合にはそれに当たらないという。そこで彼は、「則」や「正しさ」などの意味を活かして解釈している。最高の段階まで「至る」ことではなく、一つ一つの物の則を考察することに限定したのである。

朴世堂の「自分の知が事の正しさが何かがわかり、あらゆる事を適切に処理できるようになりたいならば、物の則を求めてその正しいところを得ることが肝要である」という注釈のうち、「あらゆる事を適切に処理できるようになりたいならば」という箇所は、「実践重視」の実学思想が含まれていると言われている。しかし、このような推論は以下のような理由で、その妥当性が疑われる。

朴世堂の注釈において、「……できるようになりたいならば」とあるのは、格物の目的を言っているのであり、格物自体の意味ではない。さらには、経学史上の注釈、しかも朱熹さえも、格物の目的は正しい行いのためだと言っており、単なる知識の探究を目的とするとは言っていない。この注釈を実践的な側面から見てはその意義を捉えきれない。朴世堂は格物の段階を制限し、極致に至ることや豁然として貫通するところまで組み込むことはできないと主張している。つまり、朱熹の格物解釈から、「豁然貫通」などを外し、初めて学ぶ者が事物を考察する範囲に限定しているのである。

また朴世堂は、『大学』では「物格」から「天下平」までの順序や序列が特に強調されていることを明らかにして、この順序を無視してはその本旨を正確に捉えきれないと論じている。そして、「物格而後知至、知至而後意誠、意誠而後心正、心正而後身修、身修而後家斉、家斉而後国治、国治而後天下平」の経文に次のような注釈を施し、本末終始の次第の重要性を述べている。

> 本が立てばすなわち末が生まれ、始が得られれば終が完成する。このことから、後にすることが何であるかがわかる。致すところを得ることを「至」るという。物の則を求めてその正しいところを得てはじめて、自分の知が事のなすべきところにまで至ることができ、疑うところがなくなる。事のなすべきところを知って、疑うところがなくなってはじめて、意の働きが誠になる。思うに、事とは、物事を処理することである。知をもって事のなすべきところを判断し、意をもって実際の事を行う。〔だから、〕物についてその正しい則がわからないのに、知の働きがなすべきことを判断できるとか、知の働きがなすべきことが何かを判断できないのに、意の働きが誠に事を行えるということはあり得ない。この二節で、繰り返し順序や序列を詳らかに説明する理由は、学ぶ者をして、先に行うべきことと後に行うべきこととの区別がわかり、明徳新民の項目へ順序通り次第に進ませるためであり、各々の段階を飛び越え、手順を無視するあやまちを犯さないようにさせるためである。(89)

朴世堂は、「物格而後知至、……国治而後天下平」の経文は、格物・致知・誠意などの各々の条目を順序通りに行うことを強調するところだと主張する。このような解釈は朴世堂に特徴的な解釈ではない。旧来の多くの注釈者は皆、物格から天下平まで定まった順序があり、その順序をきちんと守るべきだと述べている。これらの解釈は経文に「而後」とあるのを念頭においたものである。朱熹の注釈も例外ではなく、この順序に注意を払っている。前に挙げたように韓元震も、朱子学の立場から、この順序を疎かにした陽明学を批判している。ゆえに、上に引用した朴世堂の注釈は朱熹の注釈を批判しているものではない。

そうであれば、朴世堂の「求物之則而得其正」という注釈から、「行」を強調する思想を見出し、朱子学の主知的解釈と異なる「実学思想」の表れと見なすのは、妥当ではない。朴世堂の意図は、物の則をはっきり弁ずることの重要性を強調することにある。彼は、行動しようとするなら、まず正しい認識をしなければならないと述べているのである。右の引用文の中、「物についてその正しい則がわからないのに、知の働きがなすべきことを判断できるとか、知の働きがなすべきことが何かを判断できないのに、意の働きが誠に事を行えるということはあり得ない」という箇所を見れば、その主張はよりはっきりと確認できる。

朴世堂は、格物致知は初めて学ぶ者の第一段階、例えば、一万里の旅程の第一歩となる工夫なので、わかりやすく示して一歩一歩、一段階一段階進めるようにしなければならないと、次のように述べている。

朱子の注に、「物格は、物の理の極致が到らないことがないことである。知至は、己の心の知るところを、尽くさないことがないことである」とある。……ましてこの『大学』は「初学入徳之門」であり、その内容はますます身近なものであるはずなのに、今、〔朱子は〕そうではなく、ややもすれば、一万里の旅程の第一歩を踏むような格物を、聖人の最高の功績と同じものとする。〔本来ならば〕自己の身に切実なわかりやすい道理によって開いて示し、おずおずと足をひきずり、慎重に一段階、一段階と踏み出し、また一段階を進ませ、「遠すぎて及ぶのが難しい」と嘆かせることなく、また各々の段階を飛び越え、手順を無視するあやまちを犯させないようにすべきなのに、そうはなっていない。いったいどうしてそのようにしたのだろうか[90]。

ところで、朴世堂の『大学』解釈の前提となる「初学入徳之門」は、朱熹の『大学章句』冒頭の「子程子曰、大学、孔氏之遺書、而初学入徳之門也」に由来する。朱熹のいう「初学入徳之門」は、初めて学ぶ者がまず遠大な学問の大綱を知る段階を意味する。朴世堂は、朱熹の格物説の一部分は、この前提に背いているという。『大学』を「初学入徳之門」と見なしたのは、もともと程頤であり、朱熹は『大学章句』の冒頭にこの「初学入徳之門」を引いて、程頤の『大学』観を継承していることを示している。それでは、「初学入徳之門」とは具体的にどのような意味であろうか。まず『二程遺書』には、次のような文がある。

初めて先生にお目にかかって聞いた。「初学はどうすればいいでしょうか」。先生はおっしゃった。「入徳の門は『大学』よりいいものはない。今日の学者はこの本が残っている事に頼り、そのほかには『論語』『孟子』よりいいものはない[91]」。

さらに、朱熹が「初学入徳之門」を『大学章句』の書き起こしに引用した理由は、『朱子語類』からうかがえる。

『大学』と『論語』『孟子』は聖賢が人のために説いた最も肝心なものである。しかし、『論語』『孟子』は事に従って問答したものなので要点がつかまえにくい。ただ『大学』は、曽子が孔子の説いた古人の為学の大きい方法を記述し、また門人たちが伝述してその本旨を明らかにしたものであるから、体系が皆そなわっている。この本を玩味すれば、古人の為学の志向がわかる。〔その後〕『論語』『孟子』を読めば学問を進めやすい。その後の工夫は多いけれど、根本はすでにできあがっている[92]。

朱熹も『大学』を熟読した後で『論語』『孟子』を読むべきだと言う。『論語』『孟子』は、各々の章がそれぞれのエピソードから成り立ち、前章を理解したからといって次の章も理解できるとは限らない。一方『大学』は、一つの体系の下に古人の為学の方法がまとまっており、熟読すればそれを理解することは難しくない。しかし、朱熹の言う「初学入徳之門」とは、ただ易しい内容を指しているのではない。次の文章からはさらに詳しいことが確認できる。

『大学』は為学の綱目であるので、さきに『大学』に通じ、綱領を立てておけば、他の経書のあらゆる説は、その中にある。『大学』を完全に理解してから他の経書を読めば、はじめて「これは正に「格物致知」にあたる事だ」「これは正に「正心誠意」にあたる事だ」「これは正に「修身」にあたる事だ」「これは正に「斉家治国平天下」の事だ」とわかる[93]。

『大学』は学問の綱目であるので、さきに『大学』をもって大綱を知り、その後、他の経書を読んでその大綱の中を詰め込む。つまり、これから進む遠大な道における全体枠を定めるものであり、初めて学ぶ者が一度は経過すべき入門書ではない。全体の規模を定めるための書物である[94]。朱熹は確かに、『大学』は『論語』『孟子』よりわかりやすいと言っているが、それはテーマの易しさのためではなく、叙述方法のためである。本文が一つのテーマに向かっており、始めから終わりまで一読すれば、その核心を捕まえることができる。その構造を把握すれば、『論語』『孟子』の日常生活のことや、諸侯との対話などばらばらなエピソードが、どのような項目に関わるかがわかる、ということなのである。

四書の難易度についていえば、朱熹は、『中庸』は後学が容易に理解できない奥深い内容であるが、『大学』『論語』『孟子』はその内容が奥深いか否かの差によって学ぶ順序が決まったのではないと考える。『大学』は、筋道がはっきりしているのみならず、内容も学ぶ者に非常に必要なものであるが、その規模は大きい。『論語』と『孟子』は、質問者や記録者が多く、それぞれその時その時の多様なエピソードを背景としており、また、その中には学ぶ者の日用に必ずしも必要でないものもある。

この書〔『大学』〕は世に教えを広めるための大典であり、皆天下後世のために説いたものである。『論語』『孟子』は機に応じ物に接したときの簡潔だが道理が含まれている言葉であり、あるとき、ある出来事にちなんで発言したものである。ゆえに、『大学』は規模が大きくても、首尾が備わっており、綱領を尋ねることができ、節目がはっきりしており、工夫の順序が定まり、学ぶ者の毎日に非常に必要なものである。『論語』『孟子』も人に切実ではあるが、問う者が一人ではなく、記す者も一人ではなく、あるいは先後浅深に順序がなかったり、あるいは抑揚進退がふぞろいであったりして、そこには初めて学ぶ者が日常的には必要でないものがある。これが、程子がこの書をさきにし、『論語』『孟子』を後にした理由である。その順序は難易度や緩急によるものであって、聖人の言に優劣があるからではない。〔しかし、〕『中庸』は、聖門伝授の極致の言であって、後学が容易に理解できるものではない(95)。

また朱熹は、「読書において、『論語』『孟子』のごときは、日常生活の目の前の事を説くので、文脈に疑義がない(96)」という。一般的には、「初級段階で日常生活のことを学び、上級段階で遠大なことを考える」と思いやすい。しかし、朱熹が『大学』を「初学入徳之門」と規定し、初めて学ぶ者がさきに学ぶべきと言った理由は、概ね遠大な道の大綱を知ることを目指すようにするためである。ただの「易しさ」あるいは「身近さ」のためではない。そのため、格物致知が究極の境地を目指すと言っても、この「初学入徳之門」の意味に背くことはない[97]。また、『論語』『孟子』を『大学』の後に置くのは、日常的な必要性から離れた遠大なことを説くからではない。

朴世堂が格物致知を「一万里の旅程の第一歩となる工夫」と述べているのは、「遠大な道へ進む基本を具える」という朱熹の考えに反対していないことを示す。しかし朴世堂は、朱熹の定めた「初学入徳之門」という規定を受け入れながらも、格物の工夫を解釈するにあたり、究極の境地を提示することは、「初学入徳之門」という『大学』の意味にそぐわないと主張した。つまり、朴世堂の批判を、従来「朱子学的経書解釈の難解さを批判するために、日常生活上の実践を重視する立場から格物を再解釈した」と意義付けることはできないのである。

朴世堂の主張は、最終的に「朱熹の『大学』注釈は、朱熹が提示した「初学入徳之門」という規定にそぐわない」という批判になる。そこで、朱子学に精通する尹拯は、朴世堂と討論を行うとき、朱熹の注釈の真の意味を理解していないと反論しているのである。つまり、朴世堂が危険な反朱子学説を説いたために批判されたという筋道は見当たらない。少なくとも彼の格物説は、朱熹の著作に詳しい人々には朱熹の言説に対して誤解があると感じられるがために、同意しにくいものであったのであろう。

朱子学が詳らかに研究されていた十七世紀の学術界の状況からいえば、朴世堂の注釈は、必ずしも「学術史」において進歩的ではない。しかし、植民地時代のように、「内容を問わず」に「旧来の権威に屈しない、進歩的精神」を見出そうとするなら、必ずしも不当ではない。朴世堂の経書解釈を実際に分析すれば、朱熹注釈を覆す意図も、覆したという結果も見出せないが、「朱子の注釈は正しい経文解釈となっていない」と唱える態度は、十七世紀においては謙虚でないと言われていたことからわかるように、当時非常に珍しかったからである。

『大学』を「初学入徳之門」と規定することや、格物解釈理論そのものにおいて、実は朴世堂は、朱熹の説とそれほどの差はない。朴世堂には、格物を日常生活の中で実践できる範囲で止めればよい、それ以上の高遠なことを考えるのは聖人の教えではないなどといった考え方はない。彼は、高遠な道を常に念頭に置くことを前提にし、格物をその一段階として見なしている。格物は、一万里の旅程の第一歩と同じような意味を持つと考える。彼にとって、「経典の道理を実現する」大事な出発点が、格物なのである。朴世堂の「格物致知」解釈は、実践するためには、必ず明確に知っておかなければならないことを強調している。しかし、実践や経験そのものを何より重視するというわけではないのである。

趙翼の饒魯説受容

趙翼の経学は、陽明学の影響を受けているとも言われる[98]。一方、朱子学に対する批判意識から注釈を著した[99]という評価もあり、これに対する反論も行われている[100]。また、このような議論の中、趙翼の『中庸』注釈に注意が向けられた。彼の著した『中庸私覧』が二〇〇七年に新しく発見され、その中に饒魯の説が多数引用されていることが注目されたのである。南宋時代の人である饒魯は、号が双峰であることから、双峰饒氏として知られている。正確な生没年は未詳で、理宗（在位一二二四～一二六四）・度宗（在位一二六五～一二七四）年間に活動した、黄幹の弟子つまり朱熹の孫弟子である。趙翼の『中庸私覧』に多数引用された饒魯の説とは、朱熹の『中庸章句』にさらに小注を加えて編纂された『中庸章句大全』の小注の一つを言う。この点から、『中庸私覧』の反朱子学性が導き出されることとなった。

趙翼が饒魯の説を受容したことが特別に注目されることとなったのは、以下のような理由による。

第一に、饒魯という人物の思想傾向である。饒魯は朱熹の孫弟子でありながら、経書解釈において異説を提出したと言われており、趙翼は饒魯の「朱子と見解を異にする点」を承知した上で、その説を引いているためである。彼は、「饒魯の説には朱熹の『章句』と相違するところがある」といいながら、その点を認識しつつ饒魯の説を受容したことを認めている。

第二に、趙翼が活動した十七世紀という時期は、韓国史において、特別な意味を付与されているからである。この時期は、朱子学盲信の傍らに、朱子学思想に対する懐疑が芽生えていたという時代である。そのため、朱熹注釈に追従していない解釈から、朱子学に対する批判意識が見出されている。つまり、趙翼が朱子学批判を目指して饒魯の説を受け入れたのではないかと推測されているのである。

朝鮮朝の経学史において、饒魯の説は、趙翼より前の金長生などから批判されたことがある。それは、朱子学者が饒魯の非朱子学性を批判したものと見なされている。また、趙翼は、朱子学に懐疑を抱いていたために饒魯の説を多く受容したと見なされている。ここに、朱子学者側と朱子学懐疑論者側の両者を対立させる図式が成立することとなる。では実際に、饒魯の説のどのような面が批判あるいは受容されていたのか。

前述の通り、饒魯は黄幹に師事した、朱熹の孫弟子である。胡炳文[101]（一二五〇～一三三三）の『四書通』の凡例に、「饒魯の説は、朱子学において大いに貢献したところがあるが、その説の中には、似ていないところもある。その一、二を弁じてみて、後の君子の判断を待とう[102]」とある。従って、『四書通』の注には、饒魯の説の引用が多く、その中には引用に止まる箇所もあれば、批判的見方を示す箇所もある。

ところが、『元史』の胡炳文の伝には、「〔胡炳文は、〕朱熹の著した『四書』注釈にもっとも深く力を入れた。余干の饒魯の学は、もともと朱熹に淵源があるが、彼の為した説は朱熹の学説に多く食い違い、炳文はその非を深く正し、『四書通』を作った。言葉は異なっても理が同じ場合には、合わせて一つにし、言葉は同じでも意味が異なる場合には、分析して弁じ、往々にしていまだ尽きない奥深い意味を明らかにした[103]」とある。

『四書通』の凡例からみれば、胡炳文自身は、饒魯の朱子の説に対する貢献を認めているが、なぜか『元史』は、食い違うことのみを強調しており、胡炳文が饒魯の説を専ら朱熹に背くものとして論駁したかのような印象を与える。

『元史』は何に基づいてこのように書いているのだろうか。『元史』の内容のもとになる書物は確定できないが、これと一致する文章が胡炳文に触れる多くの文に見出される。恐らく、もとになる一つの文があり、そこから繰り返して引用されていたのではないかと推測される。引用元の文〔あるいは引用元に近い文〕としては、汪幼鳳[104]の「胡雲峰伝」[105]が候補にあがる。この伝がもととなって、繰り返して引用されたのではないだろうか[106]。

一方、『江南通志』などには、「饒魯は朱子の正統な後継者だ」、「〔ある者は〕饒魯の門下に入ったため、朱子の学を得た」という評価も見られ、饒魯は朱熹の高弟である黄幹に師事した朱子学者と見なされていたことがうかがえる[107]。つまり、「朱熹の学説に多く食い違う」という批評は当時一般的なものだったとは限らないのである。

饒魯の孫弟子である程矩夫[108]（一二四九～一三一八）は、饒魯の文集の序文で、次のように述べている。

> 理学は伊洛〔二程〕に至って大いに明らかになり、考亭〔朱熹〕に及んで益々精しくなった。学ぶ者は程・朱の書を家に備えておき、この書に基づいて求める者が多かった。しかし、書物の章句に束縛されこだわる者もあれば、権威を盗むいつわりの者もあり、門戸を専らにして自らを高いとし、言葉をもてあそぶことを優れたこととし、存亡・愚智それぞれに欠点があった。双峰饒先生は〔朱子学の〕一番最後の弟子になったが、朱子の高弟〔黄幹〕に従って学ぶことができた。さらには、ただ独り窮め尽し詳細に分析し、派を共にしながらも流を分け、出を異にしながらも帰を同じくし、このように卓越し光り輝いている。不肖ながら僕は若くして徽庵程先生〔程若庸〕に師事し双峰の学を詳らかに知るようになった。両先生の志は同じく、その造詣もまた同じく深い[109]。

右の引用文によれば、朱子学が権威を持った時代、ただその権威を利用したり、その言葉を墨守したりする風潮が蔓延していた。饒魯はまず朱熹の高弟である黄幹に師事し、その上、ただの墨守ではなく、朱子学的注釈の根源を究め詳らかに分析することに努めていた。単に追従するのではなく、朱熹の説と異なる見解も提出した。だが、帰属する先は、あくまで朱子学であった、ということである。

程矩夫は、饒魯に師事した程若庸[110]の弟子である。この程若庸の門下から出た呉澄の理学思想には陽明学の萌芽が見出され、結果的に程朱理学から陽明学に至る過渡となる人物と言われている[111]。しかし、ここから推測して、饒魯は朱子学から脱したものであり、程矩夫も饒魯のそのような傾向を称賛していると結論するのは、性急である。程矩夫は中央の官僚を務めていたとき、経学は程朱の注を主にすることを仁宗に建議し、貫徹させた人物である[112]。彼は、朱子学を伝授することを自任している。このような彼が、饒魯の文集の序文において、朱子学から離れようとしたことを賛美したはずはない。

饒魯の著作はいまだ発見されておらず、集成書からその思想傾向をうかがえるのみである。このような状況で、饒魯の思想の位置づけは容易ではなく、饒魯の思想を如何に分類するかは今日でも見解が一つではない。全祖望は「双峰は全面的に朱子と同じ者ではない[113]」と述べている。侯外盧はこれに同調する[114]。この両者の考え方は程矩夫に近く、黄宗羲（一六一〇～一六九五）の評価[115]は汪幼鳳や『元史』に近いと言える。

趙翼は、『四書大全』の諸説の中から饒魯の説を多く採用した。これ自体を、直ちに反朱子学的傾向と見なすのは、妥当ではないことは明らかである。まず、饒魯は専ら朱熹に反旗を翻した者ではないからである。さらに、『大全』の小注には、基本的に朱熹の注に背くものでなく、朱熹の注の理解に資すべきものが収録されているからである。趙翼は、饒魯の説の中からどのようなものを取っているだろうか。そして、当時の儒者たちが饒魯の説を批判あるいは受容した内実は何であろうか。

まず、金長生の『経書弁疑』で行われた饒魯の説に対する批判を確認しよう。『経書弁疑』における、饒魯の『中庸』注釈に関わる言及は、表1のようにまとめられる。

表1　金長生『経書弁疑』

	章	主要内容
一	読法[116]	饒魯は「『大学』を徹底的に理解すれば，学びにおいて誤りがない．『中庸』を徹底的に理解すれば，道において誤りがない（理會得大學透徹，則學不差．理會得中庸透徹，則道不差）」という．これについて李栗谷は「過度に分析するという誤りがある」という．李退渓は朱熹の書簡の内容に基づき，「学と道とは一つに混ぜることができないから，饒氏の説が正しい」という．
二	一章[117]	饒魯は「子思は「道というのは」と言って，道字に触れているが，下の「莫見乎隱，莫顕乎微」での見（あらわれるもの）と顕（あきらかなもの）が指しているのは，皆この道であることがわかる（子思云道也者，提起道字，見得下面莫見乎隱莫顯乎微，見與顯，皆是此道）」という．これについて栗谷は「幽暗の中や精微の事には邪もあり正もある．どうして皆道と言えるか」という．退渓は「朱子及び諸家の説からみれば善悪の機微として捉えている．饒説は妥当ではない」という．しかし，ある人は「朱子も「莫見乎隱．莫顯乎微」は道の至精至密なることをいう[118]」というので，饒説をよく考えてみるべきである」という．
三	一章[119]	饒魯は「『大学』では，ただ慎独を言い，戒懼を言っていない．初学の士をして動的に修養させることである（大學只言愼獨，不言戒懼，初學之士且令於動處做工夫）」という．栗谷は「正心章は戒懼を言っている」という．退渓は「栗谷の見解は妥当ではない．『大学』には戒懼を説いていないのに，どうして強いていっていると言えるか」という．
四	一章[120]	饒魯は「首章は聖人の伝道・立教の原であり，君子の性情を涵養する要であるので，『中庸』一篇の綱領となる（首章論聖人傳道立敎之原，君子涵養性情之要，以爲一篇之綱領）」という． 栗谷は「饒氏の涵養の要という言葉は，省察に欠けている」という．退渓は「諸儒の説に照らし合わせてみれば，饒氏の説には非の打ちどころがない」という．
五	二章[121]	饒魯は「首章の中和は，性情の徳であり，中庸の根本である．中和は性情をもっていうことであって，人心の本然の純粋な徳である．中庸は事理をもっていうことであって，天下の当然の則であるので，過も不及もあってはならない．二者は，中の理は同じであるが，指すところは各々異なる．ゆえに，中和を致す者は，戒懼・慎独をもって性情を涵養し，中庸を実践する者は，善を択び，それをじっと守って，事理に合うことを求める．二者は，内外が互いに養いあう道である（首章中和，是性情之德，而中庸之根本．中和以性情言，人心本然純粋之德也．中庸以事理言，天下當然之則，不可過，亦不可不及者也．二者，雖同此中理，而所指各異．故致中和者，則欲其戒懼愼獨以涵養乎性情，踐中庸者，則欲其擇善固執以求合乎事理．二者，内外交相養之道也）」という． 栗谷は「中和と中庸とは，内と外とに分けることができない」というが，退渓は「中和と中庸は理をもって言えば，二事ではないが，就くところをもって言えばそれぞれ異なる．『章句』の游氏[122]の説にも「性情をもって言えば，中和であり，徳行をもって言えば中庸である」とある．饒氏は，游氏の説に基づき敷衍したものである．このようにしなければ『中庸』の旨が明らかにならない」という．

		○愚（金長生）は思うに，『章句』に「中庸の中は，実に中和の意味を兼ねる」とあるのに，どうして内と外とに分けることができようか．
六	四章[123]	饒魯は「道之不行の行は，人が道を行うことでなく，道がおのずから天下に流行することを説く．道之不明の明は人が自ら道を知ることでなく，道がおのずから天下に明らかになることを説く（行不是說人去行道，是說道自流行於天下．明不是說人自知此道，是說道自著明於天下）」という．栗谷は「饒説には欠点がある．道の行不行・明不明は皆人に由る」というが，退渓は「栗谷の言は確かにそうである．しかし，ここでいう「不行」は，道の行われていないことを指しており，人が行わないことをいうのではない．ここでいう「不明」は道の明らかでないことを指しており，人が明らかにしないことをいうのではない．饒説は精密で妥当であり，非としてはならない」という． ○愚（金長生）は思うに，饒説はやはり疑わしい．
七	十章[124]	「和而不流[125]」の小注に，饒魯は「（これら）四つにもまた順序がある．ものの一つ一つはだんだんと難しくなっている．「中立不倚」は「和而不流」より難しく，「國有道不變塞」はまた上の二者より難しく，「國無道至死不變」は十一章の所謂「遯世不見知而不悔，惟聖者能之」の段階であり，これは最も難しいところである（四者亦有次第，一件難似一件．中立不倚，難於和而不流．國有道不變塞，又難於上二者．國無道至死不變，卽所謂遯世不見知而不悔，惟聖者能之．此是最難處）」という．栗谷及び退渓は，饒氏が四つに順序をつけるのは，牽強付会の欠点があるという．
八	十一章[126]	「依乎中庸[127]」の小注に，饒魯は「経文に「君子依乎中庸」といい，また「唯聖者能之」を加えたのは，「依乎中庸」は難しくないが，「不見知而不悔」は難しいからだ（既曰君子依乎中庸，又曰惟聖者能之，何也．蓋言君子之依乎中庸，未見其爲難，遯世不見知而不悔，方是難處，故曰惟聖者能之）」という．しかし，『章句』では，両方とも聖人の事とした．饒氏が君子と聖人に分けたのは誤りであろう．
九	十二章[128]	饒魯は「この章は先に小さいことをいい，後に大きいことをいう．「大哉聖人之道」章では，先に大きいことをいい，後に小さいことをいう（此章先語小而後語大也．大哉聖人之道章，先語大而後語小）」というが，この説は疑わしい．
十	十二章[129]	饒魯は「「道不可須臾離」は，そうでないところがないということであり，「君子之道費而隱」はそうでない物がないということである．また「敬以直內,」「義以方外」云々（道不可須臾離，是無時不然．君子之道費而隱，是無物不有，又曰，敬以直內義以方外云云[130]）」という．栗谷及び退渓は「朱子は「道不可須臾離」の解釈にすでに「無物不有」を兼ねて説いている[131]．饒氏のこのような分配は，過度に細かい．「直内」と「方外」の区分を，このように説けないことはないが，子思本来の語に，必ずしもこのような意があるわけではない．わざわざこのように分析する必要はない」という．
十一	十三章[132]	饒魯は「道は天理であり忠恕は人事である．天理は人事から遠くなく，ゆえに「道不遠人」という．人事を尽くせば天理に至ることができる．ゆえに「忠恕違道不遠」という．その理は甚だ明らかである（道是天理，忠恕是人事．天理不遠於人事，故曰道不遠人．人事盡則可以至天理，故曰忠恕違道不

		遠．其理甚明)」という．栗谷及び退渓は「朱子は「仁は道であり，忠恕は正に学者の工夫を下すところである[133]」とある」という．饒氏は間違っている．
十二	二十六章[134]	「至誠無息」の小注で，饒魯は「人の誠には至もあり不至もある．聖人は誠の至りであるがゆえに至誠と言える．天地は誠のみであり，至・不至がない（人之誠有至有不至．聖人誠之至，故可説至誠．天地只是誠，無至不至)」という．栗谷は「至・不至がないというと，仏家の「無聖無凡」の説に近いだろう」という．退渓は「釈氏の説は空・無に帰る．饒氏の説はこれと異なり，道理にかなっている．しかし，『論語集注』をみれば，朱子は「天地，至誠無息」といい，天地に対し，至誠の字を用いている」という．
十三	二十六章[135]	博厚載物[136]の小注で，饒魯は「「悠久」は外面のことを指している（悠久是指外面底)」という．しかし，退渓は「朱子の「内外を兼ねている[137]」という説は欠点がない」という．

李退渓と李栗谷は書簡によって、饒魯の説について討論したことがあり、金長生の『経書弁疑』は、その内容を表中のように引用している。饒魯の説のうち、経文を細かく分析したり、順序をつけたりした箇所は、こまごましすぎるという批判を受けている。栗谷は批判する場合が多いが、退渓は必ずしもそうではない。朱熹の説に照らし合わせ、その妥当性を認める場合もある。いずれにせよ、「朱子学（の重要概念）に背いている」などとして饒魯の説を批判してはいない。つまり、『経書弁疑』からうかがえるのは、饒魯の思想的傾向を朝鮮朝の朱子学者たちが批判したということではない。饒魯の、経文を過度に分析したり、牽強付会する点に関する批判がほとんどである。

次に、趙翼の『中庸私覧』が饒魯の説をいかに受容しているかを考えてみよう。趙翼の『中庸』解説は、十数年間にわたり、幾つかの段階を経て行われた。まず、二十四歳で『中庸説』[138]（一六〇二年）を書き上げ、二十九歳で『中庸私覧』（一六〇七年）を、三十七歳で『中庸困得』[139]（一六一五年）を完成した。これら三つの著述は共に、『中庸』各章の構成を分析的に解説するという特徴を持つ。なかんずく『中庸説』は専らこのような分析を行い、同一主題の章を連係させて解説している。『中庸私覧』も構成の分析に重点を置いているが、趙翼はこの著作に、『中庸章句』や『中庸章句大全』に載せられていない饒魯の説を多数引用している。『中庸困得』の末では、それを入手した経緯を次のように述べている。

私は昔、中国で出版された『中庸』の古冊を得た。その小注は新安の倪氏の集成したものである。その中にみえる饒氏・李氏の説は、あるいは『章句』と異なる部分もあるが、それでも通じるようであり、『中庸困得』に引用しているものがこれである。今通行の郷板には、『章句』に異なる諸説は載せず削っている。国中に通行するのはこの本であり、倪氏の本はもう見つからない。[140]

「新安の倪氏の集成した」というのは、倪士毅の『四書輯釈』を指していると考えられる。「今通行の郷板」とは『四書章句大全』であろう。趙翼は『四書輯釈』から『四書章句大全』に載せられていない饒魯の説を読んだのであろう。

朱熹が四書に注を付し、これが広く読まれることになった後、中国では、朱熹の注への理解を深めるために、注の下に『朱子語類』の内容を小注の形で付け加えた書物が登場した。それ以来、諸家の説を小汼として集成した書物が盛んに編纂されていった。集成書の出版が増加するにつれて、付け加えられた小注も多くなった。その結果、注釈書が過度に複雑化し、それを批判する声も上がった。

そこで、複雑さを改善して編纂されたものが陳櫟[141]の『四書発明』及び胡炳文の『四書通』である。陳櫟の弟子である倪士毅が、再びこれら二篇を合わせ、删正を行って編集したのが『四書輯釈』である。明代の永楽年間（一四〇三～一四二四年）に『四書大全』が出た後は、既往の集成書は姿を消してしまったが、詳細さからみれば、『四書輯釈』は『四書大全』より優れていると評された[142]。『四書発明』には饒魯の説が多数引用されているため、この本を基にして編纂された『四書輯釈』にも饒魯の説が多く引用されている。

なぜ、以上の集成書に小注が付け加えられたのか。その理由は、朱熹注釈が簡潔で、それだけを読むと理解しにく

表2　趙翼『中庸私覧』

	章	内容のまとめ
一	一章	『章句』はこの章を一節とし，以下の10章の内容に繋がるという．饒氏は第一大節とする．私（趙翼）は饒氏に従う．
二	十一章	饒氏は二章から十一章まで第二大節とする．
三	十九章	饒氏は十二章から十九章まで第三大節とする．私はこの節が「道無所不在」を説いていると思う．
四	二十章	饒氏はこの章から「五達道」の前までは孔子の言葉であり，その後は子思が孔子の言葉を敷衍したものであるという．
五	二十章	「生而知之」〜「勉強而行之」の経文で，ただ知と仁のみを言い，勇に言及していないのはなぜだろうか．これに対し『章句』は，経文を次のように分析して，勇に当たるものを提示している． ㈠知るのは知であり，行うのは仁である．これを知り，功をなすに至って一つになるのは，勇である（所以知者知也，所以行者仁也，所以至於知之成功而一者勇也）．㈡生知安行は知であり，学知利行は仁であり，困知勉行は勇[143]である（生知安行者知也，学知利行者仁也，困知勉行者勇也）．㈢三近は勇に当たる． しかしこのようなことは，子思の本旨ではないだろう．饒氏や明の焦竑も非とした．
六	二十章	饒氏は，「子曰，好學近乎知」について，「子曰」は衍文ではないという．
七	二十章	『章句』は，この章は，十七〜十九章の「舜・文武・周公の示した糸口を受け継いでその文義を詳しく説明したという．饒氏はこの章は，下の章に繋がる，誠を説く章であるという．私は両者と異なり，この章は第四大節として，上の二つの大節の内容も含めて，下の誠に関する言を開く糸口になると考える．
八	二十六章	饒氏は，二十〜二十六章を四大節とした．私は二十章を四大節とし，二十一〜二十六章を五大節とする．
九	二十七章	「君子尊德性而道問學，致廣大而盡精微，極高明而道中庸，溫故而知新，敦厚以崇禮」に対し，『章句』は「道中庸」までは「尊德性」のことであり，「溫故」以下は「道問學」のことであるという．饒氏はこれを非とする．私は両者とも子思の本旨ではないと思う．
十	二十九章	「王天下有三重焉」での「三重」に対し，『章句』は「議禮・制度・考文」といい，饒氏は「徵・尊・善」という．『章句』が正しい．
十一	三十章	「辟如天地之無不持載，無不覆幬，辟如四時之錯行，如日月之代明」について，饒氏は地のように載せてくれることは博厚の至りであり，天のように覆ってくれることは高明の至りであり，四時の運行や，日月が代わる代わる明るくなるようなことは，悠久の至りであると分析した．
十二	三十二章	饒氏は，二十七〜三十二章を第五大節としたが，この章は第六大節とするべきである．饒氏の「至誠無息章（二十六章）までは「天道・人道」を述べている」という見解は正しいが，「大哉章（二十七章）の以下は専ら「小德・大德」を述べている」という見解は間違っている．

いところがあるためである。朱熹の注を理解するということが主目的であるため、そもそも朱子学を否定するようなものは、小注として載せられない。その注の中に、たとえ朱熹の注釈と異なる内容を持つ部分があっても、朱子学の概念や理論を否定するとまで言えるものは、基本的にありえない。

『中庸私覧』に引かれている饒魯の説をまとめれば、表2の通りである。

表2の内容は、その大部分が、『中庸』各章の要点に対する分析及び分節に関わる。前述した『経書弁疑』では、李退渓と李栗谷が、饒魯は経文をこまごまと分析し、牽強付会した、と批判していることを確認した。つまり、饒魯の説は詳らかに分析することを特色にしている。このような饒魯の方法は、『中庸』の構成を分析することを目指す読者であれば、非常に参考になるはずである。趙翼が饒魯の説から取っているのは他でもないこの点であり、朱子学的概念に関わるものは一件もない。趙翼の『中庸私覧』は、経文の全体構成を分析することに重点があるため、これに役立つ見解を引用したのであり、饒魯の思想が朱子学から距離を置こうとしたか否かの問題とは、関係がない。

趙翼の経学を考える際、彼が若い頃文章学習に力を注いでいたことや、また、「経書研究は意味合いを把握することに重点を置くべきである」という、彼の経学観に即すべきである。前述したように彼は、『中庸説』『中庸私覧』『中庸困得』を順に著した。『中庸説』では、『中庸』一篇の内容を主題別にまとめて分析した。『中庸私覧』は、このような整理分析を基にして完成した注釈である。『中庸困得』は、経文の分析をさらに精緻にし、朱熹の著書に対する綿密な考察を施したものである。

以下では、表2の内容に関して補足説明を加えよう。

先に挙げた表2の五で、趙翼は「(『章句』の経文分析について、)饒氏や明の焦竑も非とした(饒雙峰及皇朝焦澹園皆非之)[144]」とのみ言及しており、饒魯の説に関して詳しく説明していない。趙翼が見たはずの倪士毅の『四書輯釈』を参照すれば、饒魯の原文は「生知安行はひっそりした勇である。学知利行は勇でなければ到達することができない。困知勉行はもっぱら勇の働きから出る」[145]という内容である。これは「生知安行〜困知勉行」に関して、勇を通じて分析したものである。一方、朱熹は知と行を、それぞれ知と仁に分析した。また知や仁を可能にさせ、この状態を保つことは勇に属す、とした。趙翼はこのような分析は妥当でないと述べている。趙翼の実際の意図を知るためには、この注釈には書いていないが、この注釈を成り立たせた文献を調べ、そこに深入りしなければならない。

まず、趙翼が言及していない朱熹注釈がさらにある。「生知安行」を知に、「学知利行」を仁に、「困知勉行」を勇に属せしめた分析がそれである。[146]饒魯の説はこの注釈に関するものであるが、趙翼のこの簡単な言及からは、饒魯が朱熹の説のどこを問題にしているのかが、明確に表れていない。

饒魯の原文から確認してみよう。元の史伯璿[147]が、朱子学の観点から諸家の小注を論じた『四書管窺』に次のような文がある。

饒氏は謂う。「生知」は知であり、「学知」・「困知」は知に近い。「安行」は仁であり、「利行」・「勉行」は仁に近い。「生知安行」は勇であり、「困知勉行」は「学知利行」に及ばないことを恥じる。「学知利行」は「生知安行」に及ばないことを恥じる。知って功をなすことをひたすら行うことは勇に近い。[148]

つまり、朱熹は「生知安行」を知と分析し、「学知利行」を仁と分析している。これに対し饒魯は、「生知」と「安行」をさらに分けてそれぞれ知と仁とに分類し、「利行」と「勉行」は仁に近いことだと分析した。趙翼は、朱熹の説が饒魯に比べて精密でないと考えていたであろう。

表2の六で、『章句』が「子曰」を誤って混入した文としたことに対し、饒魯は衍文ではないという。これは、同じ表2の四に関わる。『章句』は孔子の言葉が続くとみているから、この箇所に「子曰」が不要だというのである。

饒魯はこの文章の前までは子思の言であり、ここからまた孔子の言を引用してから敷衍する構造だとみているから、「子曰」が必要だという。

表2の七で、饒魯は二十章を含めて二十六章まで皆誠を説いていると述べているが、趙翼は二十章を別に分離して、誠を説くための糸口になる章とし、その後の六章は誠を説いている章とした。だから、同じ表2の八で饒魯は二十〜二十六章までを独立した大節とし、趙翼は二十章を分離して一つの大節とし、二十一〜六章を他の大節とした。従って十二番での大節の区分も異なる。

表2の九で趙翼の分析した『章句』の内容は、朱熹の後学たちにおいても問題となった。まず、朱熹の注釈は次の通りである。

「尊徳性」とは本心を保ち道の大きな本体を果てまでおしつめることであり、「道問学」とは自分の知を究め道の精密な本体を尽くすことである。二者は修徳・凝道の大端である。ほんのわずかな私心をもって自ら蔽うことがなく、ほんのわずかな私欲をもってわずらわすことがなく、すでに知っているところをさらに深く理解し、すでによくできるところをさらに篤くするのは皆存心の属である。理を明らかにするときにはほんの少しの差もないようにし、事を処理するときには過不及の誤りがないようにし、理義においてはいまだ知らなかったことを日々知り、「節文〔品節文章、すなわち程よく文飾すること〕」においてはいまだ謹むことができなかったことを日々謹んでいくのは皆致知の属である。「存心」でなければ「致知」することができないし、「存心」はまた「致知」をもってしなければならない(149)。

朱熹の注釈を学習する後学たちは、『中庸』の「致広大……崇礼」のそれぞれの項目を「存心」と「致知」とに分けて分析した朱熹の解説に関して疑問を抱く。趙翼も同じである。表2の九にまとめた趙翼の注釈の原文は次の通りである。

ここでは、君子が至徳を修め至道を堅固にすることをいう。『章句』は「致広大」以下の四句に対し、上の四者は皆尊徳性に属し、下の四者は皆道問学に属すとしたが、饒氏と陳氏は、皆これを非とし、また他の新説の見解は、人によって異なる。私からみれば、皆本旨を得ていない。私は嘗て深く考えてみたが、この章は実に上章を承けて言うものである。上章はまず徳をいい、その後、徳が道を凝縮することをいう。この章はまず道をいい、その後、道の凝縮される所以は徳に在ることをいう。ゆえに、「尊徳性」は誠のままであり続ける所以であり、すなわち上章の至誠の事である。広大はすなわち上章の博厚のことである。高明はすなわち上章の高明のことである。「温故而知新」と「敦厚以崇礼」はすなわち上章の悠久である。(150)

趙翼は「致広大……崇礼」の四句において、朱熹のように前半部を「尊徳性」に、後半部を「道問学」に属することに対し、饒氏や陳氏が異議を申し立てたと述べた。しかし、彼らも皆、『中庸』の本旨を得ていないという。趙翼の新しい分析は、朱熹との相違点を明確に表してはいない。まずこの点について、少し補足したい。二十六章について、朱熹の注釈は、「博厚・高明・悠久」は外に顕れることであり、聖人の用であるという。しかし、趙翼は聖人の徳として分析し、用としていない。ゆえに、この引用文で「温故而知新」と「敦厚以崇礼」を悠久としたのは「道問学」でなく、「尊徳性」に関わることとして、解釈しているのである。

ところで、饒氏と陳氏は、どのようなところに関して問題提起し、どのような新解釈を下したのだろうか。史伯璿の『四書管窺』は次のように述べている。

謹んで按ずるに、『章句』の「存心」と「致知」の分類は極めて妥当である。私は考えてみたが、「致広大〜崇礼」の四句の前半部[151]が皆存心に属するというのは疑いがない。〔しかし〕後半部が皆「致知」に属するというのは、聖賢の学問を知に偏らせ、行に及ばないようにさせるであろう。これが、諸家の議論が紛紛することを免れなくなった所以である。思うに、後半の「尽精微」と「知新」が知に属し、「道中庸」と「崇礼」が行に属するのならば、上句の尊徳性は『章句』のように存心となり、「道問学」は知・行を兼ねて下の四句の大要となる。「尊徳性」は存心でありながら、四句の前半をまとめあげ、「道問学」は知行を兼ねて四句の後半をまとめあげるので、また『章句』に大きくは齟齬しない[152]。

史伯璿も趙翼のように、「致広大……崇礼」の四句の後半を問題にしている。前半の「致広大・尽精微・極高明・道中庸」が「存心」に属するのは妥当であるが、後半を皆「致知」に属するとしては、経文を知に偏って解釈することになってしまうという。ゆえに彼は、「道中庸」と「崇礼」が行に属し、「尊徳性」が「存心」に属すとすれば、『章句』と同じようになり、「道問学」は知行を兼ねた解釈となるため、知に偏るという誤りがなくなると考える。問題提起の仕方は趙翼とほぼ同一であるが、解決方法は異なり、後半だけを「尊徳性」と見なしている。ところで、史伯璿はさらに饒氏と陳氏の説に言及している。趙翼が省略した饒魯の説の詳細な内容をここから確認することができる。

饒氏がいう。上では、至道は至徳でなければ堅固にならないことをいい、ここでは、徳は性に基づくから、徳を修めることを欲すれば、必ずさきに「尊徳性」を本にしなければならないことをいう。しかし、性は誰でも同じく持っているが、学ばなければ充たされない。ゆえに、この性を尊んでからまた学問の功により、小・大の徳を充たさなければならない。その後、本は取り残されず、徳を修める方法がはじめて備わる。問は、人に問うことである。学は己に学ぶことである。「致広大」から「崇礼」までの八つは「道問学」の項目である。「致広大・極高明・温故・敦厚」の四つは皆学問を通じ、至大のところで大徳を充たし、至道の大を堅めることである。「尽精微・道中庸・知新・崇礼」の四つは皆学問を通じて、至小のところで小徳を充たし、至道の小を堅めることである。八つは各々同じではないが、「致広大」は行をもっていい、「尽精微」は知をもっていい、「極高明」は知をもっていい、「道中庸」は行をもっていい、「温故知新」は皆知をもっていい、「敦厚崇礼」は皆行をもっていい、その実は知・行の両端を越えない。(153)

饒魯は、「尊徳性」が根本になることを認めた上で、この「尊徳性」は、「道問学」を通じなければ全うすることができないという。だから、「致広大……崇礼」の八項目が皆「道問学」のことであり、ただ行をもっていうことと、知をもっていうことの区別があるだけだと述べている。

前に引用した史伯璿や趙翼の見解は、朱熹の注釈と距離があるとは限らない。史伯璿自身の主張のように、彼らの見解は『章句』に大きく乖離していない。しかし、饒魯の説は『章句』の中に包容することができない。そこで、史伯璿は次のように批評している。

知・行を対比して言えば、「尽精微」と「道中庸」、「知新」と「崇礼」はまた知を先にし行を後にすることである。饒雙峰〔饒魯〕と陳定宇〔陳櫟〕は、こうしたことを察しなかったがゆえに、知・行に順序があることを自分の説とした。(154)

以上のように、朱熹の「致広大……崇礼」の八つの項目を「存心（尊徳性）」と「致知（道問学）」に分けて属せしめた注釈が、諸家の議論を紛糾させていた。饒魯及びその説を踏襲した陳櫟は、これら八つの項目はいずれも「道問学」に属し、ここから「尊徳性」に及ぶと解説している。史伯璿はこの説に対し、知・行の明白な先後関係を疎かにする誤りがあると指摘した。そして、朱熹が「道問学」に属すとした一部分を「尊徳性」に入れた。趙翼はこのような諸家の見解にもまた問題があるとみている。彼は八つの項目を、皆徳を修めることとして解釈し、そこから道を固めていくと述べる。

ここで注意すべきことがある。まず、この箇所の注釈に限定してみれば、彼らは皆、朱熹の「尊徳性」及び「道問学」の定義に関しては議論せず、それを認めた上で自説を展開しているということである。そして、「尊徳性」を根本としながら、「道問学」を通じてこれを充たす、つまり、「道問学」の重要性もまた疎かにしてはならないという、朱子学的考えは保たれていることである。

前述の金長生の『経書弁疑』は、朱子学の立場に立ち、饒魯が朱子学に背いている点を指摘したのではなく、饒魯が経文の構造を過度に細かく分析する点を指摘したものである。また、趙翼の『中庸私覧』は、経書研究において、各段落の主題や構造を分析することをその主要方法論としている。それゆえ、構造分析に強い饒魯の説を大幅に受容している。つまり、『経書弁疑』が饒魯の説を批判し、『中庸私覧』が饒魯の説を受容したのは、朱子学批判を否定するか、肯定するかという立場の違いによるものではない。李退渓・李栗谷・金長生などによる饒魯説批判や、趙翼の饒魯説受容からは、朱熹説と異なる見解に対する否定も肯定も見出すことができない。彼らはただ、経文を細かく分析する態度を短所として指摘したり、あるいは、それを長所と見なして受容したりしている。このような事実を疎かにして、饒魯に朱熹の説と異なる見解があったことから、「饒魯を批判した者は朱子学者」「饒魯を受容した者は反朱子学者」などと図式化することはできない。

さらに、趙翼の他の著作を見れば、全般的に朱熹の著作に対する詳細な研究過程が見出される。彼は朱熹の書簡を徹底的に調べ、学者たちに一読を勧めるために『朱書要類』を編み、また、『朱子大全』から文体別にそれぞれ数十篇の文を選び『朱文要抄』[155]を編んだ。朱熹の著述に対する精密な考察を通じ、まず朱熹の見解を明確に把握したと考えられる。その後、朱熹の経学説において納得がいかないところを、朱熹の著作全般から総合的に考えたのであろう。このような過程から、彼の『中庸』注釈は精密になり、ただ以前の説に追従するだけではない「独創性」を持つに至ったのであろう。

一方、今残っている趙翼の著作からは、陽明学理論に興味を持ったような痕跡や、陽明学を研究した痕跡は見出せない。にもかかわらず、「趙翼の注釈は陽明学の影響を受けている」と言われている。[156]これに関し、韓正吉は、趙翼の心性論や工夫論を、陽明学や朱子学のそれと比較して考察した。[157]氏は、趙翼の著作を陽明学と関連させる先行研究の結論はほとんど、趙翼の使う用語を誤解したり、拡大解釈したりしたため生じたものであることを明らかにした。経学著述を中心に趙翼の著述全般を考察した趙南権[158]も、趙翼の文集に解題を書いた李相鉉[159]も、いずれも、趙翼の思想を陽明学と関連させることはできないと述べている。

『中庸私覧』は、朝鮮初期以来蓄積されてきた朱熹著述に関する豊かな知識を基に、その経書解釈における問題点を取り出して、経書を研究したものであり、経文の構造に関する精密な分析が行われている。そして趙翼の経書研究には確かに、「朱熹の注釈は経文の脈絡からみて必ずしも妥当ではない」という認識が含まれてはいる。しかし、この点だけを強調して拡大解釈せずとも、その経学史的意義は十分にあると言うべきである。

（1）　薛錫圭「十七世紀退渓学派の朋党認識と公論形成」『退溪學』第一一号（安東：安東大学退渓学研究所、二〇〇〇年）三二頁。

（2）金太年「南塘韓元震の思想の背景と形成過程」『韓民族文化研究』第二〇号（ソウル：韓民族文化学会、二〇〇七年）三三五〜三五六頁。

（3）徐徳明「『四書章句集注』校点説明」『朱子全書』第六冊（上海：上海古籍出版社、合肥：安徽教育出版社、二〇〇二年）一〜二頁参照。

（4）宋時烈『宋子大全』巻一三九「論孟或問精義通攷序」（ソウル：民族文化推進会『韓國文集叢刊』第一一二冊、一九八八年）五八七頁。

（5）黄珅・張祝平「『論孟精義』校点説明」『朱子全書』第七冊（上海：上海古籍出版社、合肥（安徽）：安徽教育出版社、二〇〇二年）一〜二頁参照。

（6）井上進『中国出版文化史——書物世界と知の風景』（名古屋：名古屋大学出版会、二〇〇二年）一七八〜一八一頁。

（7）宋時烈、前掲『宋子大全』巻一一三「答朴景初（庚申正月十二日）」七一頁「朱先生於此、亦不免前後異同。」景初は、朴尚玄の字である。宋時烈の後学として「暮年知己」と言われたという。息子の朴光一は宋時烈の門人である。

（8）朱熹の中和説の内容は、陳来『朱熹哲学研究』（北京：中国社会科学出版社、一九八八年）を参照。

（9）朱熹、前掲『晦庵先生朱文公文集』巻五四「答徐彦章（論經説所疑）」第四冊、二五八三頁「未發只是未應物時。」

（10）同右、巻四三「答林擇之」一九七九頁「未感物時、若無主宰、則亦不能安其靜。只此便自昏了天性、不待交物之引然後差也。……不能愼獨、則雖事物未至、固已紛綸膠擾、無復未發之時。」

（11）黎靖徳編、前掲『朱子語類』巻一二「学六」三八一頁「若無工夫、則動時固動、靜時雖欲求靜、亦不可得而靜、靜亦動也。」

（12）宋時烈、前掲『宋子大全』巻一一三「答朴景初（庚申正月十二日）」七一〜七二頁。

（13）朴尚玄『寓軒先生文集』巻二「上尤菴先生（己未十一月）」（ソウル：民族文化推進会『韓国文集叢刊』第一三四冊、一九九四年）四七六頁「氣質之性、雖有清濁之不同、其有動靜一也。衆人之性、終無靜時耶。」

（14）黎靖徳編、前掲『朱子語類』巻六二「中庸一」二〇三八頁「喜怒哀樂未發之中、未是論聖人、只是泛論衆人亦有此、與聖人都一般。」

(15) 宋時烈、前掲『宋子大全』附録巻七「年譜」三三四頁。

(16) 同右、巻一三〇「朱子言論同異攷」四一四頁「大全與語類異同者固多、而二書之中、各自有異同焉。蓋大全有初晩之分、而至於語類則記者非一手、其如此無怪也。余讀二書、隨見拈出、以爲互相參考之地。而老病侵尋、有始無終、可歎也已。苟有同志之士、續而卒業、則於學者窮格之事、或不無所補云。」

(17) 同右、四一八頁「語類論大學正心章、問意與情如何、曰欲爲這事是意、能爲這事是情。此與先生前後議論、全然不同。蓋喜怒哀樂闖然發出者是情、是最初由性而發者。意是於喜怒哀樂發出後因以計較商量者。先生前後論此不翅丁寧、而於此相反如此、必是記者之誤也。」

(18) 同右、四一五頁「大全答徐彦章書云、斷役亦有未發。其答林擇之書云、固有無喜怒時、然謂之未發則不可。言無主一也。」

(19) 韓元震『朱子言論同異攷』巻三「中庸」(『域外漢籍珍本文庫』第二輯、子部二(成均館大学所藏、朝鮮英祖十七年(一七四一年)序刊本))四六頁(重慶市:西南師範大学出版社、北京市:人民出版社、二〇一一年)。

(20) 朱熹、前掲『晦庵先生朱文公文集』巻四〇「答何叔京」一八〇三頁。

(21) 韓元震、前掲『朱子言論同異攷』巻三「中庸」四六頁。

(22) 朱熹、前掲『晦庵先生朱文公文集』巻三二「答張敬夫」一三九二頁。

(23) 韓元震、前掲『朱子言論同異攷』巻三「中庸」四六頁。

(24) 朱熹、前掲『晦庵先生朱文公文集』巻四三「答林擇之」一九六七頁。

(25) 韓元震、前掲『朱子言論同異攷』巻三「中庸」四六~四七頁。

(26) 朱熹、前掲『晦庵先生朱文公文集』巻四二「答胡廣仲」、巻五六「答方賓王」、巻六四「與湖南諸公論中和第一書」。

(27) 同右、巻六七「已發未發説」。

(28) 同右、巻七五「記論性答藁後」。

(29) 韓元震『朱子言論同異攷』巻三「中庸」四七~四八頁。

(30) 朱熹、前掲『晦庵先生朱文公文集』巻三二「答張敬夫」一四一九頁。

(31) 同右、巻四八「答呂子約」。

(32) 韓元震『朱子言論同異攷』巻三「中庸」四九〜五一頁。

(33) 宋時烈、前掲『宋子大全』附録巻一七「語録崔愼録上」五三九頁「先生毎言曰、言言而皆是者、朱子也。事事而皆當者、朱子也。若非幾乎聰明睿知萬理俱明者、必不能若是、朱子非聖人乎。故已經乎朱子言行者、則夬履行之、而未嘗疑也。」崔愼（一六四二〜一七〇八）は宋時烈の門人。字は子敬、号は鶴庵。

(34) 韓元震、前掲『南塘集』巻三一「朱書同異攷序」一六三頁「前聖而作經、莫盛於孔子、後賢而傳義、又莫備於朱子。故學者必讀孔子之書而後、可以盡天下之義理、又必讀朱子之書而後、可以讀孔子之書也。然孔子生而知者也、故其言無初晩之可擇、朱子學而知者也、故其言不能無初晩之異同、而學者各以其意之所向、爲之取舍、往往有以初爲晩以晩爲初、而失其本指者多矣。……尤翁晩歳、深以此爲憂、既釋大全之書、又欲攷論其同異而辨正之。既始其功、纔到一餘條而止。嗚呼、其可恨也已。元震自早歳、卽已受讀朱子書、反復通攷。盖用一生之力、其於異同之辨、庶幾得其八九於十。於是悉疏而出、或攷其日月之先後、或參以證左之判合、或斷以義理之當否、以別其初晩、表其定論。而其言異而指同者、亦皆疏釋而會通之、編爲一書。」

(35) 例えば、韓元震、前掲『朱子言論同異攷』巻三「中庸」四九頁「先生此時以復之一陽已動當未發、故下端字。端字與孟子四端字同、而意近。謂之端則似已有端緒端倪之可見者、端字下得恐未安。不若下根字機字之為得。」及び五〇頁「安卿錯認爲說、而先生不之辨、恐偶未察耳。」

(36) 韓元震、前掲『朱子言論同異攷』巻三「中庸」四八頁「程子之指、大槩如是、而先生於此、所釋未免皆失。」

(37) 朱熹、前掲『晦庵先生朱文公文集』巻七七「克齋記」。

(38) 同右、巻四二「答石子重」一九三八〜一九三九頁。

(39) 韓元震『朱子言論同異攷』巻三「論語」四三頁「石子重問、……先後意異、當如何說。答曰當以後說為正。集註復從前說、克齋記定本亦刪此段。」

(40) 朱熹、前掲『晦庵先生朱文公文集』巻三九「答范伯崇」、巻四一「答連嵩卿」、巻五九「答楊子順」巻六〇「答曾擇之」。

(41) 韓元震、前掲『朱子言論同異攷』巻一「五行」一二頁「讀者不以辭害意、可也。」

(42) 正祖『弘齋全書』巻一三一「故寔三」朱子大全二甲寅(ソウル：民族文化推進会『韓國文集叢刊』第二六六冊、二〇〇一年)九八頁「臣浚欽竊惟孔子生而知之者也、故其言無初晩之可擇。朱子學而知之者也、故其言不能無前後之異同。卽其前後異同之跡、而可見前後造詣之淺深。」

(43) 宋時烈、前掲『宋子大全』巻一二二「與或人」一八六頁。

(44) 同右、巻四九「理氣一」または『性理大全』巻一「太極圖」からの引用。

(45) 黎靖徳編、前掲『朱子語類』巻九四「周子之書」三一二七頁からの引用。

(46) 尹鑴、前掲『白湖全書』巻一五「與權思誠」六三二～六三三頁「理動之説、非某之説、朱夫子嘗屢言之矣。今得數條別錄以上、乞以此更入思量、如何。……問、太極、理也、理如何動靜、有形則有動靜、太極無形、恐不可以動靜言。朱子曰、理有動靜、故氣有動靜。若理無動靜、氣何自有動靜乎。又問、動靜是太極是陰陽。曰理動靜。曰如此則太極有模樣。曰無。……詳此數説、皆以理有動靜爲言。然攷朱子説、又曰太極涵動靜、動靜非太極。蓋太極固無動靜、而亦可以動靜言之。正如昔者所論理非神也、而亦可以神言之云耳。況黄勉齋嘗以理動之説、稱聞之師而著之。殆非妄言也。」この頃はまだ宋時烈らとやり取りをしていたことが、書信の前半の内容から分かる。

(47) 李滉『退溪集』巻一六「答奇明彦論四端七情第二書」(ソウル：民族文化推進会『韓國文集叢刊』第二九冊、一九八八年)四一五頁「近因看朱子語類論孟子四端處末一條正論此事。其説云、四端是理之發、七情是氣之發。古人不云乎、不敢自信而信其師。朱子吾所師也、亦天下古今之所宗師也。得是説、然後方信愚見不至於大謬。」明彦は、奇大升(一五二七～一五七二)の字。李退溪と書簡を通して四端七情に関する論弁を行った。

(48) 朱熹、前掲『晦庵先生朱文公文集』巻一一「戊申封事」。

(49) 奇大升『高峯集』巻三「答退溪先生問目」(ソウル：民族文化推進会『韓國文集叢刊』第四〇冊、一九八八年)一三〇頁「物格、戊申封事、理到之言。發微不可見條下。通書註。隨其所寓。而理無不到。大學或問註。無一毫不到處。以此等言句、反覆永之、則理詣(欲?)其極及極處無不到者、如鄙意釋之、固無不可也。」

(50) 李滉、前掲『退溪集』巻一八「答奇明彥」別紙四六六頁「物格與物理之極處無不到之説、謹聞命矣。前此滉所以堅執誤説者、只知守朱子理無情意、無計度、無造作之説、以爲我可以窮到物理之極處、理豈能自至於極處。故硬把物格之格、無不到之到、皆作己格己到看。往在都中、雖蒙提諭理到之說、亦嘗反復紬思、猶未解惑。近金而精傳示左右所考出朱先生語及理到處三四條、然後乃始恐怕己見之差誤。」

(51) 李玄逸『葛庵集』附録巻一「年譜」(ソウル:民族文化推進会『韓國文集叢刊』第一二八冊、一九九四年)五一〇頁「先生嘗言、吾於是時、喜讀朱子大全、覺有無限意味云。中年以後述作論議根柢於此。」

(52) 尹絲淳、前掲「西渓全書解題」。

(53) 朱熹『孟子集注』公孫丑上(『四書章句集注』北京:中華書局、一九八三年)二三一~二三二頁「言人能養成此氣、則其氣合乎道義而爲之助、使其行之勇決、無所疑憚。若無此氣、則其一時所爲雖未必不出於道義、然其體有所不充、則亦不免於疑懼、而不足以有爲矣。」

(54) 朱熹、前掲『晦庵先生朱文公文集』巻四八「答呂子約」二二二四頁「曰道義本存乎血氣、但無道義則此氣便餒而止為血氣之私、故必配義與道然後、能浩然而無餒乎。(語勢不順、添字太多、不知有何憑據見得如此。)……如來喩、以是為指道義而言、若無此道義、卽氣爲之餒、則孟子於此亦當別下數語、以盡此意之曲折。」子約は、呂祖倹の字。号は大愚。

(55) 同右、巻四八「答呂子約」二二二三~二二二四頁「孟子之意不過曰此氣能配道義、若無此氣、則其體有不充而餒然耳。此其賓主向背條理分合、略無可疑。……若反諸身而驗之、則氣主乎身者也、道義主乎心者也、氣形而下者也、道義形而上者也、雖其分之不同、然非謂氣在身中而道義在皮外也。」

(56) 程顥・程頤『二程遺書』巻二下二「先生語」二下「附東見錄後」(上海:上海古籍出版社、二〇〇〇年)一〇一頁「胎息之說、謂之愈疾則可、謂之道則與聖人之學不干事、聖人未嘗說著。若言神住則氣住、則是浮屠入定之法。雖謂養氣猶是第二節事、亦須以心爲主、其心欲慈惠安(一作虛)。靜故於道爲有助、亦不然。孟子說浩然之氣、又不如此。今若言存心養氣、只是專爲此氣、又所爲者小。舍大務小、舍本趨末、又濟甚事。今言有助於道者、只爲奈何心不下。故要得寂湛而已、又不似釋氏攝心之術。」

(57) 朴世堂、前掲『西溪全書』下『孟子思辨錄』公孫丑上「所謂是者、卽指義與道而言、……朱子以無是之是、爲指氣而言。……愚於此竊有所大疑者、……註言不足於心而體有不充、殆近於舍氣而言體、殊異乎孟子氣體之充也之云、不知若此其可乎、愚則以爲塞乎天地、所塞者氣也、無是而餒、所餒者氣也、集義所生、卽氣之生也、不慊而餒、卽氣之餒也、皆所以反覆出入、以明夫養之之善與不善而氣有能浩然與不能之故耳、非有餘義支說兼陳於其間如此、而讀是書味其意則當易知而不眩矣。」

(58) 趙翼、前掲『浦渚先生遺書』卷六「孟子淺說」二一五頁「言此氣與道義相合而存也。此氣不能獨存、必道義有乃有、卽與道義合而存也。道義直也、惟道義有乃有、故其養必以直也。惟其與道義竝存、故道義無則亦無、卽是無是餒也、此餒字甚好。如人待食而生、無食則餒。此氣之待道義而有、亦然也。……今此所說配義與道、無是餒也之意、與集註異。然以上下文義推之、則竊恐如此看亦通。」

(59)『孟子』萬章上「萬章問曰、舜往于田、號泣于旻天。何爲其號泣也。孟子曰、怨慕也。萬章曰、父母愛之、喜而不忘、父母惡之、勞而不怨。然則舜怨乎。曰、長息問於公明高曰、舜往于田、則吾既得聞命矣。號泣于旻天于父母、則吾不知也。公明高曰、是非爾所知也。夫公明高以孝子之心、爲不若是恝。我竭力耕田、共爲子職而已矣。父母之不我愛、於我何哉。」

(60) 朱熹、前掲『孟子集注』萬章章句上「於我何哉、自責不知己有何罪耳。非怨父母也。」

(61) 朴世堂『西溪全書』下、前掲『孟子思辨錄』萬章上「嘗聞趙相國、又論此云自我竭力耕田至於我何哉、皆恝義。此言亦是。蓋既曰不若是恝、則須見其所以爲恝者如何方得。且如註所云、是爲其身則能竭力耕田恭爲子職而已。責已塞而無復加矣。但不知父母之不見愛、以我有何罪而然云爾、則不可謂非怨父母、恐其失不止於恝而已。夫善則自與、罪則不知、雖非舜之大孝、豈至是哉。孟子釋公明高之意、以爲孝子之心、未嘗恝然於父母、自謂我但竭力耕田恭爲子職以盡吾責而已、若夫父母之不我愛者、則在我亦無如之何云耳。其心之恝若是、則是不孝之大者。故舜之所以號天號父母而不知自止者、良以此也。」

(62) 趙翼、前掲『浦渚先生遺書』卷七『孟子淺說』二五五頁「公明高以爲孝子之心必不恝然而謂我但盡吾職而已、父母之不我愛、於我何害乎。此正恝然之語、如是則不怨矣。惟其不恝然而如是、故號泣而怨也。盖父母惡之、勞而不怨、乃事親之常道也。若父母之於舜至於欲殺之、則實罔極之變也。孝子之心、豈宜恝然而無憂親之過、大而無怨、是愈疏也、然則舜之怨、其天理人情之所不容已者乎。然其所謂怨、乃言其憂悶切迫之情爾、非若常人忿恨之謂也、集註謂怨已之不得其親是也。集註云於我何哉、自責不知己有何罪耳。竊以文勢語脈推之、我竭力耕田以下、似或恝然之語、恐如是解之亦可也。」

(63) 金履祥『孟子集註攷證』卷五萬章上（中華書局『叢書集成初編』第四九八冊、一九九一年）四五頁「恝無情之貌。我竭力耕田共爲子職而已矣、父母之不我愛、於我何哉、此四句卽是恝也。蓋長息之意、正爲舜往於田、竭力以共子職足矣、而號泣於旻天於父母、此意則吾不知、蓋謂何必如此號泣也。孟子推公明高答之之意、則謂孝子之心、却不如此恝然、曰我但竭力耕田、共爲子職而已矣、至若父母之不我愛於我何如哉、蓋自謂無罪而不復憂也、此所謂恝也。若孝子之心則不若是。」

(64) 尹鑴、前掲『白湖全書』巻三七「讀書記」大学、大学古本別録一五〇二頁「今按格、精意感通之謂。」

(65) 劉英姫「白湖尹鑴思想研究」(ソウル：高麗大学博士学位論文、一九九三年)四九頁。

(66) 安秉杰「白湖尹鑴の実践的経学とその社会政治観」(成均館大学大東文化研究院編)『朝鮮後期経学の展開とその性格』ソウル：成均館大学出版部、一九九八年)一四頁。

(67) 琴章泰「白湖尹鑴の性理説と経学」『朝鮮後期の儒学思想』(ソウル：不咸文化社、一九九八年)一〇七頁。

(68) 金吉洛「白湖尹鑴の哲学思想の陸王学的照明」『儒教思想研究』第一〇号(ソウル：韓国儒教学会、一九九八年)一九九頁。

(69) 宋錫準「韓国陽明学の初期における展開様相——尹鑴及び朴世堂の『大学』解釈を中心に」『東西哲学研究』第一三号(ソウル：韓国東西哲学会、一九九六年)一四頁及び「朱子学批判論者たちの経典解釈——『大学』の解釈を中心に」『東洋哲学研究』第二二号(ソウル：東洋哲学研究会、二〇〇〇年)一八七～一八八頁、李昤昊『『読書記・大学』からみる白湖尹鑴の経学思想」二四六頁。

(70) 『詩經』「大雅」雲漢の「昊天を瞻卬すれば、有嘒たる其の星。大夫君子よ、昭假して贏ち無かれ(瞻卬昊天、有嘒其星。大夫君子、昭假無贏)」での「昭假」の假に対し、朱熹の『詩集傳』は「音、格」といい、「假、至也」という。尹鑴は朱熹注に従い、「昭假」を「昭格」と書く。

(71) 『詩經』「商頌」烈祖の「鬷假して言無く、これ争うこと有る靡く。(鬷假無言、時靡有爭。)」での鬷假を、朱熹の『詩經集傳』は「鬷、中庸作奏。今從之」といい、「假、音格」という。尹鑴は朱熹注に従い、「鬷假」を「奏格」と書く。

(72) 『書經』「虞書」舜典「月正元日、舜は文祖に格す。(月正元日、舜格于文祖。)」

(73) 『書經』「周書」君奭「太戊に在りては、時れ則ち伊陟臣扈の若き有りて、上帝に格せられ、巫咸王家を乂む。(在太戊、時則有若伊陟臣扈、格于上帝、巫咸乂王家。)」

(74) 『周易』家人卦九五「王假有家、勿恤、吉。」朱熹の『周易本義』(『朱子全書』上海：上海古籍出版社、合肥(安徽)：安徽教育出版社、二〇〇一年、第一冊)六四頁は、「假、至也。如假于太廟之假。」という。尹鑴は朱熹注に従って表記する。程頤の『易傳』は「假、至也。極乎儒家之道也。」とあり、『周易本義』と異なる。「王格有廟」も同じである。

(75)『周易』萃卦「萃、亨、王假有廟。」

(76) 尹鑴、前掲『白湖全書』巻三七「讀書記」大学、大学古本別録一五〇二頁「朱子曰格至也。窮至事物之理也。今按格、精意感通之謂、從上文學字而來。學問之始、誠敬之力思辨之功、使物理感通於心。如齋祀之格於神明也。故謂之格。詩之昭格曰奏格、書之格于文祖于上帝、易之王格有家有廟、皆誠敬感通之義也。物者、明德新民之事也。承上文物有本末而言。言在不言先者、物格於彼而知達於此也。孟子云盡其心者、知其性也、知性者、物格之謂、盡心者知至之謂、非有二事也。」

(77) 同右、巻三七「讀書記」大学、大学後説、格物致知之方一五二五頁「右格致之方、作聖之事。……格者誠至而通也。物者、明德新民之事也。」

(78) 宋錫準、前掲「韓国陽明学の初期における展開様相——尹鑴及び朴世堂の『大学』解釈を中心に」一四頁及び金昇泳「十七世紀格物致知論の分析——金長生・鄭經世・尹鑴を中心に」『東西哲学研究』第三六号(ソウル：韓国東西哲学会、二〇〇五年)三三二頁などは、「感通」の典故が繫辞伝にあると述べている。しかし、いずれも「感通」という言葉に表面上注意しただけであり、繫辞伝の内容を深く分析していない。

(79)『周易』繫辞上「易无思也、无爲也、寂然不動、感而遂通天下之故。非天下之至神、其孰能與於此。」

(80) 例えば、魏の王弼『周易注』巻四及び晋の韓伯『周易注』巻七に「至神者、寂然而无不應斯」とあり、また孔穎達『周易注疏』巻一一も韓注を「以无思无為、寂然不動感而遂通、故不須急疾而事速成、不須行動而理自至也。」とある。

(81)『集注』のみならず、経学史上の多くの注釈も、尹鑴も朴世堂も「致知在格物」での「在」字に言及し、ここだけ「在」字が用いられた理由を説明した。

(82) この引用文は、原文を簡潔にしたものである。呉光等編校、王守仁『王陽明全集』下冊巻二六「続編一・大学問」九七一頁(上海古籍出版社、一九九二年)参照。

(83) 韓元震、前掲『南塘集』巻二七「王陽明集辨」八九頁「又曰、身心意知物、只是一物。格致誠正修、只是一事。故曰、欲修其身者、必在於正心。欲正其心者、必就其意念所發而正之。欲誠其意、必在於致知。致知必在於格物。格物致知、果是一事。格物之外、更無致知之事。故大學曰、致知在格物。其他條目、各是一事、各致其功、而特其工夫、相資而相因、故曰欲如此、先如此、又曰、如此而后如此、先后二字、可見其工夫之各致、而亦見其相資而相因也。如陽明說、則當曰修身在正心、正心在誠意、誠意在致知、如言致知之在格物。今不如是、則亦知其不如是矣。」

(84) 朱熹、前掲『大学章句』「窮至事物之理、欲其極處無不到也。」

(85) 李退渓は朱熹のこの注釈を、最初「(我が)物理の極処に至らないことがない」と解釈したが、晩年に「理がおのずからいたる(理自到)」と言い直し、「物理が我に至る」ことと改めた。これに対し、金炯瓚は「一般的に空間移動の作用を表す「到」字を理の述語として使い、理の概念の理解に関する議論を起こすことを免れなかった」と言う。(金炯瓚「朝鮮儒学における「理」概念に現れる宗教的性格の研究――退渓の理発から茶山の上帝にいたるまで」『哲学研究』第三九号(ソウル:高麗大学哲学研究所、二〇一〇年)七九~八二頁参照。)尹鑴の「感通」の説は「物理が我に至るか、それとも物理に我が至るか」を特定せずに物理と我が通じることを説明することができ、先輩たちの混乱に対する一つの解決策でもあったと言えよう。

(86) 安秉杰、前掲「西渓朴世堂の独自的経伝解釈と現実認識」二八八頁、金容欽「朝鮮後期における老・少論分党の思想基盤――朴世堂の『思弁録』に対する是非論争を中心に」『学林』第一七号(ソウル:延世大学史学研究会、一九九六年)。

(87) 宋錫準、前掲「韓国陽明学の初期における展開様相――尹鑴及び朴世堂の『大学』解釈を中心に」一一一~一一二頁。

(88) 朴世堂、前掲『西溪全書』下『大學思辨錄』「卽末而探其本、由終而原其始、則所先可見矣、求以至曰致、格、則也、正也、有物必有則。物之有格、所以求其則而期得乎正也。蓋言欲使吾之知、能至乎是事之所當而處之無不盡、則其要唯在乎尋索是物之則而得其正也、不言欲致知先格物、而曰致知在格物者、格物、所以致知、其事一故也。○注、訓格爲至、訓物爲事、皆恐未當。格雖有以至爲義者、但若於格物而謂格爲至、則至物云者、便不成語、若易爲至事、理亦不顯、終未見其得。」

(89) 同右、四頁「本立、末斯生、始得、終乃成、則所後、可見矣、得所致曰至。求物之則而得其正、然後吾之知、能至乎事之所當而可以無所疑矣。知事之所當而無所疑然後、意乃得以誠。蓋事者、所以理夫物也。知以辨事之宜、意以行事之實、未有物不得其則而知當乎辨、知不當其辨而意誠於行者也。此兩節、反覆詳言本末終始之次第、欲使學者知其先後之辨、而於明德新民之功、循循漸進、無躐等凌節之失矣。」

(90) 同右、四頁「注言物格者、物理之極處、無不到也、知至者、吾心之所知、無不盡也、……況此大學、乃爲初學入德之門、則其所言、當有以益加親切、而今則不然、開口指說、以爲萬里初程投足一歩之地者、乃在於聖人之極功、曾不開示以切己易明之理、使曳一踵、謹躡一級、躡一級、又進一級、既使無邈焉難及之歎、又使無躐越凌跨之失者、抑獨何哉。」

(91) 程顥・程頤、前掲『二程遺書』巻二二「伊川雜錄」三三二頁「初見先生問、初學如何。曰入德之門、無如大學。今之學者賴有此一篇書存、其他莫如論孟。」

(92) 黎靖德編、前掲『朱子語類』巻一三「学七」四一二頁「大學語孟最是聖賢爲人切要處。然語孟卻是隨事答問、難見要領。唯大學、是曾子述孔子說古人爲學之大方、門人又傳述以明其旨、體統都具。玩味此書、知得古人爲學所鄉、讀語孟便易入。後面工夫雖多、而大體已立矣。」

(93) 同右、巻一四「大学一」四二二頁「大學是爲學綱目。先通大學、立定綱領、其他經皆雜說在裏許。通得大學了、去看他經、方見得此是格物致知事、此是正心誠意事、此是修身事、此是齊家治國平天下事。」

(94) 同右、四一九頁「某要人先讀大學、以定其規模。」

(95) 朱熹『大学或問』(『朱子全書』上海：上海古籍出版社、合肥(安徽)：安徽教育出版社、二〇〇一年)第六冊「是書垂世立敎之大典、通爲天下後世而言者也。論孟應機接物之微言、或因一時一事而發者也。是以是書之規模雖大、然其首尾該備、而綱領可尋、節目分明、而工夫有序、無非切於學者之日用。論孟之爲人雖切、然而問者非一人、記者非一手、或先後淺深之無序、或抑揚進退之不齊、其間蓋有非初學日用之所及者。此程子所以先是書後論孟、蓋以其難易緩急言之、而非以聖人之言爲有優劣也。至於中庸、則又聖門傳授極致之言、尤非後學之所易得而聞者。」

(96) 朱熹、前掲『晦庵先生朱文公文集』巻四八「答呂子約」二二一三頁「讀書如論孟是直說日用眼前事、文理無可疑。」

(97) 市川安司も、朱熹が四書の順を『大学』『論語』『孟子』『中庸』の形にしたことに対し、「決して難易だけの問題からではなく、内容の面からの配慮も加わっていた」と述べている(『朱子哲学論考』(東京：汲古書院、一九八五年)一一〇頁参照)。

(98) 宋錫準「浦渚趙翼における経学思想の哲学的基盤――性理説及び陽明学的性格を中心に」『東洋哲学研究』第六号(ソウル：東洋哲学研究会、一九八五年)、「浦渚趙翼先生の哲学思想――性理説及び陽明学」『東方学』第四号(瑞山：韓瑞大学東洋古典研究所、一九九八年)及び「朱子学批判論者たちの経典解釈――『大学』の解釈を中心に」『東洋哲学研究』第二二号(ソウル：東洋哲学研究会、二〇〇〇年)など。

(99) 張炳漢「浦渚趙翼の『中庸私覧』の研究(一)――「中庸」及び「費隠」の解釈を中心に」『漢文教育研究』第一九号(ソウ

ル：漢文教育学会、二〇〇二年）及び「蒲菹趙翼の『中庸私覧』の研究（二）――十七世紀初の性理学的経学思惟の克服傾向に関連して」。

(100) 韓正吉「浦渚趙翼を陽明学に関係付ける主張の妥当性の検討」『韓国実学研究』第一四号（ソウル：韓国実学学会、二〇〇七年）。

(101) 胡炳文は、元の婺源考川の人。字は仲虎。号は雲峰。祖父の師夔、父の斗元及び炳文の一家三代は、易学の名家と言われる。また、皆朱熹の門下へ学問を求めた。

(102) 胡炳文『四書通』凡例『文津閣四庫全書』第一九六冊（北京：商務印書館、二〇〇六年）五一九頁「雙峯饒氏之説、於朱子大有發明、其閒有不相似者、輒辨一二以俟後之君子擇焉。」

(103) 宋濂ほか撰『元史』巻一八九「列傳一」（『四十四史』第一八冊、北京：中華書局、一九九七年）二〇八頁（胡一桂（字は庭芳）の伝に、同じく徽州の郡として付いている）「於朱熹所著四書用力尤深。餘干饒魯之學、本出於朱熹而其爲說多與熹牴牾、炳文深正其非、作四書通。凡辭異而理同者、合而一之。辭同而指異者、析而辯之。往往發其未盡之蘊。」

(104) 汪幼鳳は生没年未詳。趙汸（一三一九～一三六九、字子常。安徽休寧の人）の著した汪同の伝（趙汸『東山存稿』巻七「資善大夫淮南等處行中書省左丞汪公傳」、（明）程敏政編『明文衡』巻五八には「汪同傳」、また同じく程敏政『新安文獻志』巻六七には「汪左丞傳」となっている）に趙汸と汪幼鳳が同時に推挙されたという記述（「趙汸學識高遠可為師表事宜咨、而後行汪幼鳳正直可爲輔。」）があることから、汪幼鳳は趙汸と同時代の人物と推測される。

(105) 程敏政輯撰、何慶善・于石点校『新安文獻志』巻七一（『徽学研究資料輯刊』合肥：黄山書社、二〇〇四年）一七四一頁「胡雲峯（炳文）傳」（汪幼鳳著）「胡雲峯炳文……於朱子所注四書用力尤深。餘干饒魯之學、本出於朱子而其爲說多與朱子抵牾、炳文深正其非作四書通。凡辭異而理同者、合而一之。辭同而意殊者、析而辨之。往往發其未盡之蘊。」傍線部は『元史』と異なる。『元史』より先に書かれたと推測される。

(106) 例えば、『江南通志』巻一六四「人物志」（『文津閣四庫全書』第五一一冊、北京：商務印書館、二〇〇六年）七二七頁「嘗為信州道一書院山長時、餘干饒魯之學、本出朱熹而說多牴牾、炳文深正其非作四書通、以發其未盡之蘊。」『續通志』巻五五二「儒林傳」「餘干饒魯之學、本出于朱熹而其爲說多與熹牴牾、炳文深正其非作四書通、往往發其未盡之蘊。」波線部はつな

がりが不自然であり、元となった最初の文ではないと推測される。

(107) 『江西通志』巻八八「人物志」（『文津閣四庫全集』第五一六冊、北京：商務印書館、二〇〇六年）二四〇頁「呉中、字中行、樂平人。早慕伊洛之學、聞雙峰饒魯得考亭朱子正緒從之、遊體認精詳。」前掲『江南通志』巻一六四人物志七二六頁「程若庸字達原、休寧人。從饒魯游得朱子之學。」『四庫全書總目』巻二一（元）陳澔『雲莊禮記集說』提要（台北：藝文印書館、一九八九年）四四六頁「南宋寶慶以後、朱子之學大行、而澔父大猷師饒魯、魯師黃幹、幹爲朱子之壻、遂藉考亭之餘蔭、得獨列學官。」『雲莊禮記集說』は、通称『禮記集說』のこと。

(108) 元の程鉅夫は初名は文海であるが、武宗の名前の海山を諱、字を名前とする。建昌の人。経学は程頤・朱熹の伝注を主とし、文章は唐宋の宿弊を取り除くべきだと主張する。文章が典雅し、北宋の館閣の余風があると言われる。『元史』巻一七二に伝あり。

(109) 程矩夫『雪樓集』巻一四「雙峯先生文集序」（台北：台湾商務印書館、景印文淵閣『四庫全書』本、一九八三年）一八二～一八三頁「理學至伊洛而大明、逮考亭而益精。學者家庋其書、歸而求之有餘矣。而拘者束章句、虛者掠聲稱、專門戶以爲高、游辭說以爲達、若存亡愚智交病。雙峯饒先生最晚出徒、得從其高第弟子游。乃獨泳澤窮源抉根披枝、共派而分流、異出而同歸。廓然煥然於此也。僕不肖少獲事徽庵程先生知雙峯之學爲詳。蓋二先生之志同、其造詣亦同。」

(110) 程若庸は生没年未詳。字は達原、休寧の人。饒魯に師事し朱子の学を得る。咸淳年間の進士。呉澄・程鉅夫などが皆この門下である。朱熹の門人である程端蒙（字は正思。徳興の人。淳熙七年に郷貢補太学生）の著した「性理字訓」は本来三十条であるが、六門一八三条に増やして「性理字訓講義」を著す。後に、朱升が善字の一字を補い、一八四条に作った。（明）楊士奇『東里續集』巻一七「小四書二集」項目、（明）程敏政『新安文獻志』巻二四「朱升」「書性理字訓後」、（清）朱彝尊『經義考』巻二八〇「朱氏（升）小四書」項目参照。

(111) 侯外廬・邱漢生・張豈之主編『宋明理学史』上第二版（北京：人民出版社、一九八四年）七四八頁。

(112) 『資治通鑑後編』巻一六四、元仁宗皇慶二年一〇月「甲辰、行科擧。帝使程文海及李孟許師敬議其事。文海建言、經學當主程頤朱熹傳注、文章宜革唐宋宿弊、於是命文海草詔行之。」

(113) 黄宗羲原著、全祖望補修、陳金生・梁運華点校『宋元學案』第四冊、重印（中華書局、二〇〇七年）二八一二頁「雙峯蓋亦不盡同于朱子者。」

(114) 侯外廬・邱漢生・張豈之主編、前掲『宋明理学史』七三一頁。

(115) 同右、七三一頁。

(116) 金長生『沙溪先生文集』『経書弁疑』(ソウル:景仁文化社『韓國歴代文集叢書』第二二五冊、一九九九年)一三七頁。

(117) 上掲金長生『経書弁疑』一四四頁。

(118) 黎靖徳編、前掲『朱子語類』巻六二「中庸一」二〇三四頁「莫見乎隱、莫顯乎微、言道之至精至密者。」

(119) 金長生、前掲『経書弁疑』一四四～一四五頁。

(120) 同右、一四九～一五〇頁。

(121) 同右、一五〇～一五一頁。

(122) 游氏は游酢を指す。謝良佐・呂大臨・楊時と共に程門の四先生と呼ばれる。

(123) 金長生、前掲『経書弁疑』一五〇～一五一頁。

(124) 同右、一五四頁。

(125) 『中庸』「和而不流、强哉矯。中立而不倚、强哉矯。國有道、不變塞焉、强哉矯。國無道、至死不變、强哉矯。」

(126) 金長生、前掲『経書弁疑』一五四～一五五頁。

(127) 『中庸』「君子依乎中庸、遯世不見知而不悔、唯聖者能之。」

(128) 金長生、前掲『経書弁疑』一五七頁。

(129) 金長生、前掲『経書弁疑』一六〇～一六一頁。

(130) 云々と省略されているところは、『中庸章句大全』上の小注「敬以直内之功、由動而靜、由靜而動。不可有須臾間斷、戒謹不睹、恐懼不聞、而愼獨是也。業欲其廣故義以方外之功、自近而遠、若小若大不可毫髮放過、造端夫婦至達乎諸侯大夫及士庶人、是也。」である。

(131) 朱熹、前掲『中庸章句』一七頁「道者、日用事物當行之理、皆性之徳而具於心、無物不有、無時不然、所以不可須臾離也。」

(132) 金長生、前掲『経書弁疑』一六二頁。
(133) 『中庸章句大全』上小注「仁是道、忠恕正是學者下工夫處。」
(134) 金長生、前掲『経書弁疑』一七二頁。
(135) 同右、一七二～一七三頁。
(136) 『中庸』「博厚、所以載物也。高明、所以覆物也。悠久、所以成物也。」
(137) 朱熹、前掲『中庸章句』三四頁「悠久、卽悠遠、兼內外而言之也。」
(138) 趙翼、前掲『浦渚集』巻二一。
(139) 趙翼、前掲『浦渚先生遺書』巻二。
(140) 同右「中庸困得」七〇頁「翼舊嘗得唐板中庸古册。其小註乃新安倪氏所集、而其中見饒氏李氏之説、或有異於章句、而亦或似可通、卽困得所引、是也。今通行鄕板、則諸説異於章句者、刪去不載、國中所行皆此本、而倪氏本不復見矣。」
(141) 陳櫟（一二五二～一三三四）は、居堂の名が定宇であることから定宇先生と呼ばれる。晩年には東阜老人とも呼ばれた。『四書管窺』に引かれているものは『四書發明』からの引用である。
(142) 顧炎武『日知録』巻一八「四書五經大全」の項目（黄汝成集釋、欒保羣・呂宗力校点、『日知録集釋』（上海：上海古籍出版社、二〇〇六年）一〇四一～一〇四二頁参照。「自朱子作大學中庸章句或問論語孟子集注之後、黄氏有論語通釋、而采語録附於朱子章句之下、則始自眞氏名曰集義、止大學一書。祝氏乃倣而足之、爲四書附錄。後有蔡氏四書集疏、趙氏四書纂疏、吳氏四書集成、昔之論者、病其泛濫、於是陳氏作四書發明、胡氏作四書通、而定宇之門人倪氏合二書爲一、頗有刪正、名曰四書輯釋、有汪克寛序、至正丙戌。自永樂中、命儒臣纂修四書大全、頒之學官、而諸書皆廢、倪氏輯釋今見於劉用章所刻四書通義中、永樂中所纂四書大全、特小有增刪、其詳其簡、或多不如倪氏。」
(143) 三近とは、『中庸』経文の「好學近乎知、力行近乎仁、知恥近乎勇。」をいう。
(144) 趙翼『中庸私覧』（『浦渚趙翼先生の生涯と思想／所蔵古文書』京畿道：京畿文化財団、二〇〇七年）には、「焦澹園」の「澹」字が「漪」字になっているが、焦竑（一五四一～一六二〇）の号である澹園の誤りであると考えられる。
(145) 倪士毅『四書輯釋』（『續修四庫全書』「經部」一六〇、上海古籍出版社、一九九五年）八三頁「雙峯饒氏曰、生知安行隱然

之勇、學知利行非勇不可到、困知勉行全是勇做出來。」『大全』の小注にも同じく引用されている。

(146) 朱熹、前掲『中庸章句』二九頁「以其分而言、則所以知者知也、所以行者仁也、所以至於知之成功而一者勇也、以其等而言。則生知安行者知也、學知利行者仁也、困知勉行者勇也。」

(147) 史伯璿は生没年未詳。『四庫全書』の提要によれば、『四書管窺』の外篇は元の丁未年（一三六七年）に完成した。

(148) 史伯璿『中庸管窺』巻三（『叢書集成』続編第三三冊、台北：新文豊出版公司、一九八九年）五項「饒氏謂、生知知也、學知困知近乎知也。安行仁也、利行勉行近乎仁也。生知安行勇也、困知勉行者以不及學知利行者爲耻、學知利行者以不及生知安行者爲耻、以造乎知之成功之一者近乎勇。」

(149) 朱熹、前掲『中庸章句』三五～三六頁「尊德性、所以存心而極乎道體之大也。道問學、所以致知而盡乎道體之細也。二者修德凝道之大端也。不以一毫私意自蔽、不以一毫私欲自累、涵泳乎其所已知。敦篤乎其所已能、此皆存心之屬也。析理則不使有毫釐之差、處事則不使有過不及之謬、理義則日知其所未知、節文則日謹其所未謹、此皆致知之屬也。蓋非存心無以致知、而存心者又不可以不致知。」

(150) 趙翼、前掲『中庸私覧』八七頁「此言君子修至德、以凝至道之事。章句以致廣大以下四句、上四者、皆屬尊德性、下四者、皆屬道問學、饒氏陳氏、皆非之、及新說言人人殊。而以愚觀之、則皆未得本旨。愚嘗沈究之、盖此章實承上章而言。上章先言德而後言德之所以凝道、此章先言道而後言道之所以凝者在德也。故尊德性所以不息乎誠、卽上章至誠之事也。廣大卽上章博厚也、高明卽上章高明也、溫故而知新敦厚以崇禮卽上章悠久也。」

(151) すなわち、「致廣大・盡精微・極高明・道中庸」である。

(152) 史伯璿、前掲『中庸管窺』巻四、七四～七五頁「謹按章句存心致知之分、固無以加。愚竊以爲四句上半截、皆屬存心、已無可疑。下半截皆屬致知、則似聖賢之學偏於知而不及行。此所以不免諸家紛紛之論也。意者、於下截四者、以盡精微知新屬知、道中庸崇禮屬行。如此則上句尊德性依舊只是存心、道問學却是兼知行爲下四句之綱。尊德性是存心、統四句上半截、道問學兼知行、統四句下半截、亦與章句無大背馳。」

(153) 倪士毅、前掲『四書輯釋』九六～九七頁「饒氏曰、上言至道、非至德不凝、此言德根於性、故欲修德必先尊德性以爲本。然性雖同有非斈不充、故既尊是性、又必由斈問之功、以充其小大之德、然後本來不遺而修德之方始備矣。問、問於人。斈、孝於己。致廣大至崇禮八者、道問學之目也、致廣大極高明溫故敦厚、是四者、皆由問孝以充其大德於至大之地、而凝夫至道之大者也。盡精微道中庸知新崇禮、是四者、皆由問孝以充其小德於至小之地、而凝夫至道之小者也。八事雖各不同、然致廣大以行言、盡精微以知言、極高明以知言、道中庸以行言、溫故知新皆以知言、敦厚崇禮皆以行言、其實不越知行兩端而已。」

(154) 史伯璿、前掲『中庸管窺』巻四、七五頁「若以知行相對言之、則盡精微與道中庸知新與崇禮又未嘗不先知而後行也。饒雙峰陳定宇、惟不察此意、故以知行互有先後爲說。」

(155) 『朱文要抄』は、現存しないが、『浦渚集』巻二六「朱文要抄序」「朱文要抄後序」を参照すればその内容がうかがえる。

(156) 宋錫準、前掲「浦渚趙翼における経学思想の哲学的基盤――性理説及び陽明学的性格を中心に」、「浦渚趙翼先生の哲学思想――性理説及び陽明学」及び「朱子学批判論者たちの経典解釈――『大学』の解釈を中心に」など。

(157) 韓正吉「浦渚趙翼を陽明学に関係付ける主張の妥当性の検討」『韓国実学研究』第一四号（ソウル：韓国実学学会、二〇〇七年）。

(158) 趙南権「浦渚趙翼先生の生涯と経綸（一）」及び「浦渚趙翼先生の生涯と経綸（二）」『東方学』第四号及び第五号（ソウル：韓瑞大学東洋古典研究所、一九九八年及び一九九九年）。

(159) 李相鉉『国訳浦渚集』解題（ソウル：民族文化推進会、二〇〇五年）。

第五章　東アジアの中の朝鮮儒学史

第一節　観点の転換

経学的アプローチ

経書の注釈はあくまで経文に対する解釈である。従って、その中には、注釈者の考えが含まれてはいるものの、経書注釈の内容すべてを注釈者の思想の表れと見なすことはできない。

この点について、もう少し立ち入って考えてみたい。まず一つには、注釈の中には経文に対する単なる説明に過ぎない部分もある、ということを考慮に入れなければならない。例えば、『論語』の「民は行わせることはできるが、なぜ行うべきかを知らせることはできない（民可使由之、不可使知之）」という文について、経文に沿って忠実に注釈したからといって、注釈者が愚民観の持ち主というわけではない。同様に、『孟子』の「民が貴い、社稷《しゃしょく》がその次であり、君は軽い（民為貴、社稷次之、君為輕）」という経文に沿って注釈している場合も、注釈者は必ずしも民本主義者とは限らないのである。

第二に、後代の注釈者は、本文だけを載せた白文の経書を前にして、一からその意味を探り出すのではなく、先行する注釈が付された書物を通じてその意味を把握している、ということも考慮しなければならない。前人の注釈を慣用的に踏襲した部分は、注釈者の思想というより経学史上の一般的な考えと見なすべきである。また、複数の注釈を参照しながら経書を読んで、従来の解釈に批判的な見方を取る場合もある。前人の解釈に分岐が見られるところであれば、それらを折衷したり、あえて全否定する新たな解釈を提出したりすることもある。

以上は、一つの経書注釈が成立する際の経学の内部的要素である。いかなる新注釈であっても、このような要素を考慮に入れることなく、注釈者の独自の思想が表明された論文として取り扱うわけにはいかない。ある経書注釈を材料に、著者の意図や思想を調べる際には、経文の内容に注意を払い、既存の注釈と照合すべきである。注釈の内容を直ちに著者の思想と見なしてはならない。

注釈者の頭の中に確立した考えがあることを前提にして、この考えがいかに注釈に表れているか、あるいは行間に隠されているかを分析する場合がある。しかし、「著者が注釈を著すに先立って、ある確固たる考えを持っていた」ということは、確かめられることだろうか。経書の注釈を著す過程において、自身の見解を形成するに至る、というほうが、より有り得る順序ではないだろうか。

経書の注釈書を経学的観点に立って考察するということは、言い換えれば、著者が経文をどのように読み取っているかをまず考えることである。ゆえに、経学的観点から朱熹の注釈を見るときには、朱熹の頭の中に、すでに彼の思想体系が確立しており、その思想に合わせて無理に経書を解釈した、とは考えない。そうではなく、彼は経文解釈を含めたさまざまな研究の過程を通じて思想体系を確立していったことを前提とする。そこで、彼が経文をどのように読み取っているかを考察する際に、その解釈がすでに確立したその思想体系と完全に一致すると確定しないのである。

同様に、十七世紀の東アジアの儒者たちが『論語』『孟子』の経文に見られる「仁」をどのように解釈しているかを考察することで、彼らがそれぞれの「仁説」を確立していく過程を把握できるであろう。彼らの多くは、すでに朱熹の注釈がついた経書を読んで、その説明を肯定したり否定したりしながら自説を形成していったと思われる。頭の中にすでに仁に関する考えが定まっていて、それに基づいて、『論語』『孟子』中の「仁」に投影したのではない。

「仁」「性」について、『論語』の言及は簡単である。一方、『孟子』には、それより詳しい説明がある。朱熹はこの差を説明するために、性を「気質の性」と「本然の性」とに区別するなどの工夫をして、理論的に展開させた。そうであるならば、十七世紀の注釈者は、『論語』『孟子』そして朱熹の注釈を前にして、その間の差をどのように受け止めていたのか。

『論語』には、「仁とは何か」を説明する文章はほとんどない。そのかわりに、人は必ず仁を目指すべきであることや[1]、「人が仁を求めようと思えば、すぐに仁に至るものだ」など[2]、仁を行うことについて説いているところが多い。しかし孔子は、どのような人物を仁者と認められるかについては、厳しい基準を持ち、「この人こそ仁者だ」と認めることは稀である[3]。つまり、『論語』に見られる仁は、求めればすぐに求められるものの、それを実際に得ることのできた者は容易に見つからないものである。『論語』中の「仁」のこうした二面性について朱熹は、「仁は人の外ではなく内に性として存在する。ゆえに、自分で求めればすぐに得られる。しかし、人には私欲があるため、しばしば自分の性を見失ってしまう。我々は私欲をなくし、性を失わないように努力しなければならない」という説明を施した[4]。

また『孟子』によれば、「我々は皆、人の不幸を見過ごすことができない心（不忍人之心）を持つ。この心は、幼児が井戸に落ちそうになったのを見たら、すぐ「あぶない」と思いやる心（惻隠之心）として外に現れる。このことから推し測ると、惻隠の心は、人が人であるのに欠かせないものであり、惻隠の心が無ければ、人と呼ぶわけにはいかず、禽獣も同然になってしまうことがわかる[5]」という。では、「仁」と「惻隠の心」の関係を孟子はどのように説いているのか。

孟子は、この「惻隠の心は、仁の端としてあらゆる人に備わっている。これは人に四肢があることと同じようなものだ⑥」と言う。また、「仁の端」を説明するほかには、「仁義礼智は、外から獲得するものではない。我々はもともとこれを持っている⑦」とも述べている。これらの経文を、如何に組み合わせて、朱熹の仁論は成立したのだろうか。また、東アジアの儒者たちは、朱熹の解釈をどのように改めているのか。

前述のように孟子は、「人は惻隠の心を有する」、あるいは「人は仁を有する」といい、さらには、「惻隠の心はいざというとき自然に外に現れ出るものだ」とも言っている。こうした文言を前にして、『孟子』を解釈する者がまず為すべきことは、「仁」と「惻隠の心」がどのような関係であるかを明らかにすることであろう。

さらに孟子は、「性」を論ずる場面で、突然、「情」に言及している。そのため、注釈者は読者に、「性」と「情」の関係を説明する必要がある。孟子の弟子である公都子は、性善を説く孟子に、「性について、告子は善でも不善でもないといい、ある者は、環境によって善にもなり、不善にもなるといい、ある者は、環境には関係がなく、生まれつきの善者もあり、生まれつきの不善者もあるといいます。先生の性善説によれば、これらは皆、間違った説でしょうか⑧」と聞いている。

この質問に対し、孟子は、「乃若其情、則可以為善矣。乃所謂善也。若夫為不善、非才之罪也」という二五文字で、情を用いて性善を説いている。

以下では、経学的転換という観点からこの二五文字を巡る解釈史を考えてみたい。

まず後漢の趙岐は、次のように解釈する。

「若」は、したがうである。性と情は互いに表裏をなし、性の善たることは情に勝り、情は性に従う。『孝経』に、「〔孝子が、親の喪を行う場合、哭する際にはむやみに泣かず、礼を行う際には態度をことさらにつくらず、言葉を飾らない。

よい服を着ても心地よくなく、音楽を聴いても楽しくなく、うまいものを食べても美味しく感じないこと、」これは、親の死を悲しみいたむ情である」[9]とあるように、情は性に従うものである。この情を従わせることができ、善であるようにさせるのが、本当の善というものである。人に随って無理に善を行うのは、善者の善ではない。不善をなすのは、生まれつきの才覚のせいではなく、物に動かされたためである。[10]

趙岐は、「若其情」を「情を従わせる」、「乃所謂善也」を「本当の善である」と解釈した。ゆえに、「乃若其情、則可以為善矣。乃所謂善也。若夫為不善、非才之罪也」の二五文字は、「情は性に従うものであり、これがよくできれば本当の善である。不善を行うのは、本来の才覚に問題があるためではなく、私欲のためである」という意味になる。趙岐は、情は、性に従うがゆえに善たりうる、性はもともと善たるものだからである、と孟子の性善説を読み取っている。

一方、朱熹は、「乃若」を発語辞とし、「情」は「性の発動したもの」とし、二五文字は「人の情は、もともとただ善にしかなりえず、悪とはならない。このことから、我々は性が本来、善であることがわかる」と解釈した。[11] 朱熹は「可以為善」を「善にしかなりえない」と解釈している。それは、なぜであろうか。上の経文の「性可以為善、可以為不善（性は、環境によって、善にもなり、不善にもなる）」という主張について、孟子が、公都子の質問の中の「可以為善」だけをとりだして、説明していることから、朱熹は「不善とはならない」という意味を読み取ったのであろう。朱熹は基本的に趙岐の解釈を改めてはいないが、「若」を実字とした趙岐とは違って、虚字とし、また、「情」を「性の動き」と意味づけた。

朴世堂は、この箇所の「情」を「実情」と解釈し、朱熹の「情者、性之動也」を、次のように改めている。

情の意味は、実（実情）である。「物の情」というときと同じ用法である。『荘子』にも「得其情（その実情を知る）[12]」とあるが、（『荘子』の用法と同じように、）『孟子』のこの箇所は、「性の実情を言えば、善となることをいう。朱子の注に、「情は、性の動きである。人の情は、もともと善にしかなりえず、悪とはならない」といい、また四端を挙げて説明を加えている。しかし、『孟子』のこの箇所の所謂「情」は、結局恐らくこのようではない[13]。

ここで、朴世堂が、「情」を「実情」と読んだのは、『孟子』の「乃若其情、則可以為善矣」をより自然に読めるように工夫したためであろう。また、朱熹の「情者、性之動也」が正しくないといっているのは、一見、朱熹の「性情」理論を否定するかのように見えるが、そうではない。朴世堂は、「乃若其情」の「情」は「性情」の「情」でなく、「実情」の「情」の意味であり、この箇所を「性情」から解説することはできないと言っているにすぎず、朱子学の理論における性と情についての理解を否定するものではない。朴世堂が、朱子学の性情論を否定していないことは彼の著作から明らかである[14]。

朴世堂は、このように、『孟子』に基づいて「性が善である」ことを導き出す従来の解釈の伝統に身を置いているわけである。孟子のいう「性善」の内実について、従来とは異なる理解を提出したのは伊藤仁斎である。

彼は、「乃若其情、則可以為善矣。乃所謂善也。若夫為不善、非才之罪也」の二五文字を、「人の情は、善を好み、悪を憎むため、必ず善をなすはずであり不善をなすはずはない。これが私の理解する性善の意味であり、天下の人の性が皆堯舜と同一であって相違がない、ということではない。人情がこのようであれば、才覚もまたこのようであるべきである。今不善を行うのは、私欲に陥るからであり、才覚の罪ではない[15]」と解釈した。「性善」を否定し、「情善」と変更しているのである。

続いて仁斎は、『孟子』の解釈における宋儒の誤りを次のように指摘している。

公都子は三説を挙げ、その問いは甚だくわしく、孟子の答えは甚だあらく、公都子に問い詰められているかのようであるのは、なぜだろうか。このように感じるのは、〔我々が〕宋儒の説によってそれを理解し、孟子の本旨を知らないからである。所謂「乃若其情、則可以為善矣」とは、前章の、「人の性の善たるは水の下にむかうことと同じだ」という意味である。つまり、人情が好むところについて説いたものであり、人間が皆、一人残らずそうであると説いて弁護しようとしたのではない。人は、ほめられれば悦び、そしられれば怒る、これが人情である。善をこのみ、悪をにくむことさえできれば、善を行うことができ、鶏や犬がかたくなで物を知らず、善を告げても受け入れないのとは違う。これが孟子の所謂性善である。公都子がその意味を理解できれば、三説の非は弁ぜずしておのずから破れる。しかし後に孟子を説く者は、あるいは気質・本然の説を立て、あるいは性・情、体・用の区別を分け、孟子の答えを不備のある語としてしまうのみならず、またどうして孔子も不明とそしらざるをえないようにしたのだろうか。[16][17]

仁斎は、「孟子はただ、「よいことをよいと認め、悪いことを悪いと知ることさえできれば、善を行うことができる」と言っただけであり、「あらゆる人間の性が皆善である」と言っているのではない」と論ずる。そして、「乃若其情、則可以爲善矣」という経文については、「人はほめられれば悦び、そしられれば怒る人情を持っているから、善を行うことができる」という解説を施している。その上、程朱の複雑な理論展開を批判している。彼は、孟子の言葉は簡単なものであるが、程朱はそれをほしいままに解釈し、経文にありもしない「気質の性・本然の性」「性・情」「体・用」の説を作り出し、孟子の説が不備であるかのようにしてしまったと批判し、程朱の言う通りであれば、孔子の語も不明だということになってしまうと言っている。つまり、仁斎は、孔・孟の言は、程朱の解釈とは差が大きく、読者が程朱の解釈に慣れてしまえば、孔・孟の言は不明・不備であると誤解するようになると主張しているのである。

仁斎は、『論語』の「性相近也、習相遠也[18]」を、「人々の性は本来互いに近く、最初はその善悪が甚だ遠くはない」と解釈し、「聖人の教えは、人々に性の善たることを要求せず、後の習慣をよくするように要求するのだ[19]」という。孔子の言を基準として孟子の言をまとめ、朱熹の注釈は棚上げにしているのである。

一方、荻生徂徠は、孔子が言及する「性」と、孟子が「性善」を言うときの「性」とは、統一的に理解する必要がない、としている。『孟子』の性善は、孔子の本旨を継承したものではなく、『論語』と一つにすることができないものだと、次のようにいう。

孔子が言おうとした意は、専ら学んだ後君子になることであり、その後は知性や才能が周りの人と遠く異なっていくものだと言っただけである。〔性の〕善悪などは言ったことがない。……孟子の性善の言があって以来、儒者たちは性を論じて久しく言い争い、「孔子にも性を論ずる言がある」とするまでに至り、孔子の言は、学問に励むようにさせるための言であることを知らないのだ。孔子の没後、老荘が興り、専ら自然を唱え、先王の道を偽りとした。ゆえに孟子が性善をもってそれに対抗した。孟子の学は、ときには孔子の本来の様子を失うこともあった。ゆえに荀子がまた性悪をもって対抗した。皆宗門を争った者である。宋儒はこのことを知らず、本然の性・気質の性をもって断じた。彼らは古のいう性は、皆性質を指すということを全く知らなかった。どうして本然などというものがあろうか。仁斎先生がこの点を弁じたのは正しい。しかし、仁斎もまた孔子と孟子の旨が異ならないと考えている[20]。

『孟子』が『論語』と矛盾する場合、徂徠のように、「両方はそもそも異なるものである」と見なせば、問題は解決する。しかし、『論語』と『孟子』は、『大学』『中庸』と合わせて、一つの思想体系を構成していると信じる注釈者であれば、孔子と孟子の発言が一致するという前提の下に考えをめぐらすはずである。ゆえに朱熹は、周知の通り、人は四肢のように仁の端を持つと孟子が言っているのは、本来の純粋な性（本然之性）であり、「人々の性は互いに近い（だけだ）」と孔子が言っているのは、気質の影響を受けた性（気質之性）であると解釈したのであった。

『論語』『孟子』中の「性」についての朱熹の注釈が批判されている別の事例を見てみよう。朱熹は、性・情の関係について、仁という「性」が、「不忍人之心」の「情」として外へ現れると言う。つまり、「我々に、本体としての性が内在する」というのである。このような理論は、具体的には、『孟子』公孫丑上篇の解釈から成り立ったものである。朱熹は、「惻隠之心、仁之端也」という経文を、「惻隠は、情であり、仁は性である。端というのは、情が外に現れたことから、性が本来そうであることを知る、糸口をいう。譬えて言えば、物が中にあれば、外からその糸口が見えるようなことである[21]」と解釈している。

この「端」を、趙岐は「端者、首也[22]」と解釈した。そのため、四端と仁の位置が、ちょうど朱熹と反対になる。つまり、趙岐においては四端が始であり、朱熹においては仁が始である。この問題に関して、朱熹は次のように、「互いに矛盾しない」と主張している。「体用から言えば、体があって後に用がある。ゆえに端は尾と言える。始終から言えば、四端は始発のところである。ゆえに端緒と言える。二つの説は各々指すところがあり、互いに妨げない[23]」と説明している。

しかし、このような四端と仁の位置の変更は、仁斎の『論語古義』で、次のように批判される。

> 仁は天下の大徳である。慈愛の心が、人の内から外へ及び、近いところから遠いところへ至り、充実通徹して、

達せざるところがなければ、すなわちこれが仁である。ゆえに孟子は、「人は皆他人の不幸を見過ごせないところがある。これ〔人の不幸を見過ごせない心〕を、見過ごせるところにまで達することが、仁である」という。[24]すなわち、有子が孝弟は仁の根本だ〔『論語』学而〕といった意味である。思うに、孝弟は、性である。性は己にあることをもっていう。徳は天下に通じることをもっていう。孟子は、孝弟を良知・良能とする。[25]このことからみれば、孝弟はどうして人の性でないだろうか。『易』に、「人の道を立てて、仁と義という」[26]という。『中庸』に「知・仁・勇の三者は、天下の達徳である」という。仁義はどうして天下の道徳でないだろうか。それなのに孟子はまた、仁義を人のもとより有するものといったのはなぜだろうか。これは、仁義をもって性を表現したものである。性の中に仁という名前のものがあるということではない。私のいわゆる「仁義をもって性と呼ぶ」というのは、「人の性は善だ」というような意味である。ゆえに、仁義をもって性と見なせば、非常に小さな差によって途方もない大きな誤りを生じるという言葉の通りの非常に大きな誤りがまさにここに生じることとなる。区別をつけないわけにはいかない。[27]

ここで、仁斎は『易』や『中庸』の文言から、「仁は道徳だ」ということを見出している。仁斎によれば、孔孟は、「仁は性だ」と述べたことがなく、『易』や『中庸』では、「道」「徳」とされている以上、仁を性と見なすことはできない。

一方、朱熹の理論は『孟子』を中心として展開されている。『孟子』告子上に、「仁義礼智は、外より我々に与えられるものではない。我々は元来これを有している〔仁義禮智、非由外鑠我也、我固有之也〕」と言う。また、「仁を求める努力さえすればすぐに得られるものであるが、そうしなければ失ってしまう〔求則得之、舍則失之〕」と言う。これらを解釈する際に、朱熹の「仁は、惻隠の心の本体として人が皆有し、我々はこの本来の才覚を尽くすことに努力しなければならない」という考えが成立したのである。

しかし仁斎は、「我固有之也」をただ、人には四端の心があるから、仁の徳を所有しているように思う、という意味として解釈した。彼は、性の性質が仁であるという意味で、仁は徳の類であり、性などではないと言う。このような説は、次のような解釈から成立している。

「固より有す」とは、人は必ず四端の心を持ち、仁義礼智の徳を自分の所有とするということをいう。ただ、人は自らそれを考えないだけである。取れば得て、捨てれば失うのは、私のなかにあるものなので、それを求めれば得られるということである。人それぞれ善悪の差が大きく、二倍も五倍もあり同じでないのは、皆自分の才覚を用いてそれを拡充することができないからに過ぎない。(28)

さて、ここで朝鮮朝の趙翼の解釈を仁斎の解釈と比較してみよう。趙翼は『孟子』の性善説を次のように総合している。

四端四性はすなわち善の実である。〔孟子の言う通り、〕「四端は人が皆有し」「四性は我々がもともと有する」。人の性が皆善たるのはこのためである。人がこれを全うすれば、堯舜のような聖人であっても四端四性を全うしたに過ぎない。不善なのはもともと有するものを失うためである。ゆえに〔孟子の言う通り〕「才覚の罪ではない」「人々がただ思わないだけのことである」「捨てて失う」「その才覚を尽くせない」のである。この前の諸章はいずれも性の善たることを論じている。この章では、性情の全体について論じ、さらに、不善をなす原因を論じている。その言は至って明白で丁寧である。学ぶ者は、これを深く察すれば、「性の善たること」は皆おのずから明らかになる。按ずるに、「性」を俗語で解釈すれば「根本」である。凡そ物は皆、根本を有する。告子の徒は、人の善や不善を見、人の根本が不善たるがゆえに不善を生み出すのだと疑った。そこでついに、性に善悪の区別がないと言い、あるいは、人それぞれ善悪が同じでないと言うのである。このような考え方も道理がないわけではない。しかし、彼のいう性は、気であり、彼は理が本来善たることを知らない。思うに、人それぞれの気質は固より善悪がそれぞれ異なる。諸子の論はいずれも、気を性と見なしている。ゆえに彼らの言はこのようになったのである。〔告子の〕「生のあるがままが性である」「食・色への欲が性である」などの説をみれば、彼が気を性と見なしていることがわかる。孟子は天理の本然たるものを性としている。天の理にどうして不善があるだろうか。この章に言うように、四端四性はすなわち人の理であり、天に基づき粋然純善たるものである。これこそを性とするのであり、ゆえに「性が善である」というのだ。㉙

趙翼の解説によれば、『孟子』の性善説は、

①「性はもともと善である」ことを、性・情の構造から説明

②「性はもともと善である」にもかかわらず、人がときには悪を行う場合がある原因を説明

という①②の順序で展開されている。趙翼は、「性は善である」と「情は善である」の関係を、「根本」概念を用いて説明する。彼によれば、理や性が根本であり、気や情は根本ではない。告子の主張もそれなりに道理はあるが、告子は、理と気を混同して、「人がときには悪を行うこともある」ことを根本の次元の問題と認識してしまった。つまり、告子は、気や情の次元で説くだけで、理や性の次元（＝根本の次元）を見出せない点で誤っているのである。

趙翼は、このように、四書に存在する互いに異なる記述を、根本と根本でないことに区別して、矛盾なく説明している。趙翼の所説には、『大学』『中庸』には、『論語』『孟子』と齟齬する内容が含まれているのではないか」、とい

う疑いは見当たらない。それと同様に、『孟子』の文章を『論語』の本旨に照らし合わせて読み直す必要があるのではないか」という疑いも、持ち合わせていない。「四書は一貫した体系を成している」という前提を受け入れている彼には、このような疑いは起こりようのないものであろう。

一方で、伊藤仁斎は、孔子の言に基づき、『孟子』の「性は善である」と「情は善である」との関係について、「性は善である」とは、「情は善である」ことを意味する、と説明している。また、荻生徂徠は、孔子の言に基づいて孟子の言を斥けている。彼らの場合には、「根本」という概念を用いて、孔子と孟子の発言の違いを矛盾なく説明する必要はないのである。

経学思想と現実思想との不一致

朝鮮朝では、国家の喪礼を経伝に基づいて決定するなど、経学が実際の国事に応用されていた。では、朝鮮の儒者は、その経書解釈を政治・社会的見解と連動させていたと見なしてもよいだろうか。つまり儒者たちは、新たな経書解釈を行うことを、現実の問題を解決するための新たな思想を求める行為として認識しており、そして、ある儒者の現実観や政治的立場が新たな経書解釈を生み出していたと見なすことができるのだろうか。

例を挙げて考えてみよう。朴世堂は朱熹『中庸章句』首章の「天理の本然をたもち、少しの間にも離れさせない（存天理之本然、而不使離於須臾之頃[30]）」という解釈に対し、天理はそもそも心のなかに、一刻も存在していないことはなく、そのまま従えばよいものであるため、朱熹のように天理をたもつ（存天理）と言ってはならず、天理にしたがう（循天理）と表現するべきだと述べている[31]。

朱熹は『中庸』首章の「天命之謂性」の解釈で、「天命」と「性」の間に、『中庸』の経文にはない「理」を挟み、人性の根源とした。これこそ、漢唐の注疏にはほとんど見当たらない朱子学的解釈であり、この点を問題とするなら、朱子学を問題とすることになる。しかし朴世堂は、「天理」が、本来心のなかに備わっていると言い、朱熹のいう理の存在を明確に認めている。「存天理」と言ってはならず、したがうという意味の「循」字を使わなければならないという朴世堂の主張は、天理はそもそも我々の心に備わっているという朱子学の理論に基づいて経書を解釈したものである。

また、朱熹はこの「天命之謂性」の解釈において、「命は令と同じである。性はすなわち理である。天は陰陽五行をもって万物を化生し、気をもって形を造り、理もまた付与する、あたかも命令のごとくである。そこで、人と物の生は、各々付与された理によって健順五常の徳にする。これが所謂性である」[32]と言う。これに対し、朴世堂はまた次のように批判している。

> 命はこれを授与することを言う。性は心明の受けた天理であり、生まれつきのものである。天には明らかな理があり、物がこの理に適合するのを則とする。この理則を人に授与すれば、人の心の明るさとなる。人が天理を受けて、その心を明るくすれば、事物の当否を考察することができる。……朱子の注では「命」を「令」とするが、今〔私が〕「授与」と解しているのはなぜか。それは、「令」の意味が明らかでないからである。例えば、爵位を授けることを、爵位を「命じる」ともいう[33]。

朱熹が「命」を「令」と解釈したのに対し、朴世堂は「授与」と解釈し、朱熹の注では経文の意味を明らかにできないから、それを改めたと述べている。それでは、朴世堂は、「天命之謂性」を組み込んだ朱子学体系そのものを改める解釈を提出しているのかといえば、そうではない。彼は、朱熹の「人は天から理を得て自身の徳とする。これが性である」という枠組みを全く否定していない。朴世堂の「授与」は、朱熹が同じく『中庸』首章の注釈で言うところの「賦」に相当しているだろう。朱熹は「命」を解釈して「令」と言い、さらに「賦」と言い直しているわけだが、朴世堂は、「令」字を用いるのは妥当ではない、と微修正しているにすぎない。彼は、朱子学の理論を前提にし、さらに、「朱子学の概念を用いて」、この箇所の朱熹の注釈を「改めている」のである。

また、朴世堂は、朱熹の「性即理」が間違っていると言うが、「天の理が人においては性である」という朱子学の理論を批判しているわけではない。彼が言おうとするのは、「天においては理」、「人においては性」と呼ぶべきであるが、「即」の字を使えば、両者が同じであるかのように表されるから（朱子学の定義する）「天においては理、人においては性」という対応関係が乱されてしまうということである。その意味で彼は朱熹の注釈が「名を乱し」「本末の次第を失う」ものであると述べている。朴世堂が宋時烈と対立し続けた末に「斯文の乱賊」と追い詰められたとき、彼の経書注釈は、朱子学に違背している証拠として挙げられることとなった。しかし、朴世堂の経書注釈を詳らかに考察すれば、そこに、「朱子学では現今の危機を乗り越えきれない」などという考えを見出すことは、困難である。

朴世堂はここで、理・性・道・教は、その帰結する場所は同じであるが、その名を乱してはならないと述べている。なぜなら、名が乱されると、言おうとすることを明らかにできないからだという。彼のこの注釈が「名」と「実」のどちらを重視しているかと言えば、「名」であろう。

彼の「名を乱してはならない」という「経学思想」は、彼の「現実政治思想」に連動しているのだろうか。少なくとも彼の政治的判断の目安になるだろうか。次の文章を参照すれば、その答えは否である。彼は孝宗の死後、仁祖（孝宗の父）の継妃である慈懿大妃の母親としての服喪を定める過程で起こっていた喪服制度を巡る議論を次のように批判している。[34]

三年間喪に服すことを主張する側は、孝宗を次長子としなければならないと言い、一年間喪に服すことを主張する側も、孝宗を次長子としなければならないと言う。甲も次長子といい、乙も次長子と言う。しかし、甲の説は次長子だから三年服にするべきだと言い、乙の説は次長子だから期年服とするべきだと言う。期年・三年という名は異なるけれど、次長子である実状は結局変わらない。同じ説であるのに、ただ服制において、二つの説に分かれて慌ただしく言い争い、互いに排撃する。ああ、おかしなことよ。[35]

彼は、孝宗が次子として長子の代わりに王位を継承したという事実が変わらないのであれば、三年服か期年服かを争う必要はないという。当時の議論に加えた者たちのうち、南人の主張をみると、孝宗が王位を継承した以上、次子であるという事実より、長子になったという名分を優先しなければならず、そのため、継母である慈懿大妃は三年服を着用するべきである、と言う。一方、西人の主張によれば、孝宗が次子として王位を継承したことは変わらないのであって、それゆえ、慈懿大妃は期年服を着用するべきなのである。そもそも、喪服制度をめぐって議論が紛糾したのは、「王統を継いだ孝宗のために名分を正す」ことが求められたからであり、もし、朴世堂が、上記の「天命之謂性」の注釈で述べている「名を乱してはならない」という観点を堅持するならば、三年服か期年服かを決めるための議論を大事にするはずである。しかし、彼はこの議論を、いずれにしても「次長子である実状は結局変わらない」と一蹴し、弁別する必要を認めない。

喪服の議論における朴世堂の態度は、朱熹が「天命」の「命」を「令」と解釈したのを批判し、「天においては理、人においては性」という「名」を乱してはならない、と論じていたのとは異なる。このような態度が、「名」と「実」のうち、どちらを強調しているかといえば、「実」であろう。[36] ここには、朴世堂の実際の政治における観点が表れており、一方、「名」の確立の重要性を力説した上述の注釈には、経学における観点が表れていると言える。経書注釈に見出される経学的観点と、現実の様々な問題に対して発言した内容に見出される観点は、必ずしも一致してはいないのである。

勿論、経学の著述に著者の思想を見出し、それを時代思潮と見なすのが、常に不当だということではない。梁啓超は「清代思潮は、宋明理学に対する一大反動として、復古を志向とする」[37]と述べ、閻若璩（一六三六～一七〇四）が偽経を弁じ、胡渭（一六三三～一七一七）が河図洛書を批判したことによって、従来の権威を倒し清学の枠組みが打ち立てられたと言う。つまり、彼らの経学は、考証を通して、経伝の権威への服従から脱却しようとした時代思潮を示している、というのである。こうした事例はあるにしても、経書注釈と著者の政治的立場とを安易に直結させて理解することはできない。

十七世紀の朝鮮朝で、経学は社会システムの一部として、つまり「武」より「文」を優先する右文政治を制度的に支える科挙の科目として強固に存在しており、直ちに変化を受け入れられるものではなかった。さらに朱子学に準じた経書解釈は、公定の注釈として学術界で常に行われていた。知名度の高い人物（例えば、趙翼・尹鑴・朴世堂）の経学著作であれば、当然、注目される。しかし、たとえそれらの高名な著者が革新的思想の持ち主だとしても、それを直ちに経書解釈に用いるのは難しい。注釈者にとって、従来の解釈を踏まえることは、解釈上の主要な課題の一つであり、経学伝統を疎かにすることはできない。経書注釈に個人の新思考を盛り込む余地はせまいのである。少なくとも朝鮮社会で、ある著者が新しい社会思想を持っているとしても、それを直ちに経書解釈に反映させたりはしない。従って、経学著作に見られる態度は、その著者の社会思想と必ずしも一致しない。経書の注釈が、社会的情勢に並行して変化を見せるということは、まずありえず、社会的情勢の変化を後追いする形で注釈にも変化があらわれる、というのが実情に近い。

中国大陸のような広い国土にあって、満州族の統治を拒否し、外部と断絶した隠居地で著した経書の解釈書、例えば、王夫之（一六一九～一六九二）の『読四書大全説』のような著作であれば、朝鮮朝の著名人とは異なる状況にあるかもしれない。王夫之は、生前にも死後にもその名がほとんど知られておらず、死去して一七〇年後に初めて、同郷（湖南）出身の曾国藩・国筌兄弟により『船山遺書』が刊行されて、その名が世に知られた。その著作には、王夫之の同時代における知識人社会の動向より、かれ個人の思想がより顕著に見出されるだろう。

また、徳川日本であれば、儒者は社会における少数派であり、経学は、社会で普遍的に行われていた学問ではない。従って、経書がどのような思想に基づいて解釈されているかについて、政治権力を握っている武士階層のみならず一般人もほとんど注意を払うことはない。ゆえに、注釈者は、個人の独特な考えを反映して経書を解釈することに制約がない。

経学史研究においては、経書解釈に著者の思想を見出し、見出された要素をつなぎあわせて一本の流れとして説明する作業が必要とされる場合がある。これはつまり、歴史上にばらばらに存在する「点」から、有意義なものを見出し、一つの「線」に繋げる作業であり、思想の歴史的研究においてしばしば採られるスタイルである。しかし、あらかじめ一つの「線」が想定された上で、この線を描きうるような「点」を集めるという順序で分析が行われている場合も少なくない。

例えば、いわゆる朝鮮後期の実学に関して、その基盤となった思想を見出す作業を考えてみよう。本来ならば、十七世紀の経学から実践を重視する傾向が頻繁に現れ、この傾向が朝鮮後期に行くほど鮮明になる、という「事実」を確認する。こうした思想史上の「事実」に即して「線」を引くならば、「十七世紀以来の実践重視の傾向が実学思想の誕生に繋がる」という思想史像を描くことができるはずである。しかし、二十世紀初頭に着手された朝鮮実学研究は、これとは異なる像を描いている。それは、実学研究が、朝鮮儒学が「心・性・理・気の講論だけに努めた[38]」ことに対する反省を出発点とし、「「虚偽」を棄て、「実学」に務め[39]」ることを志向していたことと関係しているだろう。朝鮮実学研究は、その志向の赴くところ、朝鮮の儒学史において、程朱学とは区別される「実心」に従った思想的伝統を発掘するという作業に傾斜していた[40]。そのため、必然的に、「実学の基盤となった思想が程朱学以外に存在する」ことがあらかじめ想定されていた。そして、十七世紀の朴世堂の「実践的経書解釈」は、朝鮮朝における「思想的進歩」を示す価値ある「点」として評価され、十八・十九世紀の「実学」へと「線」が繋げられたのである。

十七世紀の朝鮮儒者に要求できること

もしも、朝鮮朝が亡びて植民地となる事態に至らなかったとすれば、その場合にも、十七世紀の儒者たちの心・性・理・気をめぐる討論は、やはり、「虚偽」として定位されただろうか。二十世紀初頭という厳しい時代に価値が見出された「独創」や「実践」を、十七世紀朝鮮の儒者たちが経書を解釈する際にも考慮していただろうか。つまり、「独創」と「実践」を、十七世紀の儒者たちに要求することは妥当なことだろうか。

後に設定された理論体系に合わせて以前の著作を「再解釈」する作業について、クェンティン・スキナーは次のように論じている。

> 最も根強い神話が生ずるのは、（たとえば倫理思想や政治思想の歴史における）それぞれの古典的作者が、それぞれの歴史家の主題を構成すると見なされるトピックスについて何らかの教義を説いているだろうとの期待をもって歴史家の側が構えているときである。危険なことに、そのようなパラダイムの影響下に（たとえ無意識のうちにではあれ）置かれてしまうと、いわば指定済みのあらゆるテーマについて、その著者の教義を「発見しよう」とする気になるまではほんの一歩である。（きわめて頻繁に起こる）その結果は、教義の神話とでも分類されるような型の議論である[41]。

スキナーのいう「教義の神話」は、歴史家が、ある主題を設けてそれに合わせて古典的作者の発言を再解釈することを指す。それは、歴史家の設けている主題と期待に引き寄せて、作者が「散発的に、あるいはたまたま行った事柄」を、その作者の教義の本質と取り違え、不当に解釈してしまうことである。十七世紀の著作に見られる偶発的な表現から、「近代的意識の萌芽」を導き出すことや、十七世紀の経書注釈の中の朱熹注釈と異なる表現から、「実践重視の考え」を見出すことなどは、史実に対応していない以上、「教義の神話」に類するのではないだろうか。

スキナーはさらに、「神話の第二の型」について次のように論じている。

歴史家によって指定されたテーマの一つに対して、明白にそれとわかるような教義を提出するところまで行くことにかなりはっきりと失敗してしまった理論家が、その失敗ゆえに批判されることになる。……この形の教義の神話のうちでも代表的なものの中心をなすのは、何といっても、古典的理論家の主題にふさわしいと認められてはいるが、実はなぜか彼らが論じなかった教義を彼らに帰するところにある。ときにそれは、これらの大作者が言ったことを、彼らが触れもしなかった話題についての考察にまで拡張するという形をとることもある。いわく、アクィナスは「馬鹿げた「政治的不服従」」については異見を述べなかったかもしれないが、「彼がそれを認めようとしなかった」のは確かである。同様に「マルシリウスが説く主権は人民に属する」のだから、彼は確かにデモクラシーを是としたにちがいない(42)。

ここでスキナーは、研究者によって指定されたテーマに対して、明白な見解を示さなかった歴史上の人物がどのように「再解釈」されてしまうのかについて論じている。ある歴史上の人物は、歴史家が重要だと考えるあるテーマについて明白な見解を示さなかったことを理由に批判される。また、ある人物は、明白な見解を示してはいないが、そのことを認めたに違いないと拡大解釈されることもある。

二十世紀初頭になってから後づけで設定された思想的主題について、十七世紀のある儒者が無関心であったからといって、彼を「従来の伝統に黙従していただけの儒者」と分類してしまうのは、正に、「神話の第二の型」に相当するものであろう。あるいは、二十世紀や二十一世紀に「虚」と「仮」と評価される思想的主題に関して、ある儒者が、否定的態度を明示していない場合に、彼の著作の「行間」から、「実は、彼は暗々裏にそうした主題を否定視していた」と読み取ってしまうのも、やはり、「神話の第二の型」の一例であろう。

朝鮮朝儒学史に即して具体的に言うならば、尹鑴が『大学』『中庸』に注釈を加えたことについて、「これら二書に独創的解釈を加えたのは、彼が朱子学に対して全面的に異議を唱えたことを意味する。なぜなら、朱子学を経学の面から支えるのが『大学・中庸章句』だからである。〔その一方、〕許穆が『六経』に注釈した理由は、……朱子学の四書学体系が持つ限界を克服し、『六経』中心の体系を立てようとしたからである[43]」と解釈するのは、いずれも、「神話」の創出に相当するものである。こうした理由づけが正しいとなれば、十七世紀の特徴のある経書解釈は、専ら、朱子学を批判し、その体系を克服することに努めていたことになる。『四書』に注釈を付した者は、真正面から朱子学を批判するという目的を持ち、『六経』に注釈を付した者は、朱子学の四書体系を否定し、暗々裏に朱子学を批判するという目的を持つ。また、朱子学批判に努めなかった大多数の儒者は「朱子学の墨守」や「朱子学に対する強迫観念」の持ち主であったことになる。そして、尹鑴と朴世堂の「格物」を巡る討論は、経文の内容や朱熹の著述に深く関わるにもかかわらず、これらに対する精密な考察を行う必要性は認められにくくなる。単純に、朱子学的解釈を墨守する尹拯と、実践を重視する思想に基づいた朴世堂の衝突と見なされ、十七世紀の経学的議論は、「朱子学では現今の困難を乗り越えきれない」と認識する側とそれを認識していない側との対立だったこととなる。朱熹と異なる注釈は、「朱子学批判の意図から執筆され、最終的には朝鮮後期実学思想を引き起こした」ものと位置づけられる。

黒住真によれば、徳川日本において、「徳川思想体制＝朱子学という図式は、幕末の林家自身のフレームアップから始まり、近代日本の徳川思想解釈に一貫してみられる。たとえば、林羅山が「徳川三百年間の教育主義を一定して朱子学となし」たという井上哲次郎はその代表であろう。戦後研究史において、新たな戦後的バイアスを込めてこの図式を再定着したのは、丸山眞男である。……彼の徳川思想体制論は、彼が現前化した天皇制国家と東洋的前近代への受け止めの、徳川への投影物であった。……この戦時下の〈回避〉の構造は、ふしぎなことに戦後も研究者たちによって再生産され続けた」(44)。つまり、徳川思想体制＝朱子学という図式は、幕末の林家の記述から、井上哲次郎を経て、その体制の解体を描いた丸山眞男の研究まで、一貫してあらわれているということである。——今日の研究では、このような図式は否定され、徳川日本は朱子学どころか、儒学の世界でさえなかったと論証されている。——周知の通り、丸山眞男は、このような図式からなる『日本政治思想史研究』の前提について、後に次のように修正を行っている。

本書の第一・第二両章に共通する前提は、江戸時代の初期に、著者のいう「朱子学的思惟様式」が社会的にひとたび普遍化し、その普遍性が十七世紀の後半から十八世紀初頭にかけて徐々に崩壊して、古学派の台頭によって口火をきられたような挑戦にさらされる、ということである。けれども、この前提はあまりに歴史的進化の考えに捉われているだけでなく、具体的な事実にも正確に対応しているとはいえない。……つまり、社会的イデオロギーとしての朱子学の普及と、「古学派」の朱子学への挑戦とは、ほとんど同時的に進行した、とみなければならない(45)。

さらに、「歴史的進化の考えに捉われているだけでなく、具体的な事実にも正確に対応しているとはいえない」ものを前提と採用していた背景として二十世紀初頭という「時代的事情」について次のように説明している。

ここに収録された論文が書かれた当時には、まさに知的サークルにおいて、「近代の超克」ということがしきりに論ぜられた時代であった。「超克」さるべき「近代」とは広義ではルネッサンス以降の、狭義では産業革命とフランス革命以降の西欧の学問・芸術などの文化から技術・産業及び政治組織までをふくむ複合概念である。現代の世界史は英米仏等「先進国」が担って来た「近代」とその世界的規模の優越性が音を立てて崩れ、まったく新しい文化にとってかわられる転換点に立っている、というのがそうした超克論者に共通したパースペクティヴであった。[46]

「近代の超克」が「世界新秩序」の建設の斉唱に合流しつつあった時代的背景の下で、「徳川思想体制＝朱子学という図式」はこのように「研究者たちによって再生産され続けた」のである。十七世紀の史料を前にしていても、研究者の身は現在に置かれており、現今の問題意識や時代的課題を抱いている、現今の問題意識や時代的課題から離れることはできない。我々は、十七世紀の儒者が持つ問題意識や時代的課題が、我々のそれとは異なるところにあることを常に意識して、儒学史を考えなければならない。

朝鮮朝十七世紀に朱熹の経書解釈を改めたと批判された著作は、当時にあって確かに「朱子の注と異なる」と目されはしたものの、かといって、その著者に朱子学の体系を否定する意図があったというのは、当事者の意識に対応していない。本書で行った分析に基づいて言えば、朴世堂は、朱子学の理論を前提にして、朱熹自身の注釈がそれを正確に表していないことを問題としていた。彼と尹拯の学術討論は朱子学批判者と朱子学者の間の討論ではない。また、趙翼の新たな注釈は「朱子の注とは異なる」が、彼自身が「朱子の説に従っているだけだ」と主張し、その注釈を国王に奉じている事実から見て、朱子学に対抗する意図は確認できない。崔錫鼎の新たな注釈は、朱熹の注釈を改めているが、王陽明の『大学』解釈を、「朱子に齟齬するのみならず、孔子・曾子にも齟齬している」と述べていることから、彼が朱子学者としてのアイデンティティーを保持していたことは明確である。

彼らは、「朱子学では今日の難関を打開できない」とは言っていない。「新たな活路を見出すために朱子学的経書解釈を改める」という認識も見出せない。それは、二十世紀初頭の植民地時代の言葉や認識である。

第二節　東アジアから見つめる

古

儒者が、古《いにしえ》の聖人を理想とするのは当然のことである。しかし、東アジアの儒学史では、その理想を求める方法がそれぞれであった。周知の通り、徳川日本の伊藤仁斎は、『大学』や『中庸』のテキストのうち、後世に混入した内容を取り除き、その本来のあり方を取り戻す作業に努めた。古学派は朱子学の経書解釈を批判する主な論拠を、「古の聖人の言と異なる」という点に置いていた。一方、朝鮮朝の儒者は、『大学』や『中庸』が、由来の古い経書ではないことを認識しながらも、それらを道に導いてくれる書物として尊重し、朱子学の理論の中で、古の文言と異なる部分は、学ぶ者のてがかりとなるわかりやすく詳細な説明を施したものとして受け入れている。徳川日本の古学派と朝鮮朝の儒者は、事実認識をある程度は共有しながらも、その受け止め方をこのように異にしていたのである。

経書のうち古からの文言ではなく後世に混入したものを選り分ける経書弁疑は、――その前の時代には存在しなかったわけではないが――中国の経学史展開の後半期に至って、本格的に着手された有意義な成果であると言われている。『大学』の文献考証の歴史を考えれば、明代に陽明学は「聖人の心をみるために」『大学』の「旧本を回復し」ようとした[47]。劉宗周（一五七八〜一六四五）は晩年にあらゆる『大学』の版本を集めて校正し、『大学古文参疑』を著した。その弟子の陳確[48]（一六〇四〜一六七七）は『大学弁』を著して、『大学』が孔孟に関係のない書物だという論証を行った。また、閻若璩によって『古文尚書』が偽書と論証されるまでの過程は、重要な歴史的「事件」と見なされている。これについて、梁啓超は、次のように述べている。

『尚書古文疏証』は、東晋末期に出た『古文尚書』十六篇及び同時に出現した孔安国の『尚書伝』が皆偽書であることを専門的に弁じたものである。この書が偽りかどうかについては、宋の朱熹、元の呉澄以来、疑った者がいた。ただ、疑念は高まっていたが、憚るところがあってあえて断言はできなかった。閻若璩の『尚書古文疏証』が出てはじめて、判決が定まった。十数篇の偽書を弁じたことが、どうして重要なことに関わるかと疑う者もいる。しかしそれは、この偽書が、千余年間、国を挙げて学者が皆習い、七・八歳になると皆すらすらと読み、心の中で常に神聖不可侵と見なしており、歴代帝王は、経筵で毎日講じ、政事に臨み政策を決めるとき、すべて依拠し尊尚するものであったことを知らないからである。……漢の武帝が六経を顕揚し諸子百家を斥けて以来、国人は『六経』を引用・解釈するのは許されても批評や研究は許されなかった[49]。

子供の頃から普遍の真理と信じてきた経典を、偽書と疑い、それを論証し、最終的に確定することは、簡単な過程ではない。人々の疑いが多く蓄積され、既存の固定観念と戦い続けた後やっと達成できることである。閻若璩の『尚書古文疏証』は、このような意味で、経学史上のみならず学術史においても、有意義な業績として認められているのである。

このような意義づけからみれば、伊藤仁斎の経書に対する弁疑は、十七世紀東アジアの学術史・経学史において有意義な存在であるのは言うまでもない。経書のうち、後代に竄入された要素を弁別する彼の作業は、経書と朱子学の権威に圧倒されることなく、それらを共に批判研究の場に引き入れるものであった。

伊藤仁斎は、後代の解釈を除いて古の言葉に直接向き合うこととなった過程について次のように述べている。

> 十六〜七歳の頃、朱熹の注釈本で『四書』を読みはじめた。……二十七歳のときに「太極論」を著し、二十八〜九歳の頃には、「性善論」を著し、後にまた「心学原論」を著して危微精一の意味について詳らかに述べ、その蘊蓄を深く得て宋儒の明らかにできなかったことを明らかにした、と自分では思っていた。にもかかわらず、心が安んずることはなかった。それでさらに、陽明や近渓[50]などの書からその不十分なところを解決する方法を求め、心に合うこともあったが、益々安んずることができず、ついたり離れたり、従ったり背いたりを何度も繰り返した。最終的には、あらゆる註脚を取り除き、直接に『語』『孟』の二書を体得することを懸命に求めることにした。少しの間にも思索を続け、従容として体得して、すっかり落ち着き所を得た。そのときになって、自分が以前に著した諸論はすべて孔孟に相反し、かえって仏教や老荘思想に近かったことを知った[51]。

仁斎は、一〇年程の学習を経て朱子学の理論を理解し、その理論に関わる著作を執筆しはじめた。しかし最後には、それらの理論や注釈を通してではなく、直ちに『論語』『孟子』をそのまま体得しようと努め、自得に至った。その結果、朱子学は孔孟の教えと齟齬する仏教や老荘思想に近いということをさとったという。

このようにさとって以来、彼は、孔子の簡潔な言葉と程朱の複雑な理論の間の差異を論じ、そこから、『論語』『孟子』の文章を基準とすることで、朱熹の注釈が古来の経書の内容と齟齬することを明らかにしようとした。仁斎からみれば、宋儒の注釈は、孔孟の思想を正しく理解することを妨げているのである。

荻生徂徠は、「私は中年の頃、李攀龍・王世貞の文集をみたが、古語が多いため、容易に読解できなかった。努力してやっと読めるようになった。その後、古語の観点から経書を読んだら、後儒〔程朱〕の経書解釈に誤りが多いことがわかった。李攀龍・王世貞の意はただ文学の方面にあったが、私は古語の観点を採用して経書を解釈しようとした[52]」と言う。

一方、李攀龍（一五一四〜一五七〇）・王世貞（一五二六〜一五九〇）の著作は、十七世紀朝鮮の儒者たちにも広く読まれていた。先秦両漢時代の文章を模範とする所謂「擬古文」の著作、その中でも、明代弘治・嘉靖年間に流行していた李夢陽・何景明などの前七子と李攀龍・王世貞などの後七子の著作は、一六二〇年以前にほぼすべて朝鮮に輸入されていた。とりわけ朝鮮文壇に大きい影響力を発揮していたのは他でもなく李攀龍・王世貞の二人であった[53]。しかし朝鮮後期のいわゆる秦漢古文派[54]の古文への追究は、荻生徂徠の古文辞学のように展開されることはなかった。

朝鮮の許穆は「注疏が起こってから古文は廃された[55]」と述べているように、注疏に用いられる文体が古文と異なり、またその文体によって古文が使われなくなったことを批判的に捉えている。しかし、以下の文章からみれば、彼の古文観は、注釈文体の存在価値を認めることと併存している。

宋のとき、程氏・朱氏の学が『六経』の文を奥深いところまで行き届いて明らかにしたが、〔その文体は〕詳しくて明白であり、懇々と繰り返して説明し、説明が冗長になることを厭わなかった。こうした注釈家の文体は古文とは異なり、広く説明して教え導き、学ぶ者にすっきりと疑問点がないようにするものである。注釈特有の文体によって懇切に説明するのでなければ、聖人の教えた道は結局亡んで伝わらなくなってしまう。私が必死に勉学に励んだとしても、古文の本旨を得る手立てはなかったであろう。後に、文学を論じる者は、「程朱氏を学ばずに文章を作ると、理が勝った儒者の文章ではなくなる。『六経』の古文はといえば、ただおおざっぱで陳腐な言葉だ」としている。私が思うに、儒家が手本とするところでは、堯・舜・孔子より優れるものはなく、理が勝った文ということでは、『易』『春秋』『詩』『書』より優れるものはない。にもかかわらず〔彼らが〕このように言っているのは、古文はわかりにくく、注釈家の解釈文は理解しやすいからではないだろうか。私は注釈文を捨てて古文を取り、古文を主として注釈文をおとしめようとしたりはしない(56)。

許穆によれば、程朱学の文体は、儒者たちに歓迎されているが、儒者が最も尊ぶべき理が勝る文は『六経』の古文である。一方、程朱が経書解釈に用いた文体は、読者に経書の意味を明白に理解させるためにかけがえのないものである。そのように詳しい経書解釈が行われたからこそ、学ぶ者は『六経』の文を理解することができる。『六経』の奥深いところを明らかにする注釈がなければ、聖人の教えた道は結局亡んで伝わらなくなってしまう。許穆はこのように、朱子学の経書解釈に用いられる注疏体と経書の文体との差異を当然視している。

許穆において、古文への重視は文学や文体の方面に止まり、経学観に直ちに繋がることはない。また、その文体に関する問題関心を経書の原典考証の問題に連動させることもなかった。ゆえに、許穆は尹鑴の新たな注釈である『読書記』の創見は認めていたものの（本書第三章で詳述）、『尚書』『中庸』の本文を新たに確定するという作業に関しては、次のように、道理にかなわないものであると批判する。

経文を破って改めるなどということは、古くから聞いたことがない。聖人の言は、畏れるべきであり、乱してはならない。天下の人々を欺くことはできるかもしれないが、聖人の文言を乱すことはできない。……『六経』の古文を軽々しく損なったり改めたりするのは、曾子・子思を軽視することである。しかし、絶対にこのような道理はない(57)。

許穆は、「経文は聖人の言として尊重すべきものであり、その真偽を問うべき対象ではない」と認識している。朝鮮の儒者の場合、問題関心の焦点は、趙翼の次の文章に表れるように、「現行」の経書に通じることにあった。

『尚書』の注に表示されている、今文・古文におけるその箇所の有無[58]は、文義とは少しも関係がない。はっきり覚えたからといって何の役に立ち、覚え間違えたからといって何の害があるだろうか。にもかかわらず、現在これをもって科挙の合否を決めている。……このような類は、経書の中で極めて緊要でないことであり、経を読む者にこのようなことに対して精密に習熟するようになさせても、経に通じることに少しでも役に立つことがあるだろうか[59]。

科挙で『書経』の注をまるごと覚えさせる方法を批判する文章である。同時に、経書学習における趙翼の問題関心がうかがえる。今日の常識から言えば、『書経』を学ぶ者は、どの部分が偽古文であるか、どの部分が今文であるかを確認しておくべきであろう。趙翼の場合は、「古文」が「偽古文」であると考えていない以上、当然のことであるが、『尚書』の中のある箇所が『古文尚書』にはあっても、『今文尚書』には収録されていないことを覚えるのは、経の内容に通じるには役に立たないと直ちに斥けている。

さらに趙翼は、四書体系が程朱によってはじまり、古からのものではないことを次のように受け取っている。

漢代には、いまだ『論孟』(『論語』と『孟子』)を併称するものは見られず、また、孔・孟を併称する例も見られない。唐の韓愈に至って、はじめて孟子を推尊して「孔子が孟軻に伝えた」といい、韓愈と柳宗元の書にはいずれも『論孟』を併称している。……『中庸』『大学』は『礼記』の中にあり、漢・唐の儒者たちは皆それが聖学の正伝であることを知らなかった。……程子がはじめて『論孟』及び『庸学』〔『中庸』と『大学』〕二篇を合わせて『四書』とし、学者が道を求め聖人になるための門路にした。……これが程夫子の学が独り漢唐以来の千余年の間に出て、唯一聖人の伝を得られた所以である。……『四書』が顕揚される前には、学者は正しい道にのっとる方法を知ることがもとより難しかった。『四書』を顕揚した後に、学者の道を求めることは、迷路で指南者を得たように、なだらかで難しいことが無くなった。しかし、今の世の士は、ここ〔四書〕に深い味わいがあることを知らない。それは、日月の光明を、盲人は見ることができず、雷霆《らいてい》の震動を、聾者は聞くことができないのと同じことである。[60]

『孟子』や『大学』『中庸』が経書として認められたのは唐宋以来のことであることは、趙翼も認めるところである。しかし、彼は、『孟子』『大学』『中庸』がもともとは、経に位置づけられていなかったことを問題とせず、「宋儒が『論語』とあわせて『孟子』『大学』『中庸』を顕揚したことによって聖人の道が損なわれずに受け継がれた」という認識を示している。

さらに言えば、朝鮮の儒者は、『大学』などが後出の経書であることを問題視しないだけでなく、もともと儒学文献には見られない用語を、経書解釈に用いることについても、やはり問題であるとは考えなかった。むしろ、古の言葉だけでは、学ぶ者が取付きにくく、程朱のより詳しい説明は、道を求めることに資すると考えているのである。以下、この点について、例を挙げて徳川日本の儒者における認識と比較してみたい。

朱熹は『大学』の「明明徳」を解釈する際に、仏教的趣きの強い「虚霊不昧」という用語を用いている。朱熹は、「虚霊不昧」について、「明徳は、人が天から得て、虚霊不昧にしてもろもろの理を備えて万事に応じるものである。

禅家では、ただ虚霊不昧なものを性と言い、「もろもろの理を備えて万事に応じる」ことには全く言及しない[61]」と説明する。同じく「虚霊不昧」の語を用いているとはいっても、そのありようについて、「理が備わりはたらく」ことを考えている点で、自説は仏教と異なる、というのである。

伊藤仁斎は、この用語を経書解釈に用いることを、次のように批判する。

「虚霊不昧」の四字は本来禅語から出たもので、つまり「明鏡止水」の意味であり、また「明鏡止水」は荘子から出たものである。この二語は、吾が聖人の書にはそもそもこの理はなく、またこの語もない。実に仏教・老荘の要諦である。要するに、聖人とは氷・炭のように相反するのみならず、明徳二字の意味とも甚だ遠い[62]。

仁斎は、「虚霊不昧」はそもそも仏教の用語であるのみならず、それは『荘子』の「明鏡止水」と同じ意味であり、儒学の教えに相反するものだと指摘する。古の儒家に存在しなかった概念を用いて経書を解釈することが批判されているのである。

ところで趙翼は、次のように、「「虚霊」は、朱熹が新しく作った用語だ」と述べている。

仏教では、心の本体の空である状態を保つことを目指して修養する[63]。「虚霊不昧」は、確かに仏教の用語であり、「どんなことにもこだわらない空である心の本体」を表す言葉である。「虚霊」の二字は、朱子以前には、見当たらない。すなわち、朱子が創造して心の形象をあらわしたものである。霊は知覚についていうものである。霊たるがゆえに知覚することができる。つまり、心の不思議な働きを示す。虚は形象のないことについていうものである。どうして〔「虚霊」の二字を用いて〕朱子が示そうとした意味が必ずこの通りであるとわかるのか。朱子が自ら言っていることをみればわかる。小注に、「うつろで〔虚〕霊妙な〔霊〕のは心の本来のありようである。耳・目で見聞きするが、見聞きする所以は心である。〔心に〕どうして形象があろうか。しかし、耳・目をもって見聞きすると、形象があるようになる。心はうつろで霊妙なのに、どうして物〔の形象〕があろうか[64]」とあり、『孟子』尽心章の小注に、「知覚するのは気の虚・霊たる性質のためである[65]」とある。ここから、この「虚」字は、知覚するのは自ら形象がないためだという意味であることがわかる。程子の所謂「心は、もともと虚であるがゆえに物に応じ跡がない[66]」という言もまた同じことを言っている。ただ、形象がないがゆえに物に応じ跡がないということである。朱子が自ら言ったのがこのようであれば、虚霊の意味もこのような意味に過ぎない。にもかかわらず、諸儒の注釈は、あるいは「理気が合わせたために虚霊だ[67]」と言い、あるいは「虚は心がしずかなことであり、霊は心が感じることである[68]」などという。これらの説は皆朱子の言とは異なる[69]。

趙翼は、「虚霊不昧」が、心の本来のありようはうつろで霊妙であるため、万事に応じその様子をそのまま知覚できる、ということを表す解釈用語だと主張している。この言葉が朱熹以前には経書解釈に用いられなかったことは問題としない。さらに彼は、『四書大全』の小注の中で、陳淳や盧孝孫の注は朱熹が「虚霊」を用いた意図を知らずに牽強付会したものだと批判する。

周知の通り、朱熹は「虚霊不昧」のみならず仏教の用語を多く用いて経書を解釈した。朱子学の理論体系を構成している用語や概念の出所を問題にして、仏教に由来する用語・概念を排除してしまえば、朱熹の言わんとするところを十全に表現することはできないだろう。仏教の用語・概念は、朱子学の中で、それほどに大きな比重を占めているのである。そこで、現代の研究者であっても、朱子学を研究する際、「朱子学は仏教だ」という昔からの非難を意識することがある。朱熹の哲学を研究する場合、「一つの哲学の性質と意義は、主にどのような伝統観念の資料を用いているかにはなく、用いる資料をどのように作り直し、新たな解釈をしているかにある」[70]と断っておく必要があると認識されているのである。このような理由で、朱子学研究に努めた朝鮮の儒者たちも、解釈用語の出所を問うより、改められた意味をそのまま用い続けたと考えられる。

このように朝鮮の儒者は、朱子学が用いる術語が、確実に古の経に見当たらないものであっても、それを用い続ける。丁若鏞は、次のように述べる。

今考えてみると、「体用の説」は古経には見当たらない。しかし、物にはもとより「体」と「用」がある。天道が広く散らばっているところにも「体」があり「用」がある。こまかなところにも「体」があり「用」がある。[71]

「体用の説」は、経書には見当たらず、従って、儒学本来の概念ではない。丁若鏞は、そのことを承認したうえで、「体と用をもって事物を考える方法は有用である」という認識を示している。朝鮮の儒学界では、経書解釈に、経伝に見られない用語や概念を用いる朱子学の方法を、経書の内容を正確に理解する営為と見なしていたのである。

経書の原義と朱熹の解釈との間に見られる隔たりを鋭く指摘する伊藤仁斎の見解が、十七世紀の朝鮮儒学界に伝わったならば、朝鮮の儒者たちは当然に否定的反応を見せたはずである。ただし、経書の原義を追究する仁斎の姿勢は、たとえ否定されるにしても、一定の反響をよびおこす可能性が皆無であったわけではない。というのは、清朝の毛奇齢（一六二三〜一七一六）の著作が朝鮮に伝わった際に、次のような受容現象が起こっているからである。

毛奇齢は、その著作が朝鮮に流入して以来（十八世紀半ばと推定されている）、最も批判を受けた人物である。彼が朝鮮の学者に否定的に受け止められたのは、明の遺民でありながら清朝に仕え、さらに、朱子学を真正面から批判した人物だからである。毛奇齢は、経書の原義に立ち返ることを標榜して朱子学を攻撃した点では、伊藤仁斎に類した存在といえる。しかし、朝鮮後期の儒者たちは毛奇齢の学説を厳しく批判しているが、実際のところは、毛奇齢の提示する膨大な資料と緻密な論理展開に関心を持ち、彼の学説を多く参照していた。朝鮮後期の儒者たちは、毛奇齢の経学に刺激を受けることで、朱熹の経学を批判的に検討する機会を得たと言われている(72)。

伊藤仁斎の『童子問』は一七一九年に朝鮮に渡った(73)。朱子学の説を激しく批判する『童子問』であるが、朝鮮儒学界で真剣に討論を行うべき「問題作」として認識されていたとは限らない。しかし、周知の通り、朝鮮儒者が徳川日本の儒学に関心を示した例もあり、それらの記録に注目した先行研究もある(74)。例えば、朝鮮後期の実学者と言われる金正喜（一七八六〜一八五六）は、書記として朝鮮通信使の一行に参加した金善臣（一七七五〜一八一一以降?）と交友していたため、「日本文化の真相を凝視し」たという(75)。また、「一七四八年の通信使の何人かはこれ〔『童子問』〕をすでに読んで来日した(76)」というように、朝鮮通信使に選ばれた人たちは、渡日の前に、徳川日本の儒学を「予習」し、日本の儒者との討論（そのほとんどは筆談であった）の準備をしていた。

にもかかわらず、実際に両国の儒者が出会ったときに、通信使たちの「予習」は、時代遅れのものに過ぎず、日本の儒学情勢に無知であることが即座に発覚する程度のものであった。

夫馬進は、一七四八年に、通信使の書記として日本に訪れた李鳳煥と上月専庵（一七〇四〜一七五二）との筆談について、「〔専庵は、〕相手〔李鳳煥を指す――引用者注〕が日本の儒学情勢に無知なのにつけ込み、誤解するに任せて話を合わせ、筆談を続けている。……彼は近時の学術界の動向に対しては、正確な情報をあえて伝えなかった(77)」と述べている。

さらに、朝鮮の儒者たちの中でどのような人物がいかなる著作でいかに日本儒者やその著作に言及しているかを見てみよう。まず、安鼎福（一七一二〜一七九一）は、「橡軒隨筆」の中に「日本学者」という項目を立て、四九三字を費して伊藤仁斎や林羅山の学派を紹介している。『童子問』については、「大体孟子を推尊し、時々伊川をそしった」[78]書物と紹介している。『童子問』を読んでいないか、あるいは、目を通したことがあったとしても、それを本格的に論駁するべきと思っていないようにしか見えない。この「日本学者」の前後には、「海中大島」や「仏法入中国」などの項目がある。そこでは、様々な不思議なうわさを紹介している。「日本学者」の項目もこれらに類似する性格の文章であると見てよいであろう。

次に、李徳懋（一七四一〜一七九三）が著した「日本文献」を見てみよう。その冒頭に「戊辰（一七四八）年の朝鮮通信使行の時」[79]とあることから、通信使の記録あるいは話から得た内容と見られる。安藤陽洲（一七一八〜一七八三）、留守希斎（一七〇五〜一七六五）などの言葉を再引用する形式で、藤原惺窩、中江藤樹、木下順庵、山崎闇斎から伊藤仁斎、荻生徂徠までの三九人の儒者（少数ながら、儒学に興味を持った大名も入っている）の名前を列挙し、簡単に紹介している。また、「蜻蛉国志」の「人物」の項目では、豊臣秀吉など政治上の人物とともに伊藤仁斎、荻生徂徠などの儒者に言及している[80]。この「蜻蛉国志」は、蜻蛉国すなわち日本国に関する記録である。天皇の世系から官職、風俗などを簡略に紹介している。日本に行ったこともない李徳懋が、朝鮮通信使たちの記録に基づいて、「日本の人は、概ね柔らかながらもつよいが、つよくできても悠久に保つことはできない[81]」などと書いている。

要するに、十八世紀に、朝鮮儒者の主流のグループからは一定の距離のある人たちの中で、多様な見聞に興味を持つ人たちが「百科全書」類の著作を著すとき、「日本の学者たち」を紹介しているのである。しかし、その中に見出される日本儒学への興味は、「日本には仁斎や徂徠という程朱学を攻撃した儒者がいる」という程度のものであった。それは、毛奇齢の著作がもたらした影響とは対照的である。文禄・慶長の役をきっかけにして具体化した日本への認識は、概ね夷狄視・野蛮視する傾向が強く[82]、おそらく、仁斎を含めて徳川日本の儒学もまた、朝鮮の儒者の間では、検討に値する対象とは見なされなかったのである。

一八一三年、丁若鏞は、『論語』の古注と今注を集めた上で自身の見解を述べる『論語古今註』を書き上げた。この著作に、古注と比較すべき今注として、朱熹・顧炎武（一六一三〜一六八二）・毛奇齢など以外に、伊藤仁斎の説を二ヶ所、荻生徂徠の説を四三ヶ所、太宰春台の説を一一二ヶ所引いている[83]。ただし、丁若鏞は、これらの経学説を仁斎・徂徠それぞれの著書から直接に引用しているのではなく、春台の『論語古訓外伝』から間接引用している[84]。徳川日本の儒学に関わる資料はほとんどなかったのであろう。朝鮮通信使は、一八一一年に対馬まで赴いたのを最後に中断し、それ以降、日本への関心はさらに低下していった。

続く植民地時代になると、前述のように、日本の学界において伊藤仁斎・荻生徂徠らが「経典と朱子学の権威に果敢に挑戦した」と評価される一方で、朝鮮朝の儒者は、徳川日本の儒者のそうした革新性との対比のもと、「朱子学への追従者」という烙印を押された。十七世紀の時点では、朝鮮の儒者は徳川日本の儒学などまるで眼中に置いていなかったわけだが、二十世紀に至ると、その徳川儒学が今度は、「朱子学への批判を通じた近代的思惟の成立」の模範的事例として立ち現れ、朝鮮儒学史を評価する上での斬新な——ただし極めて外在的な——評価軸となったのである。

ほどなくして、朝鮮朝十七世紀の一群の儒者が朱子学の経書解釈に対して部分的に異議を唱えたことを目して、「近代意識の萌芽」と位置づける見解が提出される。これは、徳川日本における古学派の出現を「近代意識の成長」として積極的に評価する観点を、朝鮮儒学史にも強いて適用する試みであった。そうした研究を典型として、十七世紀朝鮮朝の経学史は、「朱子学それ自体の内在的展開」としてではなく、「朱子学に対する批判意識の形成」という徳川儒学研究に由来する観点から読み直されることとなった。

程頤が提唱し朱子学で定着した「主敬」の修養方法は、以前の儒学にはなかったものである[85]。そのため、朱熹の在世のときから、「古の敬と朱子学の言う敬が同様でない」との指摘が行われている。『朱子語類』は、この指摘に対する答えを以下のように載せている。

程子がこのように丁寧に〔敬に関して〕説いたが、近頃の程迥はその説を批判して、聖賢は単独で「敬」字を用いたことがなく、ただ親を敬う・君を敬う・目上を敬うというときにだけ「敬」字を用いたと主張した。これは全く話にならない。聖人は「敬をもって己を修める[86]」、「敬して誤りがない[87]」、「聖と敬は日に日に上がる[88]」などと説いた。どうして単独で説いたことがないだろうか。もし君・親・目上がいるとき敬うと説くなら、君・親・目上がいないときには不敬するのだろうか。全く考えずに、でたらめを言うものだ[89]。

程迥（号は沙随）によれば、本来の「敬」とは、「父母を敬う」「君を敬う」「年長者を敬う」といった具合に、必ず、「自己」とは別の「敬う」対象を伴うものであり、程朱学でいう自己完結的な「主敬」は、「敬」の原義から外れてしまっているのだと言う。程迥のこうした指摘に対し、朱熹は、『論語』の「敬をもって己を修める」をはじめ、「敬」が対象無しに説かれた経文を挙げて反論している。朱熹の考えるところでは、「敬う」対象が、他者であるにせよ自己であるにせよ、「身心を取り締まり、純一に整えそろえ、放縦にしない[90]」ことを指す点では、同一の精神的態度として、「敬」に包含されるのである。

伊藤仁斎は、宋代の反論者と同様に、古人の言う「敬」と朱熹の言う「敬」が異なることを次のように論じている。

古人が敬について説いたものは多い。あるいは天道についていい、あるいは祭祀についていい、あるいは目上の人についていい、あるいは政事についていう。いずれも敬う対象があってそうするのである。「敬をもって己を修める」[91]といい、「敬に居て簡を行う」[92]というのは、いずれも民事をうやまうことをいう。何もないのにただ敬をいうものはない。後世の者がいう敬は、これと異なる。[93]

仁斎によれば、古人のいう敬は、慎むべき対象があってから行うものであり、何も起こっていない状況で行う修養ではない。何も起こっていないときに行うものとして「敬」を捉える後世の学者（すなわち宋儒）の敬説は、古の敬と異なるのである。

仁斎は、朱子学の「持敬」の説を論じて、「専ら「持敬」に努める者は、外面は立派に見えても、内面は誠意が足りない場合があり、「己を守る（守己）」ことも「人にもとめる（責人）」ことも甚だ厳しく、その弊害は数え切れない」[94]と批判する。さらに、「宋儒は忠信を主としようとはせず、いたずらに一「敬」字をもって学問のすべてとする」と評し、「主敬」が、「「忠信」をなおざりにして、「敬」だけで事足れりとしている」と見なしている。[95]

しかし、朱熹は「事がないときには敬が心の中にあり、事があるときには敬が事にある。事があるとき、事がないときを通じて、己の敬は間のとぎれることがない」[96]といい、「敬は「畏」字に似ており、一人で端座して、何もせずに物事をかえりみないことではない」[97]という。「敬によって身心を取り締まり、物事に進み、道理を摑める」[98]が、敬は、「必ず事に応じ物に接するときに誤りがないようにしてはじめて正しい敬になる」[99]という。言い換えれば、朱子学でいう「敬」は、何もないときから精神を醒まさせて、事があったらそれに集中して誤りがないようにすることであり、「忠信を捨てて、いたずらに一「敬」字を守ること」に対しては、むしろ警戒している。「忠信をなおざりにして、敬に努める」というものは、朱熹にも批判されるはずである。

一方、朱熹の発言の中では、「人の心と性は、「敬」すれば、常に保たれ、「敬」しなければ保たれない」[100]とあり、また、「「敬」すれば、天理が常に明らかになり、自然に人欲が抑えられる」[101]ともある。さらに、「「敬」を保つことができる者は、その心が静かになり、天理が明らかになるので、力を費やす必要がなく、また同時に、力を注いでいないところがない」[102]とある。つまり、上に挙げたような仁斎の批判は、朱熹の「敬」説のうち、「静かなときに自分を修めておく」という発言に対するものであるといえる。仁斎は、「敬」に関する朱子学の見解の中でも、内向きの部分だけを取り上げて、それを問題視しているのである。

ところで、朝鮮の趙翼は、「敬」の修養方法を最も重視し、これに関する多数の著作を遺している[103]。そのうち、朱熹の敬説から重要な言を選んでまとめた「朱子言敬要語」では、朱熹の敬説を「ある物事について、始終集中すること」、「何の事もないときには精神のしっかりした状態を保ち、事があるときのために備えていること」として捉えている。趙翼によれば、何も起こっていないとき敬の修養を行う理由は、事があるときに備えるためである。趙翼が把握する限り、朱熹の「敬」論は、物事に対応するための修養方法である。決して「一人で穏やかに落ち着き座って、何もせずに物事をかえりみないこと」ではない。そこで、彼は「朱子言敬要語」に、朱熹の文言の中でも、このような意味に合致する「敬」の説明を特に集めている[104]。

趙翼は、朱熹のいう「敬」が、経書に見える「敬」と完全に同義であるかどうかを確認しようとはしない。朱熹が説く「敬」が、たとえ孔・孟が説いていないものであっても、それは、孔・孟を敷衍しているのであり、孔・孟に至る手がかりが得られると考えている。このような考え方のもとでは、朱子学で説いている理論は経書の本来の内容と齟齬するというより、経書の真の意味へ導いてくれるものとして取り入れられるのである。

その一方で、朱子学の理論や経書解釈が経書の内容と齟齬するという異議は、宋代以来しばしば提起されてきた。例を挙げてみよう。朱熹は『大学章句』に「意は、心の発するところである（意者、心之所發也）」という注を付し、「意」と「心」の関係を説明した。読者はこの注から、「意」は「本体」である「心」から派生するものと理解する。

しかし、『大学』には「心を正そうとするなら、さきに意をまことにする〔欲正其心者、先誠其意〕」とあり、朱熹の注と相容れないと指摘された。朱熹のいうように、「意者、心之所発也」だというのであれば、本体である心をまず修めるべきであるが、経文は、「まず意を誠にする」としているではないか、と。本体である心をまず修めるのが順序であると思われたからである。

伊藤仁斎も、同様の観点に基づき、朱熹の「誠意」解釈を以下のように批判している。

案ずるに、『章句』は「意は、心の発するところである」というが、間違いである。もし意が心の発するところであれば、「心」が本であり「意」が末であり、「心」が源であり「意」が下流である。本が立って、その後、枝がおのずから茂り、源が澄んで、その後、流れがおのずから清くなるのが、自然の理である。〔もし『章句』の言う通り、意が心の発するところであれば、〕『大学』の経文は、「その意を誠にすることを欲する者は、まずその心を正す」となるべきであり、また「心が正しくなってその後、意が誠になる」となるべきである。しかし、『大学』には「その心を正すことを欲する者はさきにその意を誠にする」とあり、また「意が誠になってその後心が正しくなる」とある。〔朱熹の注釈は〕本末が甚だしく転倒したものではないか[105]。

朱熹の生きた時代にも同様の批判をする者はいた。その者に対し、朱熹は次のように答えた。

〔質問：〕心は本であり、意はただ心の発するところである。今『大学』に「心を正そうと欲すれば、さきに意を誠にする」とあるのは、転倒しているようである。〔朱熹の回答：〕心は影も形もなく、人にどのように支えさせようか。ぜひ心の発するところから着手して、まず色々な悪の根を取り去るべきである。家の中に賊がある場合、まず賊を取り去ってはじめて、家の中が落ち着く。田畑を作る場合、まず草を取り去らなければ、どうやって種をまこうか。ぜひ自ら欺く意を取り去るべきであり、意がまことになれば心は正しくなる。誠意はこの一段の中で最も緊要な修養であり、下の一節に行けば行くほど緊要性は軽くなる。[106]

朱熹は、「心には影も形もなく、直接に心自体を支えることより、心が発したところから着手して、しきりに起こる悪の根を取り去るべきだ」と答えている。「誠意」とは、心が実際にはたらきを起こしたその時点で、事態に適切に対応できるように修養を積むことであり、「誠意」によって、「自身を欺く意を除く」ことは、例えていうなら、家の中に賊があるときには賊を除き去ることが、田畑を作るときには雑草を取り去ることがそれぞれ優先されるようなものである。

一方で、朱熹の注釈を朱子学の角度から学んだ後代の者は、「正心」での「心」を本体としての「心」と区別し、それによって、「誠意と正心の順序が転倒している」という指摘に対応する。まず、朝鮮の趙翼の説明は次の通りである。

心は物に応じるものである。「正心」は自身の心が物に応じるとき、すべて正しさを得るようにさせることである。[107]

「正心」は、心が物に応じるとき、正しくないところを正しくして、過不及がないようにすることをいう。心が正しくなると、日常でも、本心が明らかになり、外物に接するたびに、常に各々その則にあたるようになる。[108]

趙翼は、心が物に応じるという機能を発揮するとき、すべて正しさを得るようにさせることが「正心」だと説明している。「本心が明らかになる」という表現からみれば、彼のいう「正心」での「心」は「本心」での「心」と同じではないことがわかる。「正心」は、「心の本体を正す」ことではなく、「物に応じるとき心の動きを取り締まる」工夫であるということである。

明代の蔡清（一四五三～一六五八）は、「正心」の「心」の意味を次のように狭め、さらに分析的に説明している。

意は、心の萌である。心は動・静を兼ね、意はただ動の端である。心であるときは多く、意であるときは少ない。

「意は心の発するところである」という注について。

問：「未発」のとき、心はもともと存在するだろうか。

答：その通りである。

問：すでに発しても、心は依然として存在するだろうか。

答：その通りである。そうであれば、心は動・静を兼ね、あるときには静の状態にあって物に応じておらず、あるときには動の状態であって物に応じており、いずれのときでも「敬」によって保つべきである。「心」は「意」に対して言えば本体を指すが、「「正心」の「心」が、本体としての「心」を指し、「意」を「用」とする」というわけではない。そうした説〔すなわち「正心」の「心」は、「体」であるという主張〕は、心と意とをそれぞれ動と静とに対応した修養だとするものである。〔しかし〕「正心」とは〔静の時点での修養なのではなくて〕、「静を主とする方法」なのであり、静の時にも動の時にも「静」につとめる、ということである。ゆえに、「敬をもって内をまっすぐにする」というのである。「誠意」は、動の端において慎重さをきわめることである。けだし、一念は善悪が分かれる始まりであり、これはまた別の大切な瞬間である。ゆえに〔誠意は〕別の一条目になるのである。(109)

蔡清は、朱熹の「意者、心之所発」について、「意は心の萌」だと解釈し、「意」は「心が発した全体」ではなく、その萌しと捉える。「誠意」の「意」は、心が動きはじめる瞬間であり、「正心」の「心」はいまだ動いていないときだという。「心」が動き出すその瞬間に善悪が分かれるために、学ぶ者は、「誠意」に努めなければならない。つまり、「心」が動きはじめる瞬間の修養が誠意である。「「正心」は、「静（未発）」「動（已発）」いずれの段階をも対象に、「静を指針とする」修養だ」ということである。このように説明すれば、修身における「誠意」→「正心」の順序と「意者、心之所発也」の注とは互いに矛盾しない。「心」という文字の意味する範囲に伸縮性を付与することによって、「誠意」を「正心」よりさきに修める理由、正心と誠意とがそれぞれ独立した条目として立てられるべき理由を説明することが可能になっている。

さらにもう一つ、朱熹の解釈に対する捉え方を確認してみたい。伊藤仁斎は、『大学』の「明徳」という言葉について、ほかの経書の内容に照らして、朱熹の解釈の誤謬を論証した。彼の批判は朱熹の次のような解釈に対するものである。

> 明は、明らかにすることである。明徳は、人が天から得るものであって、虚霊でくもらないので、もろもろの理を具えて万事に応ずるものである。ただ〔人それぞれの〕生まれつきの気質や、人欲に妨げられれば、時々くもることがある。しかし〔このような時であっても〕その本来の「体」の持つ明るさは止んだことがない。ゆえに、学ぶ者はその発するところから着手して明るくし、最初の明るさを回復するべきである。(110)

周知の通り、朱熹は『大学』冒頭の「大学之道、在明明徳、在親（新）民、在止於至善」に基づき、「明明徳」「新民」「止於至善」の三者を大学の綱領とした。そのうち、「明明徳」を「人が自分の生まれつきの明るい徳を明らかにすること」だと解釈した。また、「明徳は、生まれつきであるにもかかわらず、人間の私欲によって本来の明るさが遮られる場合がある。我々は私欲を取り除き、本来の明るさを取り戻すことに努めなければならない。本体は、もともと明るく、誰でも本来の状態を取り戻せる可能性を持つ。学ぶ者は、まず自分の明徳を明らかにして（明明徳）、それを人へ及ぼすようにし（新民）、至善の境地に至って止まり続ける（止於至善）べきである」と解説している。

仁斎は、朱熹が、「明明徳」の意味を学ぶ者の修養として解釈したことに対し、ほかの経書に見える用例を挙げて反論している。仁斎によれば、「明徳」は聖人の徳を賛美した言葉であり、「明明徳」は「聖人の徳を明らかにすること」である。

明徳は、聖人の徳の光輝が発散し、幽隠の地やずっと遠いところへ至るまで、照らさないところがないことである。例えば、『書経』「虞書」堯典に、堯の徳を賛美して、光が四方にあふれ、上下にいたる（光被四表、格于上下）とあり、「周書」泰誓に文王の徳を賛美して、「日月の照臨のように、四方に光る（若日月之照臨、光于四方）とあるのが、これである。[111]

『章句』の解釈通りであれば、「克明俊徳」の四字は学ぶ者の工夫であり、堯の徳を称するものではない。[112]

仁斎は、このように、「普通の人間の生まれつきの徳が明徳であり、その明徳を修めるのが明明徳だ」という朱熹の説明が間違っていると主張する。彼は、『書経』に、「明」字や「光」字を用いて聖人の「あかるい」徳を表現した例が見えることに着目し、「明徳」は普通の人間についていうものではなく、「聖人の徳が至るところまで明るく照らす」ことを表現した言葉だと考える。「明」字のほかに「光」字の例も挙げているのは、両文字の基本的意味が似ているためであろう。仁斎は、「光」と「明」の基本的字義が似ていることから両方を参照し、ここでの字義に基づき「明徳」の意味を確定している。

ところで、実際には、『書経』の解釈史において、「光被四表」の「光」は必ずしも「あかるい」「ひかる」などの基本字義として解釈されてきたわけではない。孔安国の伝は、「光被四表」の「光」を「充（みたす）」の意味として解し、蔡沈の『書経集伝』では「顕（あらわれる）」の意味に解している。いずれにしても、「光被四表」の「光」は「あかるい」とは理解されていない。「光」と「明」は、基本的な字義は似ているとはいっても、必ずしも同義の文字とされてきたとは限らない。通説的な解釈に準拠するかぎり、「光被四表」に基づいて「あかるい徳（明徳）」は聖人の徳を表す、と確定することはできないのである。

仁斎の論証は次のように続く。『書経』の「光被四表、格于上下」のすぐ後には、「よく俊徳を明らかにし、もって九族を親しむ。九族既に睦まじくして、百姓《ひやくせい》を平章にすれば、百姓、昭明にして、万邦を協和す。黎民、ああ変わり、時れ雍《やわら》げり（克明俊徳、以親九族、九族自睦、平章百姓、百姓昭明、協和萬邦。黎民、於變時雍）」という文があるが、ここの「克明俊徳」は、『大学』に引用されている。この「よく俊徳を明らかにする」は、『書経』では明確に帝堯のことを指しており、一般の学ぶ者にとっての修養とは解しえない。それゆえ、この「明俊徳」に似ている「明明徳」も「学ぶ者一般の修養」ではないはずだ。「俊徳を明らかにする」ことも「明徳を明らかにする」ことも、いずれも聖人に関わることである。仁斎の見るところ、この点からも、朱熹の注釈の誤りが確認できるのであった。

一方、蔡清は、「明徳を明らかにする」と「俊徳を明らかにする」との間での、主体の相違について次のように説明している。恐らく明代にも、「俊徳を明らかにする」ことが明白に聖人の徳に属することから、これに似ている「明徳を明らかにする」ことを学ぶ者の努めと解釈することはできないという問題提起があったであろう。

「峻徳」はまた帝堯だけのことではない。〔孟子がいうように、〕「万物は皆我に備わっており[113]」「堯舜も人と同類のみ[114]」である〔から、我々は皆帝堯のような徳を持つ〕。或る者は、〔『大学』での〕「峻徳」が「光被四表、格於上下」の〔ように、聖人の徳化を天下に及ぼす〕ことだとするが、間違っている。「峻徳を明らかにする」とは帝堯の一身についていうだけであり、すなわち「至誠が息《や》むことない〔至誠無息〕」境地である。「光四表、格上下」は、〔『中庸』の「至誠無息、不息則久、久則徴、徴則悠遠、悠遠則博厚、博厚則高明」でいうと〕「徴あれば則ち悠遠〔徴則悠遠[115]〕」より先の段階に該当し、所謂「聖人の徳が四方にあらわれる」境地である。ゆえに、帝典の「明峻徳」の後に、「九族に親睦してから、百姓を平章し、その後万邦に協和する〔親睦九族、平章百姓、協和萬邦〕」という文があるのである。今〔『大学』での〕「明峻徳」というのは、ただその徳の明るさが、天理の極みを尽くし、いささかも人欲の私《わたくし》がない境地に至ることだと言うべきである。これがすなわち本義である。もし「己の徳を修める」段階を越え出れば、新民の領域に入ってしまう。上に繰り返し引用してきた三つの『書経』〔康誥・大甲・帝典〕の文は、いずれも、それほどには修辞をこらしていない。深浅・始終といった微意は、言外のところで理解しなければならない[116]。

蔡清の見るところ、「峻徳」は帝堯に属する語であるが、『孟子』の「万物皆備於我」と「堯舜与人同耳」を踏まえれば、必ずしも帝堯に限ってのみ解釈しなければならないとは限らない。「峻徳」が帝堯の一身に属するのは、その意味が「至誠が息むことない〔至誠無息〕」という最も高い境地を指すときである。『大学』に引かれている「明峻徳」は、いささかも人欲の私がない境地に至ることを指す。蔡清によれば、経書の文を解釈するとき、同一の語だからといって同一の意味に括ることなく、「深い意味なのかそれとも浅い意味なのか、始めの段階に該当するのかそれとも最高の段階に該当するのか」といった具合に、文脈に応じて意味を確定すべきなのである。

蔡清は、『大学』に見える「知」概念についても、やはり、「文脈に応じてそれぞれに意味を確定する」という解釈を実践している。彼は、「知止」の「知」と、「知所先後」の「知」とでは、字義の「浅深」が異なるとして、以下のように、複雑な説明を施す。

「止まることを知る（知止）」での「知」字は深い意味であり、「先にすることと後にすることを知る（知所先後）」での「知」字は浅い意味である。「知所先後」の「知」字はまた「知止」の前のことである。「道に近い（近道）」というのは知について説いていることではあるが、なぜ道に近くなるかというと、正に工夫することにおいて先にすることと後にすることを知っているからである。故に、『大学或問』にすでに「進むには順序がある」⑰と言い、小注にまた「先後を知らなければすなわち逆さになってしまう」⑱と言っている。このことから、「先後」が重要なのであり、「修養に取り組むより前に、ぼんやりと順序を知りさえすれば道に近づく」ということではないことがわかる。ここでの「近道」は、「忠恕違道不遠」と同じ意味である。故に、必ずしも「大学の道」に近いという意味ではない。思うに、「大学の道」でなければ、「道」字は、天下の道を包括するに足りない。ここは語気におおらかさを欠いており、古人の言語の雰囲気とは類似していない。所謂（道を）一般的な意味と見ても何の問題があろうか。『中庸』の「忠恕、道に違うこと遠からず」も、「中庸の道に近い」という意味とする必要はない。道は天下古今の公共のものである。⑲

つまり、「知止」の「知」は深く理解することであり、「知所先後」の「知」はまず先後を知るぐらいの浅い意味であり、意味合いは同じではない。また、「近道」の「道」字は、「忠恕違道不遠」の「道」字と同じ意味であり、それぞれ「大学の道」や「中庸の道」と同一視する必要はない。これらの「道」は一般的な意味と見ても問題がないという。

また、同様の方法から、『大学』の「十目の視る所、十手の指す所、其れ厳なるかな（十目所視、十手所指、其嚴乎）」の下に付いている朱熹の注釈を、次のように補足している。

誠が心の中にあってそれが外にあらわれる理は、もともと善悪を兼ねる。しかし、ここに引いている意味は悪を主にして言っており、下条の『章句』には、「善悪をかくすことができない」[120]といって善悪を兼ねて言っているが、その意味もまた「悪をかくす」という意味を主とする。[121]

「心の中に誠にあるものは、外に顕れる。ゆえに君子は慎独に努める」という経文を見て、蔡清は、後の一句を「君子は慎独に努め、心の中から悪を無くし、ゆえに外に悪が顕れることがない」と解釈した。ゆえに、「善悪をかくすことができない」という朱熹の注が、実は「悪をかくすことができない」という意味だと言う。一見すると、朱熹が、「悪」に特定して注釈を施しているのは経文と食い違っているようにも思えるが、蔡清はそれを補足して、その注釈の「本当の」意味を説明しているのである。

朱熹の著作に目を通すと、用語法が一貫性を欠いたり、互いに食い違う命題が併存していたりすることがある。例えば、「理は気より先である」とする一方で、「気は理より先である」とし、「理には動きがない」とする一方で、「理にも動きがあると見なすべきである」としている。これらを表面的にとらえるかぎりは、朱子学は矛盾に満ちていることになり、その真理性に対する疑念が生まれる端緒となりうる。

朱子学を研究するときには、朱熹の文章中に見える用語や命題を、文脈に応じて内在的に理解する必要がある。そこで、現代の朱子学研究者は、例えば朱熹の理気説について研究する場合、理と気を合わせて説いた文章と、理と気を切り離して説いた文章とを区別して考察する[122]。

このような朱子学の研究方法は、朝鮮の儒者の間に自然と定着していたものである。文章のコンテクストから字義を考える「活看」「通看」の方法がそれである。次に、「活看」「通看」という方法の詳細を論じることとする。

方法論――コンテクスト重視とテキスト重視

明末清初の陳確は、「『大学』には聖人の言葉ではないものが含まれている」と問題提起した。陳確が説くところによれば、『大学』の言葉は、聖人のそれに似ているが、実は禅の説が潜り込んでおり、秦以前の儒者の作でないのである[123]。そのような考えで彼は、経書が誕生した時代に沿って、経書を調べ直す作業を行った。調べ直す際の方法論は、主にほかの経書のテキストと照合することである。

例を挙げれば、彼は「およそ誠をいうものは、多く内外を兼ねていう。『中庸』には誠身をいい、誠意とは言っていない[124]」と言う。彼は、『大学』の誠意論が「誠」の意味を十分に理解した上に成り立ったものではないといい、『中庸』には「誠意」のような概念は見当たらないと主張した。『中庸』の「誠身」に照らすと、『大学』の「誠意」という言葉は疑わしいというのである。

また、陳確は、『大学』に引かれている孔子の言葉が、二ヶ所に過ぎず、曾子の言葉も一ヶ所に過ぎないことを根拠に、『大学』を孔子・曾子に関係付けることはできないと、論じる。

> 『大学』は、二ヶ所で孔子の言を引用しており、〔その二ヶ所の引用文である〕「於止」「聴訟」の両節以外は、すべて夫子の言でないことがわかる。また、一ヶ所に曾子の言を引いており、「十目」の一節以外は、すべて曾子の言でないことがわかる。このことからみれば、『大学』を作った者は決して一言も孔子・曾子に関係付けようと

しておらず、漢代に『戴記』が出来上がって以来、宋に至るまでの千年余の間に、『大学』を孔曾の書だと言った人は一人もいなかった。この千余年のうちに学者が一人もいなかったなどとは、私は信じない[125]。

陳確によれば、そもそも孔子・曾子と関わりない『大学』が、宋代に至ってはじめて、「孔子の言を曾子が伝えた書物だ」と言われたのであった。

伊藤仁斎も、ほかの経書のテキストと照らし合せる方法を用い、『大学』の言葉が孔子・孟子の教えに背くことを論証した。そうした作業を通じて、仁斎は、朱子学の四書体系の四本柱の一つである『大学』の位置に異議を申し立てたのである。彼は、まず、『大学』中の言葉について次のように論じる。

『大学』には、「大学の道は、明徳を明らかにすることにある」という。按ずるに、「明徳」という言葉は、三代の書にしばしばみえる。三代の書は、そもそも聖人の所行を記したものであり、この言葉をもって聖人の徳を賛美している。「明徳」といったり、「峻徳」「昭徳」といったりするが、その意味は一つである。その言葉は、『書経』の典・謨・誓・誥には、たくさんみえるが、学ぶ者が担いうるようなことではない。ゆえに、孔孟はいつも仁・義・礼をいうが、一言も「明徳」というものに言及したことがない。『大学』を作ったものは、その意の所在を知らず、『詩』『書』に「明徳」の言葉が多くあることを見て、みだりにこれを述べただけである。孔・孟の意を知らないのである[126]。

仁斎はまた、『大学』の「誠意」は『論語』及び『中庸』の内容と明らかに齟齬するものだと述べる。

〔『大学』に〕また曰く、「其の心を正さんと欲する者は、まず其の意を誠にす」とある。「意」は同一であるのに、『論語』には「〔意とすること〕なかれ[127]」と説き、『大学』には「〔意を〕誠にする」と説く。一方が正しければほかの一方はその反対で、必ず是非があるはずである。そして『中庸』は、「誠身[128]」とはいうが、「誠意」とは言わない。このことから「誠」字は身を対象とすべきであり、意を対象とすべきではないことは、明らかである[129]。

その外にも仁斎は、「意」という同一の文字に対し、『大学』には「誠にするべき」といい、『論語』には「断ち切るべき」とあり、二つの文言が齟齬していることを指摘している。同じ「意」の字が相反するように用いられているため、両者のうち、一つが正しければ、ほかの一つは正しくない。必ず是非があるはずである。これは、古典の中の言葉を照合する方法である。

一方、羅欽順（一四六五～一五四七）は別の方法を用いて次のように説明する。

心があれば必ず意があり、心の司るものは思うことである。これは皆天命の自然から出るものであり、人の左右するところではない。聖人のいう「無意」とは私意がないことをいうのである[130]。

羅欽順によれば、心の思いとしての「意」は、心の機能として自然に現れるものである。こういった意味の「意」であれば、人の意図によって生み出したり無くしたりするという表現はできない。従って、孔子が「無意」と表現したときの「意」は、心の機能としての「意」ではなく、ほかの意味である。孔子が「無意」と言ったのは「私意」がないということであり、『論語』子罕にいう「毋意」の「意」は『大学』の「誠意」の「意」とは異なり、「私意」である。

羅欽順に先立って、陳淳の『北渓字義』も、『論語』における「毋意」の「意」は私意であり、『大学』における「誠意」の「意」はよい意味のものだと区別している[131]。

羅欽順や陳淳は、このように、「意」の字義を各々の文脈から考えた。すでに見たように、陳確や仁斎は、経書中の概念の内実が基本的に一貫していることを想定し、経書相互に食い違いが見られる場合には、一方を誤り（＝真正の経書ではない）と断じていた。これに対し、陳淳や羅欽順は、群経中の概念に、一貫性を求めることより、文脈に応じてそれぞれに内実をとらえようとする。ここには、経書を解釈する上での基本的姿勢の相違が顕著にあらわれている。

朝鮮の趙翼は、『中庸』の「誠身」と『大学』の「誠意」が同様のコンテクストにあることを、次のように述べる。

按ずるに、『中庸』と『孟子』は、いずれもこの『大学』の意味を述べている。為学の道を論ずる際、自己の修養の方法といえば、皆ただ誠身を言うだけである。例えば、〔『中庸』の〕「親にしたがうこと」「友に信じられること」から後の内容は、誠の効果である。これは自己の修養においては誠身が至上であることを言っている。誠身は誠意と同じものである。……子思・孟子のいう自己の修養の方法は、実にこの誠意章から出たものである。ならば、『大学』の誠意章は実に曾子・子思・孟子が受け継いだ為学の要旨である[132]。

趙翼は、『中庸』と『孟子』に見える「誠身[133]」という修養の方法は、己をまことにする自修の方法であり、つまり、『大学』の「誠意」と同様であると捉えている。「身」と「意」という異なる文字が、どうして同じこととなるのかを詳しく説明もせずに、「子思・孟子が曾子を受け継いだものだ」と言っている。趙翼が、ここでさらなる説明を要しないと判断しているのは、朱子学の四書体系という前提を当然のものとして受け入れているからであろう。

しかし、四書体系を所与の前提としない伊藤仁斎は、『中庸』の「喜怒哀楽がまだ外にあらわれないことを中という。外にあらわれてすべて規律にかなうことを和という。中は天下の大本である。和は天下のどこでも通じる道である。中和をきわめつくせば、天地があるべきところに位置し、万物がほどよく育つ（喜怒哀樂之未發、謂之中。發而皆中節、謂之和。中也者、天下之大本也。和也者、天下之達道也。致中和、天地位焉、萬物育焉）」の四七字に対し、次のように論じている[134]。

以上の四七字は、本来、『中庸』の本文ではない。古の『楽経』[135]の竹簡の抜け落ちた部分であり、礼楽の徳を讃えてそのように述べているのであろう。もしこれを『中庸』の本文とするなら、「喜怒哀楽のまだ外にあらわれない中」こそが学問の根本だということになり、『六経』・『論語』『孟子』はすべて「用」のみを言い、「体」を捨てた書だということになり、道をはなはだ害《そこな》ってしまう。そこで、今、古の『楽経』の脱簡であると断定する[136]。

仁斎は、「已発」「未発」を述べたこの文言を『中庸』から除外すべき理由として、次の一〇条を挙げている。

①『六経』以来、諸聖人の書は、「已発」「未発」といった説を載せていない。
②孟子は子思の門人に学び、その言を祖述したはずであるが、孟子もまた「已発」「未発」に言及していない。
③「中」の字は虞舜及び三代の書では、すべて「已発」のことであるが、この箇所だけ、「木発」のこととして説いている。
④『書経』の大禹謨にいうのは「中」字であるが、この箇所ではかえって「和」をもって名づけている。
⑤「未発の中」と言えば、『六経』『論語』『孟子』はすべて、有用無体の書となる。

以下の五条は、『中庸』一篇の中で、相互に矛盾が見られる事柄である。

⑥中庸をもって篇を名づけているから、専ら中庸の義を論じるはずであるが、冒頭で中和の理を論じている。

⑦『中庸』に「中」字がしばしば出ているが、すべて「已発」のことをいっており、一ヶ所も「未発」をいっていない。

⑧（「和」字が『中庸』の本来の内容にあったものであれば、）子思は「和」字についてしばしば説くべきであるが、『中庸』のほかの箇所で二度と出てこない。

⑨ここでは、喜怒哀楽が外にあらわれてすべて規律にかなうことを「天下の達道」としたが、後では、君臣・父子・夫婦・昆弟・朋友の交を「天下の達道」としており、矛盾する。

⑩ここでは、「大本」と「達道」とを並称しているが、後では「天下之大本」を単独に言っており、偏っていて不備である。[137]

仁斎は、「この一〇条の証拠は、『中庸』の本文と『六経』『論語』『孟子』を根拠としたものであり、私の憶説ではない」[138]と述べている。このように、彼は、複数の経書のテキストを照らし合わせる方法で『中庸』のテキストを考証したのであった。「中和」の説が、『中庸』のほかの箇所、『六経』『論語』『孟子』には「出ていない」ことを明らかにしているのである。伊藤仁斎の次の文章から、経学における彼の方法論がうかがえる。

私はかつて学ぶ者に、「『論語』『孟子』の二書を熟読し詳しく考え、意味と脈絡とを心のうちに明瞭になるように」と教えた。そうすれば、孔孟の意味と血脈を知りうるだけでなく、またその字義を理解して、大きい誤りに至らないようになるのである。字義は学問において小さいことではあるが、その意味を少しでも誤れば害は少なくない。字義を一つ一つ『語』『孟』に照らし、『語』『孟』の意味と脈絡に合致できるようになってはじめて認められる。みだりに理屈をつけて自分の私見を混ぜてはならない[139]。

仁斎は、孔孟の意味と脈絡を知ることのみならず、またその中の字義を理解することを強調する。つまり、ある文字がどのような意味で用いられているかを確認することを、文章の脈絡を理解することとは別の学習として取り扱っているのである。ただ、字義を確定するときには、『論語』と『孟子』の脈絡を基準とする。そうすれば、仁斎の主張は、①意味と脈絡を知るのみならず、字義も把握すべきである、②字義は意味と脈絡に基づいて把握すべきである、ということになる。最後の一文からみれば、従来の（宋儒の）経書解釈で、みだりに理屈をつけて、経書の使い方とは異なる自分勝手の解釈を施したことに対する仁斎の批判意識が感じられ、その批判意識からこのような方法論が生み出されたと推測される。

仁斎が標榜している、『語』『孟』二書に基づくという方法は、勿論「二書の中から同一の言葉の用例を集めて帰納的に字義を決定するというのではなく先述の意味血脈に根拠をおき、意思語脈（思考方法と文章の様式）に照らし合わせて一語一語の字義を決定する[140]」ということであろう。

一方、朝鮮の儒学界には、「活看」「通看」という読解方法が見出される。ここでは、「一語一語の字義を考えるよりも、脈絡の中から自然と浮かびあがる字義をとらえる」という方法論が成立できよう。

趙翼は、経書解釈において、文字をその文字としてみるより、文脈の中の生きているものと見なす。彼は、活かして読む方法（活看）と、上下前後の言葉を通して読む方法（通看）を使わなければならないと述べている。

凡そ文字を見るときには、活かして見る（活看）必要があり、文字にばかりこだわってはならない。また、上下前後の言を通して見れば（通看）、どのような意味であるか誤りなく知ることができる[141]。

このような読解方法は、朱子学の治経方法の中にもある。

文字は活かして見る（活看）必要がある。この文章はこの文章として考え、あの文章はあの文章として考えるべきであり、固定した意味で見てはならない。こちらの意味を無理矢理あちらに合わせれば、あちこちで問題が発生する。(142)

問：鳶飛魚躍は、いずれも理が流行発現するところでしょうか。

答：もとよりこの意味である。しかし、この段落では前後の文章と通観すべきである。(143)

朱熹が言うのは、もとの字義が何であれ、固定した基本字義に当てはめてはならず、そのコンテクスト上の意味を捉えなければならないということである。同一の文字であっても、場合によっては全く異なるものと見なさなければならない。朱熹の発言や文章はこのような考え方に基づいてなされている。

朱熹の著作を熟読していた朝鮮の儒者たちは、これを我々の読解方法論として定立しようと協議することもなく、当然のように、文献読解方法として常に用いていたのである。

（1）例えば、八佾篇「人而不仁、如禮何。人而不仁、如樂何。」、里仁篇「里仁爲美、擇不處仁、焉得知。」など。

（2）『論語』述而「仁遠乎哉。我欲仁、斯仁至矣。」

（3）例えば、公冶長篇「孟武伯問、子路仁乎。子曰、不知也。又問、子曰、由也、千乘之國、可使治其賦也。不知其仁也。求也何如。子曰、求也、千室之邑・百乘之家、可使爲之宰也。不知其仁也。赤也何如。子曰、赤也、束帶立於朝、可使與賓客言也。不知其仁也。」

（4）『論語』述而「仁遠乎哉。我欲仁、斯仁至矣。」の注「仁者、心之德、非在外也。放而不求、故有以爲遠者。反而求之、則卽此而在矣、夫豈遠哉。」及び『論語』雍也「回也、其心三月不違仁」の注「仁者、心之德。心不違仁者、無私欲而有其德也。」

（5）『孟子』公孫丑上、「人皆有不忍人之心。……今人乍見孺子將入於井、皆有怵惕惻隱之心。……由是觀之、無惻隱之心、非人也。」

（6）『孟子』公孫丑上「惻隱之心、仁之端也。羞惡之心、義之端也。辭讓之心、禮之端也。是非之心、智之端也。人之有是四端也、猶其有四體也。」

（7）『孟子』告子上「仁義禮智、非由外鑠我也、我固有之也。」

（8）『孟子』告子上「公都子曰、告子曰、性無善無不善也。或曰、性可以爲善、可以爲不善。是故文・武興、則民好善。幽・厲興、則民好暴。或曰、有性善、有性不善。是故以堯爲君而有象、以瞽瞍爲父而有舜。以紂爲兄之子、且以爲君、而有微子啓・王子比干。今曰性善。然則彼皆非與。」

（9）『孝經』喪親「孝子之喪親也、哭不偯、禮無容、言不文、服美不安、聞樂不樂、食旨不甘、此哀戚之情也。」

（10）趙岐『孟子注』（『十三経注疏』整理本『孟子注疏』北京：北京大学出版社、二〇〇六年）三五四頁「若、順也。性與情相爲表裏、性善勝情、情則從之。孝經云、此哀戚之情、情從性也。能順此情、使之善者、眞所謂善也。若隨人而强作善者、非善者之善也。若爲不善者、非所受天才之罪、物動之故也。」

（11）朱熹、前揭『孟子集注』告子上三二八頁「乃若、發語辭。情者、性之動也。人之情、本但可以爲善而不可以爲惡、則性之本善可知矣。」

（12）『莊子』齊物論「如求得其情與不得、無益損乎其眞。」

（13）朴世堂、前揭『西溪全書』下『孟子思辨錄』告子上一三七頁「情之爲言、實也。猶所云物之情。莊子亦曰如求得其情、此蓋言性之實、卽可以爲善也、註、謂情者、性之動也、人之情、本但可以爲善、不可以爲惡、又擧四端爲說、然此所謂情者、終恐其不如此也。」

(14) 朴世堂、同右『西溪全書』下『孟子思辨録』滕文公上、一一五頁「性卽人所受於天以爲其心之明而不違乎理者也。」及び盡心上「情動而私意蔽則向之所恥而不爲者、乃爲之而不知恥。」

(15) 伊藤仁斎『孟子古義』（林本）告子上（東京大学文学部漢籍コーナー所蔵、天理図書館四〇六二五一の複写本）「孟子言人之情好善而惡惡、則必可以爲善而不可以爲不善。此我所謂性善之意、而非謂天下之人其性皆與堯舜一而無相異也。夫人情如此、則才亦宜如此。今其爲不善、乃物欲陷溺而然。非其才之罪也。」

(16) ここの不備と不明は、程子の「論性不論氣、不備。論氣不論性、不明。」を踏まえているものであろう。

(17) 伊藤仁斎、前掲『孟子古義』告子上「公都子擧三說、其問甚精、而孟子答之似乎甚疎（而不詳）、殆乎爲公都子所究者何哉。曰、此以宋儒之說詳之、而不知孟子之旨故也。夫所謂乃若其情、則可以爲善矣。卽前章人性之善犹水之就下之意。蓋就人情之所好而言、非敢爲一切之說以禦人也。人譽我則悅、毀我則怒、此人之情也。纔知善善惡惡、則可以爲善、非若雞犬之頑然無知、雖告之以善而不入也。此孟子所謂性善也。若使公都子得其意、則三說之非不辨而自破矣。但後之說孟子者、或立氣質本然之說、或分性情體用之別、所以非但使孟子之所答爲不備之語、且何與孔子而不免爲不明之譏。」

(18) 『論語』陽貨「子曰、性相近也、習相遠也。子曰、唯上知與下愚不移。」

(19) 伊藤仁斎、前掲『論語古義』陽貨「此明聖人之教人、不責性而專責習也。言性本相近、其初善惡未甚相遠。」

(20) 荻生徂徠『論語徵』陽貨（今中寛司、奈良本辰也編『荻生徂徠全集』第二巻）（東京：河出書房新社、一九七八年）六〇六頁「孔子之意、專謂及學而爲君子、而後其賢知才能、與鄉人相遠已。未嘗以善惡言之也。……自孟子有性善之言、而儒者論性、聚訟萬古、遂以爲孔子論性之言、而不知爲勸學之言也。蓋孔子沒而老莊興、專倡自然、而以先王之道爲僞。故孟子發性善而抗之。孟子之學、有時乎失孔子之舊。故荀子又發性惡以抗之。皆爭宗門者也。宋儒不知之、以本然氣質斷之。殊不知古之言性、皆謂性質、何本然之有。仁齋先生辨之者是矣。然仁齋又以爲孔子孟子其旨不殊焉。」

(21) 朱熹、前掲『孟子集注』公孫丑上「惻隱羞惡辭讓是非、情也。仁義禮智、性也。……端、緒也。因其情之發、而性之本然可得而見。猶有物在中、而緒見於外也。」

(22) 趙岐、前掲『孟子注』九四頁「端者、首也。人皆有仁義禮智之首、可引用之。」

(23) 黎靖德編、前掲『朱子語類』巻五三「孟子三」一七六三頁「以體用言之、有體而後有用、故端亦可謂之尾。若以始終言之、則四端是始發處、故亦可以端緒言之。二説各有所指、自不相礙也。」

(24) 『孟子』盡心下。

(25) 『孟子』盡心上「孟子曰、人之所不學而能者、其良能也、所不慮而知者、其良知也。孩提之童無不知愛其親者、及其長也、無不知敬其兄也。親親、仁也、敬長、義也。無他、達之天下也。」

(26) 『周易』説卦傳「昔者聖人之作易也、將以順性命之理。是以立天之道曰陰與陽、立地之道曰柔與剛、立人之道曰仁與義。」

(27) 伊藤仁斎、前掲『論語古義』学而「仁者天下之大德也。慈愛之心、自内及外、自邇至遠、充實通徹、莫所不達、卽是仁也。故孟子曰、人皆有所不忍。達之於其所忍、仁也。卽有子以孝弟為仁之本之意。蓋孝弟、性也。仁義、德也。性者以有於己而言。德者以達於天下而言。孟子以孝弟爲其良知良能、則孝弟豈非人之性乎。易曰、立人之道、曰仁与義。中庸曰、知仁勇三者、天下之達德也。仁義豈非天下之道德乎。而孟子又以仁義爲人之固有者、何也。是以仁義名性也。非為性之名。所謂以仁義名性者、若曰人之性善。故以仁義爲其性也、毫釐千里之謬、正在於此。不容於不辨。」

(28) 伊藤仁斎、前掲『孟子古義』告子上「固有者、言人必有四端之心、便是以仁義禮智之德為己之所有也。但人自不思焉耳。操舍得失、謂求其在我者、而有益乎得也。善惡相去之遠、倍蓰不一者、皆由不能用其才而擴充之耳矣。」

(29) 趙翼、前掲『浦渚先生遺書』巻一『孟子淺説』二七〇頁「四端四性卽善之實也。而四端人皆有之、四性我固有之、所以謂人性皆善者、以此也。人苟充是、則雖堯舜之聖亦不過此。其有不善、乃失之者也。故曰非才之罪也、不思耳矣、舍而失之也、不能盡其才也。此前諸章、皆論性之爲善然、至此章乃擧性情全體而言之。而又言其所以爲不善之故、而其言至爲明白深切。學者苟深察乎此、則性之爲善、皆自曉然矣。按性以俗語解之、則猶言根本也。凡物皆有根本。告子之徒、見人之有善不、疑其根本不善、故生出此不善也。遂謂性無善惡之分、或謂善惡之不同。此亦不爲無理也。但其所以為性者、乃氣也、而不知其理之本善也。蓋氣質之稟、固有善惡之萬殊。諸子之論、皆以氣爲性、故其言如此。觀生之謂性、食色性也之説、可見其以氣爲性也。孟子以天理之本然者爲性。天豈理有不善哉。如此章所言、四端四性乃人之理、本於天、而粹然純善者也。惟其以是爲性也。故言性之善也。」傍線を引いた「舍而失之」は、『孟子』の文では、「舍則失之」である。

(30) 朱熹『中庸章句』について詳しくは、本書第三章参照。

(31) 朱熹『中庸章句』と朴世堂『中庸思辨録』の詳しい内容は、本書第三章参照。

（32）朱熹、前掲『中庸章句』「命、猶令也。性、即理也。天以陰陽五行化生萬物、氣以成形、而理亦賦焉、猶命令也。於是人物之生、因各得其所賦之理、以爲健順五常之德、所謂性也。」

（33）朴世堂、前掲『西溪全書』下『中庸思辨錄』三一～三二頁「命者、授與之之謂也。性者、心明所受之天理與生俱者也。天有顯理、物宜之而爲則、以此理則、授與於人、爲其心之明、人既受天理、明於其心、是可以考察事物之當否矣。……注、謂命爲令、今謂爲授與、何也、令之義、不明故也、如授之爵、亦謂命之爵也。」

（34）議論の立場は、大きくは、南人側の三年服説と西人側の期年服説とに分けられ、つまりは、孝宗を長男と見なすか否かの問題である。本来、仁祖の長男は、すでに死亡した昭顕世子（一六一二～一六四五年）であるが、南人側は、王統を継承した孝宗が長男と見なされるべきだ、と主張する。西人側は長男でない衆子が王位を継承する場合、三年服にはしないので、この場合、期年服を着るべきだと主張する。論争は、始終、党争の性格を帯びていたわけではない。当初は、尹鑴と宋時烈の間で、礼学をめぐっての学問的な討論がかわされていただけであり、西人の中にも三年服を支持する論者が、南人の中にも期年服を支持する論者がそれぞれ存在したこととあわせて考えても、この論争を「党争の一環」と一括りにはできないであろう。崔根徳「朝鮮朝における礼訟の背景と発端」『東洋哲学研究』第二四号（ソウル：東洋哲学研究会、二〇〇一年）参照。

（35）朴世堂、前掲『西溪全書』巻七「禮訟辨」一三五頁「其謂當服三年者、不能不以孝宗爲次長子、其謂當服期年者、亦不能不以孝宗爲次長子。甲亦曰次長子、乙亦曰次長子、然而甲之説曰、次長子、當服三年、乙之説曰、次長子、當服期年。雖期三年之不同、其爲次長子之實、則終不可易矣。同是一説、特以制服之閒、而破以爲兩説、爭之紛紛、相排撃不已、吁其異矣。」

（36）礼訟問題は朴世堂のいうほどに簡単ではない。本書が、朴世堂の経学説を「名」に、現実の政治問題に対する発言を「実」にそれぞれ対応するものとして論じるのは、「名」に拘る彼の注釈における態度と、「実」を強調する現実での意識が異なることを示すためであり、実際に服制論争が「名」「実」に分けられるという意味ではない。さらに言えば、喪服論争についての朴世堂の主張が「実」を重視する考え方であり、一方、当時の論争者たちは「名分」重視者である、という意味でもない。礼訟は、植民地時代以来、ともすれば、単なる党争と見なされがちであったが、そうした評価は、礼訟が帯びている「臣権が王権に牽制を加える機能」に着目した研究によって批判されている。例えば、金相俊は、「強力な権力を持つ君主の孝宗に対し、その長・庶を争点にして熾烈な喪服論争を行った例は、中国の王朝にも見当たらず、つまり、朝鮮の儒者たちが礼法を通し王権を規制しようとするパワーは中国のそれを越えている」と述べている。「朝鮮時代の礼訟とモラルポリティックス」『韓国社会学』第五集二号（ソウル：韓国社会学会、二〇〇一年）二二七頁参照。

(37) 梁啓超著、朱維錚校注、前掲『清代学術概論』三頁。

(38) 申采浩、前掲「問題がない論文」一五六頁。

(39) 申采浩、前掲「儒教拡張に対する論」一一九～一二〇頁。

(40) 鄭寅普、前掲「陽明學演論」一〇～一五頁参照。

(41) スキナー、クェンティン著、半澤孝麿・加藤節編訳『思想史とはなにか：意味とコンテクスト』（東京：岩波書店、一九九〇年）五二～五三頁。

(42) 同右、六〇～六一頁。

(43) 鄭豪薫「十七世紀北人系の南人学者の政治思想」（ソウル：延世大学博士学位論文、二〇〇一年）一二七～一三〇頁。

(44) 黒住真、前掲『近世日本社会と儒教』二七～二八頁。引用文のうち、書名は省略した。

(45) 丸山眞男、前掲「英語版への著者の序文」『日本政治思想史研究』四〇一頁。

(46) 同右、三九六頁。

(47) 余英時『論戴震与章学誠』第二版（北京：三聯書店、二〇〇五年）一八～三四頁。

(48) 陳確の字は乾初、浙江海寧の人。明清交替期の独創的な思想家と言われる。四十五歳の時、劉宗周に師事する。著作は長い間埋没していたが、一八五四年から徐々に刊行された。

(49) 梁啓超著、朱維錚校注、前掲『清代学術概論』一三～一四頁。

(50) 近溪は、明末の陽明学者である羅汝芳（一五一五～一五八八）の号。「孔孟の教えは孝悌に帰する」と主張した。

(51) 伊藤仁斎、前掲『古学先生詩文集』巻五「同志会筆記」「余十六七歳時、讀朱子四書。……二十七歳時、著太極論、二十八九歳時、著性善論、後又著心學原論、備述危微精一之旨、自以爲深得其底蘊而發宋儒之所未發。然心竊不安。又求之於陽明近溪等書、雖有合于心、益不能安、或合或離、或從或違、不知其幾回。於是悉廢語錄註脚、直求之於語孟二書寤寐以求、跬步以思、從容體驗、有以自定醇如也。於是知余前所著諸論、皆與孔孟背馳、而反與佛老相鄰。」

(52) 荻生徂徠『徂徠集』（元文改元之頁勝忠統序付、早稲田大学柳田文庫一一A一一二六、一八）巻二八「安澹泊に復す」（第三書）。

(53) 姜明官「十六世紀末十七世紀初擬古文派の受容と秦漢古文派の成立」『韓国漢文学研究』第一八号（ソウル：韓国漢文学会、一九九五年）二九二頁。

(54) 朝鮮朝で、「秦漢古文派」と呼ぶべき流派が実際に成立したか否かについては、学界の見解が一致しないが、本書は暫定的に「秦漢古文派」の名称を使うことにした。

(55) 許穆、前掲『記言』巻五上篇「答客子言文學事書」五二頁「註疏起而古文廢。」

(56) 同右、「答朴德一論文學事書」庚辰（一六四〇年）作、五一頁「宋時程氏朱氏之學、闡明六經之奥纖悉、委曲明白、懇懇複繹、不病於煩蔓。此註家文體、自與古文不同、其敷陳開發、使學者了然無所疑晦。不然、聖人敎人之道、竟泯泯無傳、穆雖甚勤學、亦何所從而得古文之旨哉。後來論文學者、苟不學程朱氏而爲之、以爲非儒者理勝之文。六經古文、徒爲稀闊之陳言。穆謂儒者之所宗、莫如堯舜孔子、其言之理勝、亦莫如易・春秋・詩・書、而猶且云爾者、豈古文莫可幾及、而註家開釋易曉也。穆非捨彼而取此、主此而汚彼。」

(57) 同右、巻三「答堯典洪範中庸考定之失書」四四頁「毀改經文、蓋亦前古之未聞。聖人之言、可畏不可亂也。天下可誣也、聖人之言不可亂也。……既以六經古文、毀改無難、則其視曾子子思、固已淺尠矣。然萬萬無此理。」

(58) 『書経』のうち、偽古文尚書の部分を表示する文句。例えば、朝鮮朝で広く読まれていた『書経集伝』（朱熹が弟子の蔡沈に命じて編纂した『書経』の注釈）は、偽古文尚書である大禹謨篇に、「今文無、古文有」という表示をしている。

(59) 趙翼、前掲『浦渚集』巻二四「道村雜錄」上四二八頁「如尚書今文古文有無、於文義小無所關、雖明記有何益、雖錯記有何害、而以此爲立落。……如此之類、乃經書中極不緊之事、雖使讀者於此極精且熟、於通經、豈少有所益乎。」

(60) 趙翼同右、『浦渚集』巻二四「道村雜錄」上四二八頁「漢時未見有以論孟竝稱者、亦未見竝稱孔孟者。至唐韓愈、始推尊孟子、謂孔子傳之孟軻、韓柳書皆竝稱論孟。……庸學二篇、在戴記中、漢唐儒者、皆莫知其爲聖學正傳。……至程子、始合論孟及庸學二篇爲四書、以爲學者求道希聖之門路。……此程夫子之學所以獨出於漢唐以來千餘年間、而獨得乎聖人之傳也。……四書未表章之前、學者固難乎知向方矣。四書表章之後、學者之於求道、一如迷道之得指南、坦乎其無難也。然今世之士、未見有深味乎此者、如日月光明、瞽者莫見、雷霆震動、聾者無聞也。」

(61) 黎靖徳編、前掲『朱子語類』巻一四「大学一」四三九頁「明徳者、人之所得乎天。而虚靈不昧、以具衆理而應萬事者也。禪家則但以虚靈不昧者爲性、而無以具衆理以下之事。」

(62) 伊藤仁斎『大学定本』(元禄十六年冬校本)(東京大学文学部漢籍コーナー所蔵:天理図書館四〇〇〇一二の複写本「虚靈不昧四字本出於禪語、卽明鏡止水之理、而明鏡止水四字亦出莊子。此二語於吾聖人之書本無此理。亦無此語、實佛老之眞詮也。要之、聖人其相反不翅氷炭、失明徳二字之義遠甚矣。」

(63) 例えば、宗密『圓覺道場修證廣文』(域外漢籍珍本文庫編纂出版委員会編『域外漢籍珍本文庫』第二輯子部第一七冊、重慶:西南師範大学出版社、二〇一一年)四四二頁、巻一二「無意識知身識覺、虚靈不昧似明珠。此卽經中明字是、不開智慧不開愚。又且珠明有可見、心明空廓無形軀。」宗密(七八〇~八四〇、唐人、俗姓は何、諡は定慧、圭峰大師)は、華厳宗の第五祖である。「原人論」を著し、三教一致を論じた。

(64) 『大学章句大全』小注「虚靈自是心之本體、(非我所能虚靈。)耳目之視聽所以視聽者卽其心也、豈有形象。然有耳目以視聽之、則猶有形象也。若心之虚靈、何嘗有物。」この小注は、『朱子語類』巻五からの引用である。

(65) 『孟子集註大全』巻一三「盡心上」小注「偏言知覺惟見氣之靈耳。」新安陳氏の説である。

(66) 『河南程氏文集』巻八(伊川先生文)「四箴・視箴」。朱熹『論語集注』顔淵篇の注に引く。

(67) 『大学章句大全』小注「北溪陳氏曰、人生得天地之理、又得天地之氣。理與氣合、所以虚靈。」

(68) 『大学章句大全』小注「玉溪盧氏曰明徳只是本心。虚者心之寂、靈者心之感。」

(69) 趙翼、前掲『浦渚先生遺書』巻一「大学困得」三~四頁「虚靈二字、朱子以前、未之見也。乃朱子所創造以直指此心體段者也。靈以知覺言也。唯靈故能知覺也。乃指心神之妙也。虚以其無形象而言也。何以知朱子之意必然也。觀朱子所自言者、可知矣。小註云、虚靈自是心之本體。耳目之視聽、所以視聽者卽其心也。豈有形象。然有耳目以視聽之、則猶有形象也。若心之虚靈何嘗有物。孟子盡心章小註云、知覺是氣之虚靈。此可見此虚字以知覺無形象而言也。程子所謂心兮本虚應物無迹亦然。唯無形象故應物無迹也。朱子之所自言如是、則所謂虚靈其意不過如是、而諸儒註釋或謂理氣合故虚靈、或謂虚心之寂、靈心之感。此説皆與朱子之言異。」
(70) 陳来、前掲『朱熹哲学研究』五頁。
(71) 丁若鏞『與猶堂全書』第二集「經集」巻四「中庸講義補」巻一「君子之道費而隱節」(ソウル：景仁文化社、一九八九年)六八頁「今按體用之説、不見古經。然物固有體用也。然天道布散處、有體有用、其微密處、亦有體有用。」
(72) 金文植「朝鮮後期における毛奇齢経学の受容様相」『史学志』(ソウル：檀国史学会、二〇〇六年)一三七〜一三八頁参照。
(73) 姜在彦「朝鮮通信使と鞆の浦」『玄界灘に架けた歴史――歴史的接点からの日本と朝鮮』(東京：朝日新聞出版、一九九三年)一三七頁及び夫馬進『朝鮮燕行使と朝鮮通信使』(名古屋：名古屋大学出版会、二〇一五年)二五五頁。
(74) 朴熙秉「朝鮮の日本学成立――元重挙と李徳懋」『韓国文化』第六一号(ソウル：ソウル大学奎章閣韓国学研究院、二〇一三年)は、実学者と呼ばれる人物たちの日本に関する記録を中心に、その内容を分析し、「日本学」という名前をつけている。
(75) 藤塚鄰『清朝文化東伝の研究――嘉慶・道光学壇と李朝の金阮堂』(東京：国書刊行会、一九七五年)一四六〜一四七頁。
(76) 夫馬進、前掲『朝鮮燕行使と朝鮮通信使』二五五頁。
(77) 同右、二五九頁。
(78) 安鼎福『順菴集』巻一三「橡軒隨筆」下「大抵推尊孟子、而時疵伊川矣。」(ソウル：民族文化推進会『韓國文集叢刊』第二三〇冊、一九九九年)四六頁。
(79) 『朝鮮王朝實錄(英祖實錄)』英祖二十四年(一七四八年)閏七月三〇日壬午の記事参照。正使は洪啓禧、副使は南泰耆、書状官は曹命采などであった。
(80) 李徳懋『青荘館全書』巻五八「盎葉記」の「日本文献」、巻六四〜六五「蜻蛉國志」(ソウル：民族文化推進会『韓国文集叢刊』第二五七〜二五九冊、二〇〇〇年)。「蜻蛉國志」は「世系圖」「世系」「姓氏」「職官」「人物」「藝文」「神佛」「輿地」「風俗」「器服」「物産」「兵戰」「異國」の項目に分けて日本を紹介している。李徳懋の字は懋官、号は青荘館。
(81) 同右、巻六四「蜻蛉國志」の「人物」「日本之人、大抵柔而能堅、堅而亦不能悠久」。
(82) 河宇鳳『朝鮮後期実学者の日本観の研究』(ソウル：一志社、一九八九年)(本書の日本語訳は、井上厚史訳・解説『朝鮮実学者の見た近世日本』（東京：ぺりかん社、二〇〇一年））。

(83) 李篪衡「茶山の『論語古今註』に関する研究」『大東文化研究』第二九号（ソウル：成均館大学大東文化研究院、一九九四年）五頁。『論語古今註』の中で引照される徳川日本の説について、河宇鳳が数えた結果は、仁斎三ヶ所、徂徠五〇ヶ所、春台一四八ヶ所であり、李篪衡が数えた結果と一致しない。どちらが正しいかは未確認であり、今後、調査を行いたい。

(84) 「丁若鏞は仁斎・徂徠の著作を直接に参照した」と考える先行研究もあるが、河宇鳳は、伊藤仁斎『論語古義』・荻生徂徠『論語徴』と照らし合わせ、春台の『論語古訓外伝』から引用したことを明らかにした。河宇鳳、前掲『朝鮮後期実学者の日本観の研究』二三二頁参照。

(85) 黎靖徳編、前掲『朱子語類』巻一二「学六」三六八頁「自秦漢以來、諸儒皆不識這敬字、直至程子方説得親切、學者知所用力。」

(86) 『論語』憲問。

(87) 『論語』顔淵「君子敬而無失、與人恭而有禮。」

(88) 『詩経』商頌、長發「湯降不遲、聖敬日躋。」

(89) 黎靖徳編、前掲『朱子語類』巻一二「学六」三六八頁「曰、程子説得如此親切了、近世程沙隨猶非之、以爲聖賢無單獨説敬字時、只是敬親・敬君・敬長、方著箇敬字。全不成説話。聖人説修己以敬、曰敬而無失、曰聖敬日躋、何嘗不單獨説來。若説有君有親有長時用敬、則無君親無長之時、將不敬乎。都不思量、只是信口胡説。」程迥は、隆興年間（一一六三～一一六四）の進士。沙隨は恐らく号。

(90) 同右、三六九頁「收斂身心、整齊純一、不恁地放縱。」

(91) 『論語』憲問「子路問君子。子曰、脩己以敬。」

(92) 『論語』雍也「仲弓曰、居敬而行簡、以臨其民、不亦可乎。」

(93) 伊藤仁斎、前掲『論語古義』憲問「論曰、古人言敬者多矣。或就天道而言、或就祭祀而言、或就尊長而言、或就政事而言。皆有所敬而然。曰修己以敬、曰居敬而行簡、皆以敬民事而言。未有無事而特言敬者也。若後世之言敬者、異哉。」

(94) 伊藤仁斎、前掲『童子問』上第三六章（東京大学文学部漢籍コーナー所蔵、天理図書館四〇六一七八の複写本）「専持敬者、特事矜持、外面齊整、故見之則儼然儒者矣。然察於其内則誠意或不給、守己甚堅、責人甚深、種種病痛。故在其弊有不可勝言者焉。」

(95) 同右、上第三七章「宋儒所謂持敬云者、与古人就事致敬者、其意既異、而亦不要以忠信爲主、而却徒欲以一敬字該學問之始終、猶欲以單方治百病、其不誤人者、未之有也。」

(96) 黎靖徳編、前掲『朱子語類』巻一二「学六」(『朱子全書』第一四冊)三七四頁「無事時敬在裏面、有事時敬在事上。有事無事、吾之敬未嘗間斷也。」

(97) 同右、三六九頁「然敬有甚物。只如畏字相似、不是塊然兀坐、耳無聞、目無見、全不省事之謂。只收斂身心、整齊純一、不恁地放縱、便是敬。」

(98) 同右、三六九頁「要且將箇敬字收斂箇身心、放在模匣子裏面、不走作了、然後逐事逐物看道理。」

(99) 同右、三七五頁「須於應事接物上不錯、方是。」

(100) 同右、三七一頁「人之心性、敬則常存、不敬則不存。」

(101) 同右、三七二頁「敬則天理常明、自然人欲懲窒消治。」

(102) 同右、三七二頁「人能存得敬、則吾心湛然、天理粲然、無一分著力處、亦無一分不著力處。」

(103) 「持敬圖說」「朱子言敬要語」「心法要語」などの数編がある。

(104) 趙翼、前掲『浦渚集』巻一九「朱子論敬要語」三四五頁「程子說人心做工夫處、特注意此字。蓋以此道理貫動靜、徹表裏、一始終、本無界限。閑靜無事時也用敬。應事接物時也用敬。心在裏面也如此、動出外來做事也如此、初頭做事也如此、做到末梢也如此。此心常無間斷、纔間斷、便不敬。」「朱子論敬要語」は、この他にも朱熹の文言のうち、「事があるとき」に関わる敬説を多く収録している。

(105) 伊藤仁斎、前掲『大学定本』「案章句以爲意者心之所發也、非也。若使意爲心之所發焉、則是心本而意末、心源而意委。夫本立而後枝自茂、源澄而後流自清、自然之理也。大學當曰、欲誠其意先正其心、又當曰心正而后意誠、而大學乃曰欲正其心先誠其意、又曰意誠而后心正、則豈非本末顚倒之甚乎。」

(106) 黎靖徳編、前掲『朱子語類』巻一五「大学二」四八八頁「問、心、本也。意、特心之所發耳。今欲正其心、先誠其意、似倒說了。曰、心無形影、教人如何撑拄。須是從心之所發處下手、先須去了許多惡根。如人家裏有賊、先去了賊、方得家中寧。如人種田、不先去了草、如何下種。須去了自欺之意、意誠則心正。誠意最是一段中緊要工夫、下面一節輕一節。」

(107) 趙翼、前掲『浦渚先生遺書』巻一「大學困得」三頁「心所以應物。正心使其心之應物皆得其正也。」

(108) 趙翼、前掲『浦渚集』巻二〇「拙脩雜錄」三五五頁「正心者、正其心之應物不得其正者而正之、使無過不及之謂也。至於心正、則日用之間、本心昭著、隨所應接、無不各當其則。」

(109) 蔡清『四書蒙引』巻一（台北：商務印書館、一九八三年、王雲五主持、四庫全書珍本三集）六五頁「意者心之萌也。心該動靜、意只是動之端。心之時分多、意之時分少。意者心之所發也（註）。未發之前、心固在乎。曰然。既發之後、猶有心在乎。曰然。然則心兼動靜、或靜而未應物、或動而應物、皆當敬以存之矣。夫心對意而言則爲本體、不必謂正心之心、全是體而以意爲用也。如彼說則將以心意分動靜相對工夫矣。正心只是主靜之法、靜亦靜、動亦靜也。故曰敬以直內。誠意者、致謹於動之端也。蓋一念善惡分路之始也、別是一關頭也。故另爲一目。」

(110) 朱熹、前掲『大学章句』経一章の三頁「明、明之也。明德者、人之所得乎天、而虛靈不昧、以具衆理而應萬事者也。但爲氣稟所拘、人欲所蔽、則有時而昏。然其本體之明、則有未嘗息者。故學者當因其所發而遂明之、以復其初也。」

(111) 伊藤仁斎、前掲『大学定本』「明德者、謂聖人之德、光輝發越、至於幽隱之地、遐陬之遠、莫所不照、若虞書贊堯之德曰、光被四表、格于上下、泰誓贊文王之德曰、若日月之照臨、光于四方、是也。」

(112) 同右、「若章句之解、則克明俊德四字、則學者之用功而非所以稱堯之德。」

(113) 『孟子』「盡心上」「萬物皆備於我矣。反身而誠、樂莫大焉。强恕而行、求仁莫近焉。」

(114) 『孟子』「離婁下」「何以異於人哉。堯舜與人同耳。」

(115) 『中庸』（『章句』の二六章）「至誠無息、不息則久、久則徵、徵則悠遠、悠遠則博厚、博厚則高明。」

(116) 蔡清、前掲『四書蒙引』巻二「克明峻德」の注「峻德亦非帝堯之所獨。萬物皆偹於我、堯舜與人同耳。或以峻德爲光被四表格於上下者、非也。蓋明峻德只就帝堯一身言、乃至誠無息處、光四表、格上下、則是徵則悠遠以後事、所謂聖人之德、著於四方者也。故帝典於明峻德之下、方說親睦九族、平章百姓、協和萬邦。今之言明峻德者、只可說其德之明、有以盡夫天理之極、而無一毫人欲之私、却是正意。若說出外便是新民境界矣。以上歷引三書、皆不用過文。深淺始終之意、只可於言外意會。」

(117) 朱熹、前掲『大學或問』五一〇～五一一頁「曰物有本末、事有終始、知所先後、則近道矣、何也。曰此結上文兩節之意也。明德新民、兩物而內外相對、故曰本末。知止能得、一事而首尾相因、故曰終始。誠知先其本而後其末、先其始而後其終也。則其進爲有序而至於道也不遠矣。」

(118) 『大学章句大全』「問事物何分別。朱子曰對言則事是事、物是物、獨言物則兼事在其中。知止能得、如耕而種而耘而斂。是事有箇首尾如此。明德是理會己之一物、新民是理會天下之萬物。以己之一物對天下之萬物、便有箇內外本末。知所先後自然近道、不知先後便倒了、如何能近道。」

(119) 蔡清、前掲『四書蒙引』巻一「知所先後則近道矣」の注「知止知字深、知所先後知字淺。此知字又在知止之前。近道雖就知上說、而所以近道者、正以其於用工處知所先後也。故或問既曰進爲有序、而小註又云不知先後便倒了、可見先後自重、不是全未下著工夫、只泛泛然僅知其序、卽便爲近道耳。此近道與忠恕違道不遠一般。故不必指爲近大學之道。蓋非爲大學之道道字、不足以該天下之道也。只是於詞氣之閒欠寬平、不類古人言語氣象耳。所謂平地鋪著看何傷。中庸忠恕違道不遠亦不必說是近中庸之道。道是天下古今公共物事。」

(120) 朱熹、前掲『大学章句』七頁「言雖幽獨之中、而其善惡之不可揜如此。可畏之甚也。」

(121) 蔡清、前掲『四書蒙引』巻二「此謂誠於中形於外、故君子必愼其獨也」の注「誠中形外之理、本兼善惡。但此所引之意則主惡者言、下條章句雖兼言善惡之不可掩然、其意亦主惡言。」

(122) 例えば、大濱皓『朱子の哲学』（東京大学出版会、一九八三年）など。

(123) 陳確「大學辨」『陳確集』（北京：中華書局、一九七九年）五五二頁「大學、其言似聖而其旨實竄於禪、其詞游而無根、其趣罔而終困、支離虛誕、此游夏之徒所不道、決非秦以前儒者所作可知。」

(124) 同右、五五五頁「凡言誠者、多兼內外言。中庸言誠身、不言誠意。」

(125) 同右、五五七～五五八頁「大學兩引夫子之言、則自於止聽訟兩節而外、皆非夫子之言可知。一引曾子之言、則自「十目」一節而外、皆非曾子之言可知。由是觀之、雖作大學者絕未有一言竊附孔曾、而自漢有戴記、至於宋千有餘年閒、亦絕未有一人焉謂是孔曾之書焉者、謂是千有餘年中無一學人焉、吾不信也。」

(126) 伊藤仁斎『語孟字義』附「大學非孔氏之遺書辨」（林本、東京大学漢籍コーナー所蔵本〔天理図書館四〇〇九五四の複写本〕）「大學曰、大學之道、在明明德。按明德之名、屢見於三代之書。然三代之書、本記聖人之所行、或以此美聖人之德。或曰明德、或曰峻德、或曰昭德。其意一也。故雖數數見典・謨・誓・誥之間、然非學者之所能當。故至於孔孟毎曰仁、曰義、曰禮、而未嘗有一言及於明德者矣。作大學者、未知其意在、見詩書多有明德之言而漫述之耳。豈非不識孔孟之意乎。」

(127) 『論語』子罕「子絕四。毋意、毋必、毋固、毋我。」

(128) 『中庸』（『章句』の第二〇章）「在下位不獲乎上、民不可得而治矣。獲乎上有道。不信乎朋友、不獲乎上矣。信乎朋友有道。不順乎親、不信乎朋友矣。順乎親有道。反諸身不誠、不順乎親矣。誠身有道。不明乎善、不誠乎身矣。」

(129) 伊藤仁斎、前掲、附「大學非孔氏之遺書辨」「又曰欲正其心者先誠其意。夫意一也、論語說毋、人學說誠。一正一反、必不可無是非。而中庸曰誠身而不曰誠意、則誠字當施之於身、而不可施之於意、明矣。」

(130) 羅欽順『困知記』続巻下（北京：中華書局、一九九〇年）八一頁「有心必有意、心之官則思。是皆出於天命之自然、非人之所爲也。聖人所謂無意無私意耳。」

(131) 陳淳『北渓字義』巻上（四川大学古籍整理研究所ほか編『諸子集成続編』第五冊、四川人民出版社、一九九八年）一七頁「毋意之意是就私意說、誠意之意是就好底意思說。」

(132) 趙翼、前掲『浦渚先生遺書』巻一「大學困得」二一頁「按中庸孟子皆述此篇之旨。論爲學之道、而其言自修之方、皆只言誠身。如順親信友以下乃誠之效也。是言自修以誠身爲至也。誠身與誠意一也。……子思孟子所論自脩之方、實出於此傳也。然則此篇此傳實曾子子思孟子相傳爲學之要旨也。」

(133) 『孟子』離婁上にも『中庸』（『章句』の第二十章）とほぼ同様の文章があることから、『孟子』と『中庸』を同時に言及したのであろう。

(134) 伊藤仁斎は、『中庸』のテキストの一部分を問題としているが、『中庸』の価値を認めていないわけではない。仁斎は『中庸発揮』の「叙由」で、「『中庸』も（『孟子』と同じように、）孔子の言を演繹している。ゆえに、今『論孟』の後につけて（四書ではなく、）三書と改め、三書を合わせて一意にまとめる（中庸又演繹孔子之言、故今附于論孟之後、改爲三書、合之三書總一意云）。」と述べている。仁斎の嗣子である東涯は、正徳四年（一七一四年）に刊行された仁斎の『中庸発揮』の序文で、「六経之総括、学問之宏要」という高い評価を『中庸』に与えている。田尻祐一郎「伊藤仁斎の中庸論」市來津由彦ほか編『江戸儒学の中庸注釈』（東京：汲古書院、二〇一二年）一八二～一八三頁参照。

（135）中国経学史では、経古文学派は、古に『楽経』があったと主張し、経今文学派は、そもそも『楽経』は存在せず、『礼』と『詩』の中に「楽」があっただけだと主張する（皮錫瑞著、周予同注釈『経学歴史』（北京中華書局、二〇〇四年）二頁参照）。

（136）伊藤仁斎『中庸発揮』元禄七年校本（東京大学漢籍コーナー所蔵本（天理図書館四〇〇〇三一の複写本））「已上四十七字、本非中庸之本文。蓋古樂經之脱簡、贊禮樂之徳云爾。若以此爲中庸之本文、則唯喜怒哀樂未發之中、獨爲學問之根本、而六經語孟、悉爲言用而遺體之書、害於道甚矣。故今斷爲古樂經之脱簡。」

（137）同右、「如未發已發之説、六經以來、群聖人之書、皆無之、一也。孟子受業於子思之門人、當祖述其言、而又不言、二也。如中字虞廷及三代之書、皆以已發言之、此處獨以未發言之、三也。而典謨所謂中字、此反以和名之、四也。若以未發之中爲言、則六經語孟皆爲有用而無體之書、五也。以其一書之中自相矛盾者言之、此書本以中庸名篇、當專論中庸之義而首論中和之理、六也。中字雖後屢出、皆以已發言之、而不一有以未發言者、七也。且若和字、子思當屢言之、而終篇又無復及之者、八也。此以喜怒哀樂、發皆中節爲天下之達道、後以君臣父子夫婦昆弟朋友之交、爲天下之達道、九也。此以大本達道竝稱、而後單言天下之大本、偏而不備、十也。」

（138）同右、「此十證者、蓋據中庸本文及六經語孟而言之、非（予）臆説。」

（139）伊藤仁斎、前掲『語孟字義』上「予嘗敎學者、以熟讀精思語孟二書、使聖人之意思語脈、能瞭然于心目間焉、則非惟能識孔孟之意味血脈、又能理會其字義而不至于大謬焉。夫字義之於學文固小矣、然而一失其義則爲害不細。只當一々本之於語孟、能合其意思語脈而後方可。不可妄意遷就以雜己之私見。」

（140）石田一良『伊藤仁斎』新装版（東京：吉川弘文館、一九八九年）一三三頁。

（141）趙翼、前掲『浦渚先生遺書』巻一「大學困得」三頁「凡看文字、須要活看、不可專泥言句。且通看上下前後之言、可得其旨意之所在而無差矣。」

（142）黎靖德編、前掲『朱子語類』巻五「性理二」（『朱子全書』第一四冊）二一七頁「文字須活看。此且就此説、彼則就彼説、不可死看。牽此合彼、便處處有礙。」

(143) 同右、巻九四「周子之書」(『朱子全書』第一七冊)三一二六頁「曰、鳶飛魚躍、皆理之流行發見處否。曰、固是。然此段更須將前後文通看。」

おわりに

朝鮮儒学史とは何だったのか。本書は、十七世紀の朝鮮儒学史についての通説を再検討し、この問題に答えようとしてきた。通説によれば、朝鮮朝の十七世紀は、日・中による四次に亘る侵入を受け、建国以来最大の危機的状況の下、思想史的転換がなされたという。この通説では、経書解釈における朱子学の解釈と異なる学説の登場は、従来の朱子学思想に対する批判意識の芽生えとして意義づけられた。史料に見える、これらの新たな解釈の著者たちが政治的迫害を受けた状況は、朱子学派と反朱子学派の対立を示すものだという。

しかし、本書ではこのような意義付けに対し、以下のような考察から新たな見解を提出した。

第一に、韓国における儒学史研究が本格的に始まった二十世紀初頭の植民地時代という背景が、儒学史研究を捻じ曲げた可能性を明らかにした。

植民地時代の朝鮮史研究において、国の独立の後押しとなるような史実は実際以上に強調され、独立の妨げとなる史実は批判を受け、また否定される場合もあった。周知の通り、朝鮮は、中国宋代に発祥した朱子学を官学とし、科挙試験の標準答案も、国家儀礼を行う根拠も、朱子学であった。ある程度以上の身分にある朝鮮の男子は、子供の頃から朱熹の施した注釈に基づいて経書を習うことを期待される。彼らは、官僚になっても朱子学者であることは変わらず、政治的議論も朱子学の書籍を論拠として行っていた。しかし、植民地韓国では、朝鮮儒学界の朱子学偏向が批判の焦点となった。これはまさに、朝鮮儒学史最大の特徴そのものが批判されるということであった。このような朝鮮儒学史に対する全面的否定の下、反朱子学的思想が権力の中心部にあった朱子学的思想と対立しながら登場するという図式が立てられた。十七世紀における反朱子学的傾向の登場は、いわゆる「朝鮮後期の実学派」誕生の萌芽として注目されていった。

第二に、朝鮮の儒者という存在について、彼ら自身のアイデンティティーを明らかにした。十七世紀朝鮮の儒者たちは、二十世紀の韓国知識人とは問題意識を大きく異にする。彼らのほとんどは、科挙の受験生であるが、必ずしも及第して正式に官僚になるのではない。朝鮮士大夫が社会の統治階層の使命として自他ともに認めていたのは、正しい道を実現することであった。朝鮮儒学史は、正しい道の実現を自分の義務と考え、いつでもそのために行動する者たちによって形成されたものである。さらに彼らは、満州族の清朝の代わりに中華の道統を受け継ぐことを自任し、その受け継ぐべき道の中心と彼らが考えていたのは他ならぬ朱子学であった。経書と世界を理解する基礎として朱子学を精密に研究し、そこから新たな見解をも生み出していた。それ故、それらの新しい見解の著者が、朱子学に対する懐疑や批判意識を持っていた証拠は当然見出せない。

第三に、十七世紀の思想史的転換を示す根拠として位置付けられてきた著作、すなわち朱熹の著作の一部を批判し、あるいはそれに疑問を呈した著作を、朱子学を擁護あるいは批判した近世の日・中の著作と比較検討し、十七世紀朝鮮朝の著作は朱子学への批判を意図しているとは見なしがたいことを確認した。

比較の対象として取り上げた、徳川日本における儒学史の展開をみれば、儒者たちは自らの選択から儒学という「業」を選んだ者であった。例えば、町人や医者などの選択肢を放棄して、周囲の反対に遭いながら儒者を志す者もいれば、周囲の武士たちに排斥されることを恐れながら、経書学習に励んだ武士の儒者もいた。徳川日本の儒者が、選択の余地なく儒者となった朝鮮朝のそれと全く異なる儒学史を形成するに至った最大の原因は、まさにここにあるのである。

しかし、二十世紀の初頭、発展背景を全く異にする朝鮮儒学と徳川日本儒学の二種の「朱子学研究」と「朱子学批判」は、植民と反植民抗争の権力構造によって、無理に繋ぎ合わされて、単純な比較の対象となった。このような不当な文化比較が、朝鮮儒学史研究において妥当な観点が設けられにくい要因として働いたのである。本書では、植民地時代に行われた比較内容を明らかにするために、限定的な範囲のみであるが、徳川日本の儒者と儒学を朝鮮のそれと比較し、説明を行った。

第四に、十七世紀朝鮮において一部の儒者が提出した新たな経書注釈に対し、再定位を行った。

十七世紀朝鮮儒学界の問題関心は、上述のように中華文化の担い手として、朱子学を中心とする道統を受け継ぐことであった。そのような信念のもと、朱子学研究が深化し、ときには朱熹の学説と異なる見解も登場していた。十七世紀当時、朱熹の学説と異なる見解は、政治的対立者によって、「朱子との異を求めた」ものと攻撃された。そのような、権威ある朱子学に「異を求めた」著作は、二十世紀初頭以来、学界の注目を浴びてきた。なぜなら、従来の権威に挑戦し、新たな思想体系を築く「近代的意識」がそこから導き出されたからである。

しかし、朱子学を核心とする道統を継承しようという意志が充満する中、朱子学自体に対する懐疑が本当に芽生えたのか、そのような問題意識がいかなる成果を収め得たのかを確認できる史料は不十分である。そのため、十七世紀の著作の読解において、直截な朱子学批判の表現がなくとも、その著作の行間から朱子学に対する批判意識を「発見」するのが、主要な研究方法論の一つになってきたのである。しかし、それらの史料を詳細に読み込んでいくと、高度で精密な方法を用いる朱子学研究が行われており、朱熹の著作の中に変化や矛盾を見出し、その過程で、新たな見解をも提出していることが理解される。これがまさに、十七世紀の朝鮮儒学史のありようであった。

本書の論証は、十七世紀東アジアの時代背景からみれば、当然導き出される道筋である。しかし、植民地韓国の学界では、認められにくいものであった。なぜなら、植民地時代に、朝鮮儒学は長らく朱子学偏向の、独創性を欠如した「虚」と「仮」の学術史だったと反省される一方、その中で、朱子学批判性・独創性を持つ歴史人物を発掘する作業が進められていたためである。つまり、独創的見解に対立する存在として朱子学派が設定されていたのである。このような対立図式からは、新たな学説を、朱子学研究自体において見出す可能性ははじめから閉ざされている。それゆえ、植民地時代以来の朝鮮の儒学史研究では、朝鮮の朱子学的著作から有意義性を見出す研究は望み得ぬものだったのである。

本書は、二十世紀初頭以来重要視されてきた、十七世紀に朱子学に対する批判意識が芽生え、朝鮮後期に登場する「実学」思想の萌芽となるという通説に異議を唱えてはいる。しかし、植民支配下の学界が果たした努力と貢献を等閑視するものではない。本書で、植民地時代に朝鮮儒学史研究に絡みついた時代的使命感を切り離し、その歴史的展開を実証してきたことが、今日の研究者が果たすべき仕事の一助となること——それが、筆者の願いである。

あとがき

本書は、東京大学大学院人文社会系研究科の博士学位請求論文「経学的観点から見る東アジアの四書注釈――十七世紀朝鮮経学の新たな位置付けを中心に」に大幅な改訂を加えたものである。平成二十八年度東京大学学術成果刊行助成を得て刊行される。改訂の際、必要に応じて、筆者の以下の論文に基づき加筆を行った。

・「東亞学術史観的植民扭曲与重塑――以韓国「朝鮮儒学創見模式」的経学論述為核心」『中国文哲研究集刊』第四四号（台北：中央研究院中国文哲研究所、二〇一四年三月）（中国語）。
・「『朱子言論同異攷』から見る十七世紀朝鮮儒学史に対する新しい理解」『退渓学報』第一三五号（ソウル：退渓学会、二〇一四年六月）（韓国語）。
・「尹鑴『讀書記』と朴世堂『思弁録』が朱子学批判の目的で著されたという主張に対する再検討――『大学』の「格物」注釈を中心に」『韓国実学研究』第二二号（ソウル：韓国実学学会、二〇一一年十二月）（韓国語）。
・「経学的観点からみる浦渚趙翼『中庸私覧』――双峯饒魯の説の受容を中心に」『韓国漢文字研究』第四八号（ソウル：韓国漢文学研究会、二〇一一年十二月）（韓国語）。
・「十七世紀の経学方法論――独創性や批判性を尺度とする経学研究の代わりに」『退渓学報』第一二八号（ソウル：退渓学会、二〇一〇年十二月）（韓国語）。

一冊目の著書を世に出すにあたり、私は大変な緊張を禁じえない。本書には、学界の大先輩である先行研究者の学説に異見を提出した箇所が多くあり、また、朝鮮儒学史の研究書でありながら日本で先に出版するという事情も重なったためである。私は改めて、本書の執筆の際に慎み深くペンを走らせたのかを振り返るとともに、これまで多くの方にいただいた教えと励ましに、深い感謝の気持ちを抱いている。そして、私自身も人のために力を尽くす者になりたいと、心より願っている。

思えば私は韓国にいたころから多くの方に導かれてきた。高校時代以来の恩師である亡き鄭雲采先生は、田舎から都会の中学に進学した後、貧しさから食事もできない日があったそうだ。実際、鄭少年は学校の制服のまま大田駅前の食堂を訪れたが、食堂の女主人は、温かくこの少年をもてなしてくれたという。人の温かみに触れながらも苦労して学問を重ねた鄭少年は後に立派な教師となり、高校二年生の私を古典漢文の世界に導いてくださった。二〇一三年に先生は世を去られたが、先生が教育に対して抱いておられた使命感は、教えを受けた我々が必ずや継承してゆけるものと信じている。私は、大学時代に研究者になりたいと思うきっかけを得られないまま、卒業の後、会社員になった。父を亡くし、父のいない世界に慣れることができず苦しんでいたとき、鄭先生の勧めで大学院に進学することを決めた。思いがけず、知らず知らず学問の世界に熱中して、今に至る。

高麗大学漢文学科に在籍していたころ、李東歓先生は、漢文を多く読んで覚えてその筋を身に着けることの重要さを教えてくださった。漢文は外国語ではないという誤認を改め、徐々にではあるが外国語としての漢文の文理を理解できるようになったのは、李先生のご指導のおかげである。

金彦鍾先生は、会社員から大学院生になって以来、研究者としてしっかりした基盤を築くように導いてくださった。私の微々たる成果にも、大いに喜んでいただいた。

現在病床にいらっしゃる安炳鶴先生は、修士論文を隅々まで赤ペンで添削してくださった。十一年間の闘病生活を乗り越え、必ずやお元気になられる日が来ると信じている。

修士課程に進学してから四年間、私は民族文化推進会（現在の韓国古典翻訳院）で学び、鄭泰鉉先生、李廷燮先生、成百曉先生、朴小東先生、安炳周先生、辛承云先生、李相夏先生の謦咳に接する機会を得た。その経験は、朝鮮時代の文献を考察するとき、朱子学の理解が欠かせないことへの気づきに繋がり、朝鮮儒学史を考えるための大きな助けとなった。

安秉杰先生は私の論文に対して、ご自身と異なる見解であるが今の時代に必要なものだと励ましてくださった。

二〇〇七年、私は東京大学中国思想文化学研究室で、研究生として留学を始め、二〇一一年に台湾に渡るまで、四年余の間研究室の皆様に大変お世話になった。

田中有紀さんと共に送った日々は忘れられない。田中さんに感じた感謝と心強さは言葉では言い表せない。今年生まれた真琴ちゃんに初めて会った日、私はこっそりと彼女に伝えた。田中有紀の娘に生まれることができて、心よりおめでとう、と。

本書の原稿を修正するとき、それぞれの分野の専門家である、研究室の新田元規さん、小野泰教さん、高山大毅さんの助けを得た。高山さんの誘いで出席しはじめた徂徠研究会では、末木恭彦先生、丸谷晃一先生、松田宏一郎先生、澤井啓一先生、菅原光さん、相原耕作さん、中田喜万先生に初めてお会いした。徂徠研では、近世儒者のありようによって現代における研究方法も違っていることや、日韓の儒学史展開の相違を考えるきっかけを得た。末木先生は、日本思想史学会での報告で経学のことを中心に語る私に、思想史としての脈絡を考えなければならないと気づかせてくださった。丸谷晃一先生には、伊藤仁斎の資料探しを助けていただいた。菅原さんの著書からも様々なことを勉強させていただいた。中田喜万先生は、日本中国学会の若手シンポジウムの際、コメンテーターとなってくださった。

そのときの丁寧なお教えは、その後論文を執筆するときに大変助けとなった。

博士論文の審査委員をしてくださった渡辺浩先生、黒住真先生、川原秀城先生、権純哲先生、小島毅先生のコメントを糸口にして、改訂の方向をつかむことができた。中でも権純哲先生は、私の論文の問題点を明快に時間をかけて教えてくださった。

投稿論文が通らなかったことで気落ちしていた私に、黒住先生は、やっているのは大事なことだから負けないで進むようにと勇気づけてくださった。川原先生には、二〇〇七年研究生として東京大学に来て以来、篤く世話していただき、先行研究への批判が多い私の論文について様々に気にかけ、また応援してくださった。二〇〇七年から毎学期出席した小島先生の演習では、先生の何気ない一言も私にとっては大きな啓発となり、研究方法を考える際の大事な糸口となった。

朝鮮儒学史を研究する私を日本思想史の世界へ導いてくださったのは渡辺先生である。先生の演習で、朝鮮の研究者が朝鮮のことをのみ考えるだけでは不十分であることに気づいた。二〇〇九年の演習は、特に忘れられない。漢文で書かれた中江兆民の『民約訳解』をルソーのフランス語原文である"Du Contrat Social"に照らして読解する内容だった。この演習のために、私はフランス語の勉強を始めた。初めて習うフランス語だけに多く時間をかけて予習をしたが、先生は私に朱子学の理論に関する質問をくださった。よい答えができなかった日は、電車の中で涙を流しながら帰宅し、その晩は朱熹の著書から回答を調べ、翌週のゼミの席上で皆に報告をした。自分が知っていると勘違いしているあらゆる知識が改めて鍛えられた貴重な日々だった。人によっては自己犠牲と呼ぶかもしれない献身的な教育を、先生は当然のことであるかのように喜んでなさっている、と私はいつも感じている。その先生のご様子をみて、私は教育者になりたいと思いはじめたのである。

川原先生の演習で日本在住の韓国人の金永姫さんに出会った。金さんの、激動の現代史を生き抜いた知恵と、私にくださった「親心」は、忘れられない。論文執筆の際、植民地時代の学術史をかえりみるたびに、金さんを思い出しながら、日韓の過去の歴史が最終的には両国の間を『周易』の否卦から泰卦へと変えていくことを心より望んだ。

二〇一一年より、東京大学大学院人文社会系研究科次世代人文社会学育成プログラムの支援の下、同センター萌芽部門次世代人文社会学育成プログラムの研究員として、台湾の中央研究院中国文哲研究所で博士論文を執筆することになった。引き続き、中央研究院の博士候選人及びポストドクトラルフェローに採用され、合わせて四年間所属した。その際には、林慶彰先生、楊晋龍先生、蔣秋華先生、李明輝先生、林月恵先生に指導を受けた。

台湾の学界へ導いてくださったのは、張啓雄先生、張崑将先生、黄俊傑先生である。とりわけ、台湾での最初の二年間、私は、長い間の緊張によってか体調を崩して病院めぐりを余儀なくされていたのだが、張啓雄先生の温かなお力添えのおかげで、健康を回復することができた。お三方のお引き立てに応えるために懸命に頑張った。

二〇一五年から、私は台湾大学国家発展研究所に勤めている。国家発展研究所の方々は、初めての外国人メンバーのために色々配慮してくださった。黄俊傑先生は、私が一日も早く新たな環境に適応できるように様々な助言をくださり、導いてくださった。黄先生の好意を無にしないように努力していきたいと思っている。

日本と台湾にいながら、朝鮮儒学史の難問に突き当たるたびに、韓国の李相夏先生、田炳郁先輩に、遠くから教えを求めた。その度にお二人は、丁寧に教えてくださった。親友の梁基正、金根浩、郭殷禎は、助けを求める私にいつも喜んで応えてくれた。

なお本書の完成にあたっては親友の高芝麻子さんが、読者の目線から読んでほしいという私の願いに喜んで応じてくれ、様々なアドバイスを受けた。東京大学出版会編集部の斉藤美潮さんには、海外からのやり取りのため、多くお手数をかけ、様々な心遣いをもいただいた。本書がただの原稿から一冊の本に生まれ変わることができたのは、まさに斉藤さんのお力があってこそである。これらお世話になった方々に心より深い感謝の気持ちを捧げたい。

これまで自分のやるべきことを懸命にやってきたが、それができたのは韓国、日本、台湾の様々な方から温かい手助けと応援をいただいたからである。皆様の「親心」には、とうてい報いきれない。だから私は、懸命に仕事に臨み、皆様の「親心」を自分でも実践することにしたい。しかし、二年前には、恥ずかしながら準備がいまだ十分でない段階で教職に就いてしまった。この二年間、不器用な「先生」に出会い、苦労してきた台湾大学の学生たちに感謝の気持ちを伝えたい。彼らと共に成長していきたい。

両親は、私に全幅の信頼をよせてくれた。その信頼に応えるのが、日々の楽しみであった。長女として母と弟を守っていきたいと思いつつ父のいない世を歩んできたが、振り返ってみれば、母と弟に見守られてきたことに気づく。この家族に恵まれたことへの心からの感謝を記し、このあとがきの結びとしたい。

二〇一七年三月　台湾大学の研究室で

姜　智恩

参考文献

史料

安鼎福『順菴集』（ソウル：民族文化推進会『韓國文集叢刊』第二三〇冊、一九九九年）。

尹鑴『白湖全書』（大邱：慶北大学出版部、一九七四年）。

尹拯『明齋遺稿』（ソウル：民族文化推進会『韓國文集叢刊』第一三五冊、一九九四年）。

尹鳳九『屛溪集』（ソウル：民族文化推進会『韓國文集叢刊』第二〇三～二〇四冊、一九九八年）。

黄宗海『朽淺集』（ソウル：民族文化推進会『韓國文集叢刊』第八四冊、一九八八年）。

韓元震『朱子言論同異攷』（『域外漢籍珍本文庫』第二輯、子部二（成均館大学所蔵朝鮮英祖十七年（一七四一年）序刊本））（重慶：西南師範大学出版社、北京：人民出版社、二〇一一年）。

韓元震『南塘集』（ソウル：民族文化推進会『韓國文集叢刊』第二〇一～二〇二冊、一九九八年）。

奇大升『高峯集』（ソウル：民族文化推進会『韓國文集叢刊』第四〇冊、一九八八年）。

許穆『記言』（ソウル：民族文化推進会『韓國文集叢刊』第九八冊、一九九〇年）。

金長生『沙溪先生文集』『経書弁疑』（ソウル：景仁文化社『韓國歴代文集叢書』第二三五冊、一九九九年）。

徐瀅修『明皐全集』（ソウル：民族文化推進会『韓國文集叢刊』第二六一冊、二〇〇一年）。

成海應『研經齋全集』（ソウル：民族文化推進会『韓國文集叢刊』第二七六冊、二〇〇一年）。

成晩徵『秋潭先生文集』（ソウル：韓国古典翻訳院、『韓國文集叢刊』第五二冊、二〇〇八年）。

正祖『弘齋全書』（ソウル：民族文化推進会『韓國文集叢刊』第二六六冊、二〇〇一年）。

宋時烈『宋子大全』（ソウル：民族文化推進会『韓國文集叢刊』第一一〇～一一五冊、一九八八年）。

宋伯貞音釈劉剡校正『詳説古文眞宝大全』（ソウル：保景文化社、一九八九年）。

丁若鏞『與猶堂全書』（ソウル：景仁文化社、一九八九年）。

鄭澔『丈巖集』（ソウル：民族文化推進会『韓國文集叢刊』第一五七冊、一九九五年）。

朴尚玄『寓軒先生文集』（ソウル：民族文化推進会『韓國文集叢刊』第一三四冊、一九九四年）。

朴世堂『西溪全書』（ソウル：太学社、一九七九年）。

朴趾源『燕巖集』（ソウル：民族文化推進会『韓國文集叢刊』第二五二冊、二〇〇〇年）。

李玄逸『葛庵集』（ソウル：民族文化推進会『韓國文集叢刊』第一二八冊、一九九四年）。

李恒老『華西集』（ソウル：民族文化推進会『韓國文集叢刊』第三〇四～三〇五冊、二〇〇三年）。

李徳懋『青荘館全書』（ソウル：民族文化推進会『韓國文集叢刊』第二五七～二五九冊、二〇〇〇年）。

李万敷『息山集』（ソウル：民族文化推進会『韓國文集叢刊』第一七八冊、一九九八年）。

李滉『退溪集』（ソウル：民族文化推進会『韓國文集叢刊』第二九冊、一九八八年）。

李珥『栗谷全書』（ソウル：民族文化推進会『韓國文集叢刊』第四五冊、一九八八年）。

崔錫鼎『明谷集』（ソウル：民族文化推進会『韓國文集叢刊』第一五三～一五四冊、一九九五年）。

崔錫鼎『礼記類編』（韓国国立中央図書館所蔵本：일산古一二三四～二四）。

崔錫鼎『礼記類編大全』（韓国国立中央図書館所蔵本：한古朝〇六－一一）。

崔昌大『昆侖集』（ソウル：民族文化推進会『韓國文集叢刊』第一八三冊、一九九七年）。

趙光祖『静菴集』（ソウル：民族文化推進会『韓國文集叢刊』第二二冊、一九八八年）。

趙翼『浦渚集』（ソウル：民族文化推進会『韓國文集叢刊』第八五冊、一九八八年）。

趙翼『浦渚先生遺書』豊壌趙氏花樹會編『豊壌趙氏文集叢書』四（ソウル：保京文化社、一九八八年）。

趙翼『中庸私覧』（『浦渚趙翼先生の生涯と思想／所蔵古文書』京畿都：京畿文化財団、二〇〇七年）。

趙翼著、李相鉉訳『国訳浦渚集』（ソウル：民族文化推進会、二〇〇五年）。

『朝鮮王朝實錄（太祖實錄）（太宗實錄）（世宗實錄）（成宗實錄）（仁宗實錄）（明宗實錄）（仁祖實錄）（顯宗實錄）（顯宗改修實錄）（肅宗實錄）（高宗實錄）（英祖實錄）』

『経国大典』礼典、兵典。

浅見絅斎「中国弁」『山崎闇斎学派』西順蔵ほか校注『日本思想大系』第三一巻（東京：岩波書店、一九八〇年）。

伊藤仁斎『古学先生詩文集』（天理図書館古義堂文庫蔵）（三宅正彦編集・解説『近世儒家文集集成』第一巻、東京：ぺりかん社、一九八五年）。

伊藤仁斎『語孟字義』附「大学非孔氏之遺書弁」（林本、東京大学漢籍コーナー所蔵〔天理図書館四〇〇九五四の複写本〕）。

伊藤仁斎『大学定本』（元禄十六年冬校本）（東京大学文学部漢籍コーナー所蔵、天理図書館四〇〇〇一二の複写本）。

伊藤仁斎『中庸発揮』元禄七年校本（東京大学漢籍コーナー所蔵〔天理図書館四〇〇〇三一の複写本〕）。

伊藤仁斎『童子問』（宝永四年丁亥夏五月刊本）（東京大学文学部漢籍コーナー所蔵、天理図書館四〇六一七八の複写本）。

伊藤仁斎『孟子古義』（林本）告子上（東京大学文学部漢籍コーナー所蔵、天理図書館四〇六二五一の複写本）。

伊藤仁斎『論語古義』（林本）（東京大学文学部漢籍コーナー所蔵、天理図書館四〇六〇九四の複写本）。

荻生徂徠『論語徴』（今中寛司、奈良本辰也編『荻生徂徠全集』第二巻）（東京：河出書房新社、一九七八年）。

佐藤直方「中国論集」西順蔵ほか校注『日本思想大系』第三一巻、『山崎闇斎学派』（東京：岩波書店、一九八〇年）。

天理図書館篇『古義堂文庫目録』（天理：天理大學出版部、一九五六年）。

林羅山『林羅山詩集』下巻（東京：ぺりかん社、一九七九年）。

林春勝・林信篤編、浦廉一解説『華夷変態』上冊（東京：東洋文庫、一九五八年）。

原念斎著、源了圓・前田勉訳注『先哲叢談』（東京：平凡社、二〇〇六年）。

山井湧ほか校注『中江藤樹』（『日本思想大系』二九、東京：岩波書店、一九七四年）。

山鹿素行「中朝事実」廣瀬豊編『山鹿素行全集：思想篇』第一三巻（東京：岩波書店、一九四〇年）。

何晏『論語集解』(『十三経注疏』整理本『論語注疏』)(北京:北京大学出版社、二〇〇〇年)。
金履祥『孟子集註攷證』(中華書局『叢書集成初編』第四九八冊、一九九一年)。
倪士毅『四書輯釋』(『續修四庫全書』經部一六〇、上海:上海古籍出版社、一九九五年)。
『江西通志』(『文津閣四庫全書』第五一六冊、史部地理類、北京:商務印書館、二〇〇六年)。
『江南通志』(『文津閣四庫全書』第五一一冊、史部地理類、北京:商務印書館、二〇〇六年)。
黃宗羲原著、全祖望補修、陳金生・梁運華點校『宋元學案』第四冊(北京:中華書局、二〇〇七年)。
胡炳文『四書通』(『文津閣四庫全書』第一九六冊、北京:商務印書館、二〇〇六年)。
顧炎武著、黃汝成集釋、欒保羣・呂宗力校點、『日知録集釋』(上海:上海古籍出版社、二〇〇六年)。
呉光等編校、王守仁『王陽明全集』(上海:上海古籍出版社、一九九二年)。
『四庫全書總目』(台北:藝文印書館、一九八九年)。
蔡清『四書蒙引』(王雲五主持、四庫全書珍本』三集、台北:商務印書館、一九八三年)。
史伯璿『中庸管窺』(『叢書集成續編』第三三冊、台北、新文豊出版公司、一九八九年)。
『書経』(『十三経注疏』整理本『尚書正義』北京:北京大学出版社、二〇〇〇年)。
朱熹『大學章句』・『中庸章句』・『論語集注』・『孟子集注』(『四書章句集注』、北京:中華書局、一九八三年)。
朱熹『晦庵先生朱文公文集』(『朱子全書』上海:上海古籍出版社、合肥:安徽教育出版社、二〇〇一年、第二〇~二五冊)。
朱熹『詩集傳』(『朱子全書』上海:上海古籍出版社、合肥:安徽教育出版社、二〇〇一年、第一冊)。
朱熹『周易本義』(『朱子全書』上海:上海古籍出版社、合肥:安徽教育出版社、二〇〇一年、第一冊)。
朱熹『大學或問』(『朱子全書』上海:上海古籍出版社、合肥:安徽教育出版社、二〇〇一年、第六冊)。
朱彝尊原著、許維萍等點校、林慶彰等編審『點校補正經義考』(台北:中央研究院中国文哲研究所、一九九七年)。
石𡼖編、朱熹刪訂、羅佐之校点『中庸輯略』(『儒蔵』精華編第一〇四冊、北京:北京大学出版社、二〇〇七年)。
宗密『圓覺道場修證廣文』(域外漢籍珍本文庫編纂出版委員会編『域外漢籍珍本文庫』第二輯子部第一七冊、重慶:西南師範大學出版社、二〇一一年）。

宋濂等撰『元史』（『二十四史』第十八冊、北京：中華書局、一九九七年）。

脱脱等撰『宋史』（北京：中華書局、二〇〇七年）。

趙岐『孟子注』（『十三経注疏』整理本『孟子注疏』北京：北京大学出版社、二〇〇〇年）。

陳確『陳確集』（北京：中華書局、一九七九年）。

陳淳『北溪字義』（四川大学古籍整理研究所等編『諸子集成続編』第五冊、四川：四川人民出版社、一九九八年）。

程顥・程頤『二程遺書』（上海：上海古籍出版社、二〇〇〇年）。

程矩夫『雪樓集』（景印文淵閣『四庫全書』台北：台湾商務印書館、一九八三年）。

程敏政輯撰、何慶善・于石点校『新安文獻志』（『徽學研究資料輯刊』合肥：黄山書社、二〇〇四年）。

程頤・程顥著、王孝魚点校『河南程氏經說』（『二程集』北京：中華書局、一九八一年）。

范仲淹『范文正集』（『景印摛藻堂四庫全書薈要』集部、別集類第三六九冊、台北：世界書局、一九八六年）。

羅欽順『困知記』（北京：中華書局、一九九〇年）。

黎靖徳編『朱子語類』『朱子全書』第一四～一八冊（上海：上海古籍出版社、合肥（安徽）：安徽教育出版社、二〇〇一年）。

研究書

安秉杰『十七世紀朝鮮朝儒学の経伝解釈に関する研究――『中庸』解釈をめぐる朱子学派と反朱子学的解釈の間の葛藤を中心に』（ソウル：成均館大学博士論文、一九九一年）。

安秉杰「西渓朴世堂の独自的経伝解釈と現実認識」・「白湖尹鑴の実践的経学とその社会政治観」成均館大学大東文化研究院編『朝鮮後期経学の展開とその性格』（ソウル：成均館大学出版部、一九九八年）。

イゼミン「政治家と教授の間」『韓国経済新聞』二〇〇八年三月三一日コラム記事。

尹絲淳『韓国儒学思想論』増補版（ソウル：芸文書院、二〇〇二年）。

尹絲淳「韓国儒学の諸問題」『韓国学報』第三号（ソウル：一志社、一九七七年）。

尹絲淳「朴世堂の実学思想に関する研究」『亜細亜研究』第一五巻第二号通巻第四六号別冊（ソウル：高麗大学亜細亜問題研究所、一九七二年）。

尹絲淳「西溪全書解題」『西溪全書』（ソウル：太学社、一九七九年）。

尹絲淳『西溪朴世堂研究』（ソウル：集文堂、二〇〇七年）。

尹絲淳「鄭道傳性理学の特性とその評価問題」『震檀学報』第五〇号（ソウル：震檀学会、一九八〇年）。

河宇鳳『朝鮮後期実学者の日本観の研究』（ソウル：一志社、一九八九年）。

韓㳓劤「中央集権体制の特性」国史編纂委員会編『韓国史』第一〇冊朝鮮、両班官僚国家の社会構造（ソウル：国史編纂委員会、一九七四年）。

韓㳓劤「明齋尹拯の「実学」観――李朝実学概念再論」『東国史学』第六号（ソウル：東国史学会、一九六〇年）。

韓㳓劤「李朝「実学」の概念について」『震檀学報』第五〇号（ソウル：震檀学会、一九五八年）。

韓永愚「韓国学の概念と分野」『韓国学研究』第一号（ソウル：檀国大学韓国学研究所、一九九四年）。

韓永愚「三峯集解題」『国訳三峯集』（ソウル：民族文化推進会、一九七七年）。

韓永愚「朝鮮前期の社会階層と社会移動に関する試論」『東洋学』第八号（ソウル：檀国大学東洋学研究院、一九七八年）。

韓永愚『鄭道傳思想の研究』（ソウル：ソウル大学出版部、一九七三年）。

韓国思想史研究会編『朝鮮儒学の学派』（ソウル：芸文書院、一九九六年）。

韓正吉「浦渚趙翼を陽明学に関係付ける主張の妥当性の検討」『韓国実学研究』第一四号（ソウル：韓国実学学会、二〇〇七年）。

許太榕「英・正祖時代中華継承の強化と宋明歴史書編纂」『朝鮮時代史学報』第四二号（ソウル：朝鮮時代史学会、二〇〇七年）。

許太榕「十七世紀中後半中華回復意識の展開と歴史認識の変化」『韓国史研究』第一三四号（ソウル：韓国史研究会、二〇〇六年）。

姜明官「十六世紀末十七世紀初擬古文派の受容と秦漢古文派の成立」『韓国漢文学研究』第一八号（ソウル：韓国漢文学会、一九九五年）。

琴章泰「白湖尹鑴の性理説と経学」『朝鮮後期の儒学思想』（ソウル：不咸文化社、一九九八年）。

金吉洛「白湖尹鑴の哲学思想の陸王学的照明」『儒教思想研究』第一〇号（ソウル：韓国儒教学会、一九九八年）。

金駿錫『朝鮮後期政治思想史研究』（ソウル：知識産業社、二〇〇三年）。

金昇泳「十七世紀格物致知論の分析——金長生・鄭經世・尹鑴を中心に」『東西哲学研究』第三六号（ソウル：韓国東西哲学会、二〇〇五年）。

金世貞「明齋尹拯と西溪朴世堂との格物論弁」『東洋哲学研究』第五六号（ソウル：東洋哲学研究会、二〇〇八年）。

金世貞「明齋尹拯と西溪朴世堂の学問と交友関係」『東西哲学研究』第四二号（ソウル：東西哲学研究会、二〇〇六年）。

金世奉「西溪朴世堂の『大学』認識と社会的反響」『東洋古典研究』第三四輯（ソウル：東洋古典学会、二〇〇九年）。

金相俊「朝鮮時代の礼訟とモラルポリティックス」『韓国社会学』第五集二号（ソウル：韓国社会学会、二〇〇一年）。

金太年「南塘韓元震の思想の背景と形成過程」『韓民族文化研究』第二〇号（ソウル：韓民族文化学会、二〇〇七年）。

金文植「朝鮮後期における毛奇齡経学の受容様相」『史学志』（ソウル：檀国史学会、二〇〇六年）。

金容欽「朝鮮後期における老・少論分党の思想基盤——朴世堂の『思辨錄』に対する是非論争を中心に」『学林』第一七号（ソウル：延世大学史学研究会、一九九六年）。

金容載「韓国陽明学研究の現況と新たな模索——江華学研究の必要性及び接近方法を中心に」『陽明学』第一四号（ソウル：韓国陽明学会、二〇〇五年）。

金烱瓚「朝鮮儒学における「理」概念に現れる宗教的性格の研究——退渓の理発から茶山の上帝にいたるまで」『哲学研究』第三九号（ソウル：高麗大学哲学研究所、二〇一〇年）。

玄相允『朝鮮儒学史』（ソウル：民衆書館、一九四九年）。

崔根徳「朝鮮朝における礼訟の背景と発端」『東洋哲学研究』第二四号（ソウル：東洋哲学研究会、二〇〇一年）。

崔錫起「韓国経学研究の回顧と展望」『大東漢文学』第一九号（大邱：大東漢文学会、二〇〇三年）。

申一澈・千寛宇・金允植座談記録「丹斎申采浩論」『韓国学報』第五号（ソウル：一志社、一九七九年）。

申采浩著、丹斎申采浩先生記念事業会編『丹斎申采浩全集』下（ソウル：螢雪出版社、一九七九年）。

薛錫圭「十七世紀退溪学派の朋党認識と公論形成」『退溪學』第一一号（安東：安東大学退溪学研究所、一〇〇〇年）。

千寛宇「磻溪柳馨遠研究（上）・（下）――実学発生からみる李朝社会の一断面」『歴史学報』第二・三号（ソウル：歴史学会、一九五二年）。

宋錫準「浦渚趙翼における経学思想の哲学的基盤――性理説及び陽明学的性格を中心に」『東洋哲学研究』第六号（ソウル：東洋哲學研究會、一九八五年）。

宋錫準「浦渚趙翼先生の哲学思想――性理説及び陽明学」『東方学』第四号（ソウル：韓瑞大学東洋古典研究所、一九九八年）。

宋錫準「韓国陽明学の初期における展開様相――尹鑴及び朴世堂の『大学』解釈を中心に」・「朱子学批判論者たちの経典解釈――『大學』の解釈を中心に」『東洋哲学研究』第二二号（ソウル：東洋哲学研究会、二〇〇〇年）。

宋錫準「韓国陽明学の初期における展開様相――尹鑴及び朴世堂の『大学』解釈を中心に」『東西哲学研究』第一三号（ソウル：韓国東西哲学会、一九九六年）。

宋錫準「朱子学批判論者たちの経典解釈――『大学』の解釈を中心に」『東洋哲学研究』第二二号（ソウル：東洋哲学研究会、二〇〇〇年）。

宋俊浩「朝鮮時代の科挙と両班及び良人（I）――文科と生員進士試を中心として」『歴史学報』第六七号（ソウル：歴史学会、一九七六年）。

宋俊浩『李朝生員進士試の研究』（ソウル：大韓民国国会図書館、一九七〇年）。

高橋亨「朝鮮儒学大観」『朝鮮史講座』特別講義（京城：朝鮮史学会編、一九二七年）。

高橋亨「李朝儒学史に於ける主理派と主気派の発達」『朝鮮支那文化の研究』（京城帝国大学法文学会第二部論纂第一輯、一九二九年）。

チョンザヒョン・高熙卓「近代韓国の社会進化論の導入・変容にみえる政治的認識構造――国家の独立と文明開化の間で」『大韓政治学会報』（ソウル：大韓政治学会、二〇一一年）。

張炳漢「浦渚趙翼の『中庸私覧』の研究（一）――「中庸」及び「費隠」の解釈を中心に」『漢文教育研究』第一九号（ソウル：漢文教育学会、二〇〇二年）。

張炳漢「蒲渚趙翼の『中庸私覧』の研究（二）――十七世紀初の性理学的経学思惟の克服傾向に関連して」『東洋学』第三三号

（ソウル：檀国大学東洋学研究所、二〇〇三年）。

鄭豪薫『十七世紀北人系の南人学者の政治思想』（ソウル：延世大学博士学位論文、二〇〇一年）。

鄭寅普『陽明学演論（外）』（ソウル：三星文化財團、一九七二年）。

趙南権「浦渚趙翼先生の生涯と経綸（一）」『東方学』第四号（ソウル：韓瑞大学東洋古典研究所、一九九八年）。

趙南権「浦渚趙翼先生の生涯と経綸（二）」『東方学』第五号（ソウル：韓瑞大学東洋古典研究所、一九九九年）。

裵宗鎬『韓國儒学史』（ソウル：延世大学出版部、一九七四年）。

朴熙秉「朝鮮の日本学成立――元重挙と李徳懋」『韓国文化』第六一号（ソウル：ソウル大学奎章閣韓国学研究院、二〇一三年）。

閔泳珪「為堂鄭寅普先生の行状に現れるいくつかの問題――実学原始」『東方学誌』第一三号（ソウル：延世大学国学研究院、一九七二年）。

李篪衡「茶山の『論語古今註』に関する研究」『大東文化研究』第二九号（ソウル：成均館大学大東文化研究院、一九九四年）。

李光麟「旧韓末進化論の受容とその影響」『韓国開化思想研究』（ソウル：一潮閣、一九七九年）。

李在喆「朝鮮後期竹軒都慎徵の議礼疏と国政変通論」『朝鮮時代史学報』（ソウル：朝鮮時代史学会、一〇〇五年）。

李鐘晟・崔貞默・黄義東「明齋の儒学思想の本質的性格に関する研究」『東西哲学研究』第二九号（ソウル：韓国東西哲学会、二〇〇三年）。

李鐘晟「西溪朴世堂の実学的格物認識――明斎尹拯との格物論弁を中心に」『孔子学』第一九号（ソウル：韓国孔子学会、二〇一〇年）。

李成茂「朝鮮初期の技術官とその地位――中人層の成立問題を中心に」『惠庵柳洪烈博士華甲記念論叢』（ソウル：探求堂、一九七一年）。

李成茂「朝鮮初期の身分制度」『東亜文化』第一三号（ソウル：ソウル大学東亜文化研究所、一九七六年）。

李成茂「朝鮮初期身分史研究の再検討」『歴史学報』第一〇二号（ソウル：歴史学会、一九八四年）。

李成茂『韓国の科挙制度』（ソウル：集文堂、二〇〇〇年）。

李成茂『朝鮮時代党争史』（ソウル：東方メディア、二〇〇〇年）。

李相栢「三峯人物考（一）・（完）」『震檀学報』第二・三号（ソウル：震檀学会、一九三五年）。

李泰鎮「党争を如何に見るべきか」李泰鎮編『朝鮮時代政治史の再認識』改訂版（ソウル：太学社、二〇〇三年）。

李東歓「朝鮮後期の文学思想と文体の変移」黄浿江ほか編『韓国文学研究入門』第一四刷（ソウル：知識産業社、二〇〇〇年）。

李丙燾「朴西溪と反朱子学的思想」『大東文化研究』第三号（ソウル：成均館大学大東文化研究院、一九六六年）。

李丙燾『国訳思辨録』解題（ソウル：民族文化推進会、一九六八年）。

李柄赫「麗末鮮初の官人文学と処士文学」黄浿江ほか編『韓国文学研究入門』第一四刷（ソウル：知識産業社、二〇〇〇年）。

李佑成「高麗朝の「吏」に対して」『歴史学報』第二三号（ソウル：歴史学会、一九六四年）。

李曦載「朴世堂の儒教儀礼観——三年上食論争を中心に」『宗教研究』第四六号（ソウル：韓国宗教学会、二〇〇七年）。

李昤昊「『讀書記・大學』からみる白湖尹鑴の経学思想」『韓国漢文学研究』第二五号（ソウル：韓国漢文学会、二〇〇〇年）。

劉英姫「白湖尹鑴思想研究」（ソウル：高麗大学博士論文、一九九三年）。

梁基正「『礼記類編』の編刊と毀板・火書に関する研究」（ソウル：成均館大学修士論文、二〇一一年）。

林熒澤「朝鮮前期の文人類型と方外人文学」黄浿江ほか編『韓国文学研究入門』第一四刷（ソウル：知識産業社、二〇〇〇年）。

論説「勧告儒林社会」『皇城新聞』（第三一九七号）一九〇九年一〇月一二日付。

論説「警告儒林同胞（続）」『大韓毎日申報』（第二巻第一八七号）一九〇八年一月一六日付。

論説「今日宗教家に要するところ」『大韓毎日申報』（第七巻第一二五二号）一九〇五年八月一一日付。


阿部吉雄『日本朱子学と朝鮮』（東京：東京大学出版会、一九六五年）。

荒野泰典『近世日本と東アジア』（東京：東京大学出版会、一九八八年）。

石田一良『伊藤仁斎』新装版（東京：吉川弘文館、一九八九年）。

市川安司『朱子哲学論考』（東京：汲古書院、一九八五年）。

井上進『中国出版文化史——書物世界と知の風景』（名古屋：名古屋大学出版会、二〇〇二年）。

井上哲次郎著、島薗進監修、島薗進・磯前順一編纂『井上哲次郎集：国民道徳概論』（シリーズ日本の宗教学二、第二巻、東京：クレス出版、二〇〇三年）。

井上哲次郎『日本朱子学派之哲学』第一五版（東京：富山房、一九三三年）。

浦廉一「唐船風説書の研究」林春勝・林信篤編、浦廉一解説『華夷変態』（東京：東洋文庫、一九五八年）。

荻生茂博「幕末・明治の陽明学と明清思想史」（源了圓・厳紹璗編、日中文化交流史叢書三『思想』、東京：大修館書店、一九九五年）。

大濱皓『朱子の哲学』（東京：東京大学出版会、一九八三年）。

川原秀城著、金光来編訳『高橋亨朝鮮儒学論集』（東京：知泉書館、二〇一一年）。

川原秀城『朝鮮数学史——朱子学的な展開とその終焉』（東京：東京大学出版会、二〇一〇年）。

岸本美緒・宮嶋博史『明清と李朝の時代』（東京：中央公論社、一九九八年）。

姜在彦『朝鮮儒教の二千年』（東京：講談社、二〇一二年）。

姜在彦『朝鮮の儒教と近代』（東京：明石書店、一九九六年）。

姜在彦「朝鮮通信使と鞆の浦」『玄界灘に架けた歴史——歴史的接点からの日本と朝鮮』（東京：朝日新聞出版、一九九三年）。

黒住真『近世日本社会と儒教』（東京：ぺりかん社、二〇〇三年）。

権純哲「韓国思想史における「実学」の植民地近代性——韓国思想史再考Ⅰ」『日本アジア研究』第二号（埼玉：埼玉大学大学院文化科学研究科博士後期課程紀要二、二〇〇五年）。

権純哲「〔増訂〕高橋亨の朝鮮儒学研究における「異学派」—京城帝大講義ノートを読む」『埼玉大学紀要（教養学部）』第五〇巻第一号（埼玉：埼玉大学、二〇一四年）。

佐野公治『四書学史の研究』（東京：創文社、一九八八年）。

沈慶昊・小川晴久訳「朝鮮の陽明学派」『陽明学』第一九号、（東京：二松学舎大学東アジア学術総合研究所陽明学研究部、二〇〇七年）。

高橋亨「朝鮮の陽明学派」『朝鮮学報』第四号（奈良：朝鮮学会、一九五三年）。

竹内弘行「梁啓超の康有為への入門従学をめぐって」狭間直樹編『共同研究梁啓超——西洋近代思想受容と明治日本』（東京：

みすず書房、一九九九年)。

田尻祐一郎「伊藤仁斎の中庸論」市來津由彦ほか編『江戸儒学の中庸注釈』(東京:汲古書院、二〇一二年)。

スキナー、クェンティン著、半澤孝麿・加藤節編訳『思想史とはなにか:意味とコンテクスト』(東京:岩波書店、一九九〇年)。

ドバリー、Wm・T著、山口久和訳『朱子学と自由の伝統』(東京:平凡社、一九八七年)。

中純夫「高橋亨「朝鮮の陽明学派」訳注」『東洋古典学研究』第三六号(東広島:東洋古典学研究会、二〇一三年)。

中純夫『朝鮮の陽明学——初期江華学派の研究』(東京:汲古書院、二〇一三年)。

中村元『日本人の思惟方法』『中村元選集』[決定版]第九刷第三巻(東京:春秋社、二〇〇三年)。

中村哲夫「梁啓超と「近代の超克」論」(狭間直樹編『共同研究梁啓超』東京:みすず書房、一九九九年)。

狭間直樹「序文」(狭間直樹編『共同研究梁啓超』東京:みすず書房、一九九九年)。

廣松渉『「近代の超克」論——昭和思想史への一視角』(東京:講談社、一九八九年)。

堀勇雄『林羅山』(東京:吉川弘文館、一九九二年)。

尾藤正英『江戸時代とはなにか——日本史上の近世と近代』(東京:岩波書店、二〇〇六年)。

藤塚鄰・藤塚明直『清朝文化東伝の研究——嘉慶・道光学壇と李朝の金阮堂』(東京:国書刊行会、一九七五年)。

夫馬進『朝鮮燕行使と朝鮮通信使』(名古屋:名古屋大学出版会、二〇一五年)。

前田勉『兵学と朱子学・蘭学・国学——近代日本思想史の構図』(東京:平凡社、二〇〇六年)。

丸山眞男『日本政治思想史研究』新装版第一五刷(東京:東京大学出版会、二〇一一年)。

三宅雪嶺(雄二郎)『王陽明』(東京:哲学書院、一八九五年)。

宮崎市定『科挙史』(東京:平凡社、一九八七年)。

閔泳珪・小川晴久訳「為堂鄭寅普先生の行状に現れるいくつかの問題——実学原始」『陽明学』第一九号、(東京:二松学舎大学東アジア学術総合研究所陽明学研究部、二〇〇七年)。

山内弘一『朝鮮からみた華夷思想』(東京:山川出版社、二〇〇三年)。

和島芳男『日本宋学史の研究』増補版(東京:吉川弘文館、一九八八年)。

渡辺浩「「おほやけ」「わたくし」の語義――「公」「私」、"Public" "Private" との比較において」（佐々木毅・金泰昌編『公と私の思想史』、東京大学出版会、二〇〇一年）。

渡辺浩『近世日本社会と宋学』第四刷（東京：東京大学出版会、二〇〇一年）。

渡辺浩『日本政治思想史　十七～十九世紀』（東京：東京大学出版会、二〇一〇年）。


『広辞苑』第五版（東京：岩波書店、一九九八年）。


葛兆光「重建「中国」的歴史論述」『二十一世紀』第九〇号（香港：香港中文大学中国文化研究所、二〇〇五年）。

葛兆光「地雖近而心漸遠――十七世紀中葉以後的中国・朝鮮和日本」『台湾東亞文明研究学刊』第三巻第一号（台北：台湾大学人文社会高等研究院、二〇〇六年）。

黄珅・張祝平「『論孟情義』校点説明」『朱子全書』第七冊（上海：上海古籍出版社、合肥：安徽教育出版社、二〇〇二年）。

侯外廬・邱漢生・張豈之主編『宋明理学史』上第二版（北京：人民出版社、一九八四年）。

徐徳明「『四書章句集注』校点説明」『朱子全書』第六冊（上海：上海古籍出版社、合肥：安徽教育出版社、二〇〇二年）。

張培鋒「論中国古代〝士大夫〟概念的演変参与界定」『天津大学学報（社会科学版）』第八巻第一期（天津：天津大学、二〇〇六年）。

陳来『朱熹哲学研究』（北京：中国社会科学出版社、一九八八年）。

皮錫瑞著、周予同注釈『経学歴史』（北京：中華書局、二〇〇四年）。

余英時『士与中国文化』（上海：上海人民出版社、一九八七年）。

余英時『論戴震与章学誠』第二版（北京：三聯書店、二〇〇五年）。

李新達『中國科舉制度史』（台北：文津出版社、一九九六年）。

梁啓超著、呉松ほか点校『飲冰室文集点校』（昆明：雲南教育出版社、二〇〇一年）。

梁啓超著、朱維錚導読『清代学術概論』（上海：上海古籍出版社、二〇〇〇年）。

『新華詞典』第三版（北京：商務印書館、二〇〇四年）。

Duncan, John B., *The Origins of the Chosŏn Dynasty* (Seattle: University of Washington Press, 2000).

Elliott, Mark C., *The Manchu Way: the Eight Banners and Ethnic Identity in Late Imperial China* (Stanford, Calif.: Stanford University Press, 2001).

Ho, Ping-ti, "The Significance of the Ch'ing Period in Chinese History," *The Journal of Asian Studies* 26: 2 (February 1967).

Palais, James B., *Confucian Statecraft and Korean Institutions: Yu Hyŏngwŏn and the Late Chosŏn Dynasty* (Seattle: University of Washington Press, 1996).

Rawski, Evelyn S., "Reenvisioning the Qing: The Significance of the Qing Period in Chinese History," *The Journal of Asian Studies* 55: 4 (November 1996).

Rawski, Evelyn S., *The Last Emperors: A Social History of Qing Imperial Institutions* (Berkeley: University of California Press, 1998).

Wagner, Edward W., "Social Stratification in Seventeenth-Century Korea: Some Observations from a 1663 Seoul Census Register," *Occasional Papers on Korea,* no. 1 (April 1974).

わ　行

た　行

な　行

は　行

ま　行

や　行

ら　行

人名索引

著者略歴

1970年　韓国生まれ.

1993年　高麗大学校文科大学漢文学科卒業.

2003年　同大学大学院国語国文学科修士課程修了.

2013年　東京大学大学院人文社会系研究科博士課程修了（文学博士）.

現　在　台湾大学国家発展研究所助理教授.

朝鮮儒学史の再定位
十七世紀東アジアから考える

2017年5月31日　初　版

[検印廃止]

著　者　姜智恩《かんじうん》

発行所　一般財団法人　東京大学出版会

代表者　吉見俊哉

153-0041 東京都目黒区駒場 4-5-29
http://www.utp.or.jp/
電話 03-6407-1069　Fax 03-6407-1991
振替 00160-6-59964

印刷所　株式会社三陽社
製本所　誠製本株式会社

ISBN 978-4-13-036262-7　Printed in Japan

丸山眞男　日本政治思想史研究　A5　三六〇〇円

渡辺浩　日本政治思想史　十七〜十九世紀　四六　三六〇〇円

渡辺浩　近世日本社会と宋学　増補新装版　四六　三六〇〇円

渡辺浩　東アジアの王権と思想　増補新装版　四六　三五〇〇円

川原秀城　朝鮮数学史　朱子学的な展開とその終焉　A5　六八〇〇円

河野有理　明六雑誌の政治思想　阪谷素と「道理」の挑戦　A5　七三〇〇円

金成恩　宣教と翻訳　漢字圏・キリスト教・日韓の近代　A5　五四〇〇円

高山大毅　近世日本の「礼楽」と「修辞」　荻生徂徠以後の「接人」の制度構想　A5　六四〇〇円

ここに表示された価格は本体価格です．御購入の際には消費税が加算されますので御了承下さい．